DA SOCIEDADE ANÔNIMA

Dados Internacionais de Catalogação na Publicação (CIP)
(Câmara Brasileira do Livro, SP, Brasil)

Roque, Sebastião José
  Da sociedade anônima / Sebastião José Roque. --
1. ed. -- São Paulo : Ícone, 2011.

  ISBN 978-85-274-1170-7

  1. Sociedades anônimas - Leis e legislação -
Brasil I. Título. II. Série.

11-01046   CDU-347.725(81)(094.56)

Índices para catálogo sistemático:

1. Brasil : Leis comentadas : Sociedades
   anônimas : Direito comercial
   347.725(81)(094.56)
2. Leis : Sociedades anônimas : Comentários :
   Brasil : Direito comercial
   347.725(81)(094.56)

Sebastião José Roque

Bacharel, mestre e doutor em Direito pela Universidade de São Paulo;
Advogado e assessor jurídico empresarial;
Árbitro e mediador;
Professor de Direito;
Presidente do Instituto Brasileiro de Direito Comercial "Visconde de Cairu";
Presidente da Associação Brasileira de Arbitragem – ABAR;
Especialização nas Universidades de Bolonha, Roma e Milão e na de Panthéon-Sorbonne de Paris;
Professor da Universidade de Cosenza (Itália);
Autor de várias obras jurídicas.

DA SOCIEDADE ANÔNIMA

1ª edição
Brasil – 2011

Ícone
editora

© Copyright 2011
Ícone Editora Ltda.

Coleção Elementos de Direito

Capa e diagramação
Richard Veiga

Revisão
Marsely De Marco Dantas
Saulo C. Rêgo Barros
Juliana Biggi

Proibida a reprodução total ou parcial desta obra, de qualquer forma ou meio eletrônico, mecânico, inclusive por processos xerográficos, sem permissão expressa do editor (Lei nº 9.610/98).

Todos os direitos reservados à:
ÍCONE EDITORA LTDA.
Rua Anhanguera, 56 – Barra Funda
CEP: 01135-000 – São Paulo/SP
Fone/Fax.: (11) 3392-7771
www.iconeeditora.com.br
iconevendas@iconeeditora.com.br

ODE AO ACADÊMICO

O PODER DA MENTE

Pobre de ti se pensas ser vencido;
Tua derrota é um caso decidido.
Queres vencer, mas como em ti não crês
Tua descrença esmaga-te de vez.
Se imaginas perder, perdido estás;
Quem não confia em si, marcha para trás;
A força que te impele para frente
É a decisão firmada em tua mente.

Muita empresa esboroa-se em fracasso
Inda antes de dar o primeiro passo;
Muito covarde tem capitulado
Antes de haver a luta começado.
Pensa grande e teus feitos crescerão,
Pensa pequeno e irás depressa ao chão.
O querer é poder arquipotente,
É a decisão firmada em tua mente.

Fraco é quem fraco se imagina;
Olha ao alto quem ao alto se destina;
A confiança em si mesmo é a trajetória
Que leva aos altos cimos da vitória.
Nem sempre, quem mais corre, a meta alcança,
Nem mais longe o mais forte o disco lança,
Mas se és certo em ti, vai firme, vai em frente
Com a decisão firmada em tua mente.

S. J. ROQUE

ÍNDICE

1. **ORIGEM E EVOLUÇÃO HISTÓRICA DA SOCIEDADE ANÔNIMA,** 17
   - 1.1. As primeiras empresas, **19**
   - 1.2. Fases da evolução, **22**
   - 1.3. A sociedade anônima no Brasil, **25**

2. **ASPECTOS CONCEITUAIS DA SOCIEDADE ANÔNIMA,** 27
   - 2.1. Conceito e características estruturais, **29**
   - 2.2. Objeto social da sociedade anônima, **32**
   - 2.3. Companhias abertas e fechadas, **34**
   - 2.4. O nome empresarial da sociedade anônima, **36**
   - 2.5. Legislação aplicável, **37**

3. **A S.A. E O MERCADO DE CAPITAIS,** 39
   - 3.1. Companhia aberta e fechada, **41**
   - 3.2. A sociedade anônima e o mercado de valores mobiliários, **43**

3.3. A CVM – Comissão de Valores Mobiliários, **45**
3.4. Vinculações internacionais, **47**
3.5. Órgãos diretivos, **48**

4. **CONSTITUIÇÃO DA SOCIEDADE ANÔNIMA,** 49
4.1. Requisitos da constituição, **51**
4.2. Constituição por subscrição pública, **52**
    4.2.1. O prospecto, **53**
    4.2.2. O Boletim de Entrada, **54**
    4.2.3. Assembleia de constituição, **54**
4.3. Constituição por subscrição particular, **55**
    4.3.1. Constituição por escritura pública, **56**
    4.3.2. Constituição por assembleia, **56**
4.4. O registro na Junta Comercial, **56**
4.5. Normas gerais da constituição da S.A., **58**

5. **DAS AÇÕES,** 59
5.1. Capital social e sua divisão em ações, **61**
5.2. Conceito e valor nominal das ações, **62**
5.3. Espécies e classes de ações, **63**
5.4. Ações ordinárias, **64**
5.5. Ações preferenciais, **65**
5.6. Paralelo entre a ação preferencial e a ordinária, **67**
5.7. Ações de fruição, **68**
5.8. Ações nominativas, **70**
5.9. As ações escriturais, **71**
5.10. Certificado de ações, **73**
5.11. Circulação das ações, **75**
5.12. Ações sob ônus reais, **77**
5.13. Custódia de ações fungíveis, **79**
5.14. Certificado de Depósito de Ações, **81**
5.15. Reembolso de ações, **82**

6. **VALORES MOBILIÁRIOS EMITIDOS PELA S.A.,** 85
6.1. Aspectos conceituais, **87**
6.2. Natureza jurídica dos valores mobiliários, **88**
6.3. Os valores mobiliários em espécie, **90**
6.4. A S.A. no mercado de valores mobiliários, **91**
6.5. O mercado dos valores mobiliários, **92**
6.6. Características do mercado de valores mobiliários, **93**
6.7. Debêntures, **95**
6.8. Partes Beneficiárias, **99**
6.9. *Commercial Papers,* ***100***
6.10. Bônus de subscrição, **102**

7. **OS ACIONISTAS,** 105
7.1. O capital e o acionista, **107**
7.2. Obrigação primordial: formar o capital, **108**
7.3. O acionista remisso, **110**
7.4. Direitos do acionista, **111**
    7.4.1. O direito de voto, **113**
    7.4.2. Voto de ações entregues em penhor, **114**
    7.4.3. Voto de ações gravadas com Alienação Fiduciária em Garantia, **115**
    7.4.4. Voto de ações gravadas com usufruto de voto, **115**
    7.4.5. Abuso do direito de voto e conflito de interesses, **116**
    7.4.6. Voto pelas ações preferenciais, **118**
7.5. Direito de retirada do acionista, **119**
7.6. Acionista controlador, **121**
    7.6.1. Conceito, **121**
    7.6.2. Deveres do acionista controlador, **123**
    7.6.3. Exercício abusivo do poder de controle, **123**
    7.6.4. Responsabilidades do acionista controlador, **125**
7.7. Acordo de acionistas, **128**
    7.7.1. Aspectos conceituais, **128**
    7.7.2. Finalidade, **129**
    7.7.3. Compra e venda de ações, **129**
    7.7.4. Concessão de preferência, **130**

7.7.5. Exercício do direito de voto ou do poder de controle, **131**
7.7.6. Representante dos acionistas do acordo, **131**

8. **ÓRGÃOS SOCIAIS DA S.A., 133**
8.1. Poderes e deveres dos órgãos, **135**
8.2. Assembleia Geral, **138**
    8.2.1. Órgão soberano, **138**
    8.2.2. Competência privativa, **138**
    8.2.3. Espécies de Assembleia Geral, **140**
    8.2.4. Assembleia Geral Ordinária – AGO, **140**
    8.2.5. Assembleia Geral Extraordinária – AGE, **142**
    8.2.6. Direito de retirada de acionista, **143**
    8.2.7. Normas gerais sobre as assembleias, **144**
    8.2.8. *Quorum* de instalação, **146**
    8.2.9. Legitimação e representação, **147**
    8.2.10. Livro de Presença e mesa dos trabalhos, **147**
    8.2.11. *Quorum* da deliberação, **148**
    8.2.12. Ata da assembleia, **148**
8.3. Diretoria, **149**
8.4. Conselho de Administração, **151**
    8.4.1. Constituição e funcionamento do Conselho de Administração, **151**
    8.4.2. Competência do Conselho de Administração, **152**
    8.4.3. Voto múltiplo, **152**
8.5. Conselho Fiscal, **156**
    8.5.1. Funcionamento, **156**
    8.5.2. Composição, **157**
    8.5.3. Perfil do conselheiro fiscal, **158**
    8.5.4. Competência do Conselho Fiscal, **159**
    8.5.5. Responsabilidade do Conselho Fiscal, **161**

9. **OS ADMINISTRADORES DA COMPANHIA, 163**
9.1. O papel do administrador, **165**
9.2. Requisitos e impedimentos para essa função, **166**

9.3. Garantia de gestão, **168**
9.4. Investidura e renúncia, **168**
9.5. Remuneração do administrador, **170**
9.6. Deveres do administrador, **171**
  9.6.1. Dever de diligência, **171**
  9.6.2. Dever de apego aos objetivos da companhia, **173**
  9.6.3. Abuso do poder, **174**
  9.6.4. Dever de lealdade, **175**
  9.6.5. Dever de informar, **177**
  9.6.6. O *insider trading*, **178**
9.7. Responsabilidade dos administradores, **180**
9.8. Ação de responsabilidade, **183**

10. **MODIFICAÇÕES DO CAPITAL SOCIAL,** 187
10.1. Aumento e redução de capital, **189**
10.2. A redução do capital, **190**
10.3. Formas do aumento do capital, **191**
10.4. Aumento mediante subscrição de ações, **192**
10.5. Aumento do capital por conversão de valores mobiliários, **194**
10.6. Aumento do capital por capitalização de lucros e reservas, **195**
10.7. Aumento por correção monetária, **196**
10.8. Capital autorizado, **196**
10.9. Opção de Compra de Ações, **197**

11. **LUCROS, RESERVAS E DIVIDENDOS,** 199
11.1. A busca do lucro, **201**
11.2. Lucro bruto e lucro líquido, **203**
11.3. Exercício social, **204**
11.4. A destinação do lucro à reserva legal, **204**
11.5. A destinação do lucro a outras reservas, **205**
11.6. Reserva de Incentivos Fiscais, **208**
11.7. Os dividendos, **209**
11.8. Dividendos obrigatórios, **211**

11.9. Dividendos de ações preferenciais, **212**
11.10. Dividendos intermediários, **213**
11.11. Pagamento de dividendos, **214**

12. DEMONSTRAÇÕES FINANCEIRAS, 215
12.1. Conceito e objetivos, **217**
12.2. Histórico, **219**
12.3. Tipos e características das demonstrações financeiras, **220**
12.4. Escrituração contábil, **221**
12.5. Balanço patrimonial, **222**
12.6. Demonstração das Mutações do Patrimônio Líquido, **224**
12.7. Demonstração do Resultado do Exercício, **225**
12.8. Demonstração dos Fluxos de Caixa – DFC, **227**
12.9. Demonstração do Valor Adicionado – DVA, **228**

13. NEGÓCIOS SOBRE O CONTROLE ACIONÁRIO, 231
13.1. Motivos da regulação, **233**
13.2. Alienação do controle de companhia aberta, **235**
13.3. A forma de alienação, **236**
13.4. OPA – Oferta Pública de Ações, **237**
13.5. A aquisição de outra sociedade por companhia aberta, **238**
13.6. Aprovação pela assembleia geral da compradora, **239**
13.7. Oferta pública de controle de companhia aberta, **240**

14. ENCERRAMENTO DA S.A., 241
14.1. As fases do encerramento da S.A., **243**
14.2. A dissolução, **244**
14.3. A liquidação, **248**
14.4. A extinção, **250**

15. AS MUTAÇÕES DE UMA S.A., 251
15.1. Evolução natural da S.A., **253**
15.2. Transformação, **254**

15.3. Incorporação, **255**
15.4. Fusão, **256**
15.5. Cisão, **257**
15.6. Normas gerais das mutações, **258**

16. **SOCIEDADE DE ECONOMIA MISTA,** 261
16.1. Aspectos gerais, **263**
16.2. Disciplina jurídica, **265**
16.3. Origem e evolução histórica, **266**
16.4. Disposições da Lei das S.A., **267**
16.5. Características em resumo, **268**

17. **GRUPOS SOCIETÁRIOS,** 271
17.1. Conceito e fundamentos, **273**
17.2. Legislação pertinente, **275**
Grupo de sociedades, **276**
17.3. *Holding,* **276**
17.4. Formas de conexão entre sociedades, **278**
17.5. *Joint Ventures,* **280**
17.6. Participação recíproca de uma companhia em outra, **281**
17.7. Responsabilidades administrativas, **281**
17.8. Demonstrações financeiras das sociedades interligadas, **282**

18. **OS GRUPOS SOCIETÁRIOS CONVENCIONAIS,** 285
18.1. Os grupos de fato, **287**
18.2. Os grupos de direito, **288**

19. **SOCIEDADE EM COMANDITA POR AÇÕES,** 291
19.1. Conceito e lei aplicável, **293**
19.2. Dois tipos de acionistas, **294**
19.2.1. Comanditados, **294**
19.2.2. Comanditários, **295**

19.3. Nomeação do diretor, **295**
19.4. O nome empresarial, **296**
19.5. Atualidade da sociedade em comandita por ações, **296**

20. **SUBSIDIÁRIA INTEGRAL**, 299
20.1. Conceito, **301**
20.2. Constituição por escritura pública, **301**
20.3. Constituição por incorporação de ações, **302**
20.4. A admissão de novos acionistas, **303**

21. **DO CONSÓRCIO**, 305
21.1. Aspectos conceituais, **307**
21.2. Formação pelo contrato de consórcio, **308**
21.3. Autonomia das consorciadas, **309**

22. **SOCIEDADE DEPENDENTE DE AUTORIZAÇÃO**, 311
22.1. Legislação pertinente, **313**
22.2. Sociedade brasileira e estrangeira, **314**
22.3. Causas da autorização, **315**
22.4. Poder concedente da autorização, **318**
22.5. Sistema de registro, **318**
22.6. Nacionalização da sociedade estrangeira, **321**
22.7. Obrigações das empresas dependentes, **322**
22.8. Representante no Brasil, **322**
22.9. Publicação de balanços, **324**

23. **LIVROS SOCIETÁRIOS**, 327
23.1. Livros legais e convencionais, **329**
23.2. Livros de Registro de Valores Mobiliários, **330**
    23.2.1. Registro de Ações Nominativas, **330**
    23.2.2. Transferência de Ações Nominativas, **330**
    23.2.3. Registro de Ações Endossáveis, **330**

23.2.4. Registro de Partes Beneficiárias, **331**
23.2.5. Transferência de Partes Beneficiárias Nominativas, **331**
23.2.6. Registro de Partes Beneficiárias Endossáveis, **331**
23.2.7. Registro de Debêntures Endossáveis, **331**
23.2.8. Registro de Bônus de Subscrição, **331**
23.3. Livro de Atos Sociais, **331**
    23.3.1. Atas das Assembleias Gerais, **331**
    23.3.2. Presença de Acionistas, **331**
    23.3.3. Atas das Reuniões do Conselho de Administração, **331**
    23.3.4. Atas das Reuniões da Diretoria, **331**
    23.3.5. Atas e Pareceres do Conselho Fiscal, **332**

24. A BOLSA DE VALORES MOBILIÁRIOS, 333
24.1. Sentido das bolsas, **335**
24.2. Bolsa de Valores Mobiliários, **337**
24.3. Objeto social da bolsa, **338**
24.4. A sociedade-membro, **339**
24.5. As funções da corretora, **340**
24.6. Responsabilidades e restrições, **341**
24.7. A BM&F – BOVESPA, **342**
24.8. A Câmara de Arbitragem do Mercado – CAM, **342**
24.9. Órgãos de direção e administração, **343**
    24.9.1. Assembleia Geral, **343**
    24.9.2. Conselho de Administração, **344**
    24.9.3. O Diretor Geral, **345**

25. SOLUÇÃO SENSATA DE CONTROVÉRSIAS SOCIETÁRIAS, 347
25.1. O surgimento de litígios, **349**
25.2. Necessidade de fórmulas alternativas de solução de problemas, **350**
25.3. Características e vantagens da arbitragem, **353**

- 25.4. Tipos de arbitragem, **358**
- 25.5. Como se institui o juízo arbitral, **360**
- 25.6. O passivo judicial das empresas, **363**
- 25.7. A remuneração da arbitragem, **364**
- 25.8. As raízes brasileiras da arbitragem, **365**
- 25.9. As lições do passado, **366**

1. ORIGEM E EVOLUÇÃO HISTÓRICA DA SOCIEDADE ANÔNIMA

1.1. As primeiras empresas
1.2. Fases da evolução
1.3. A sociedade anônima no Brasil

1.1. As primeiras empresas

A ideia de S.A. nos traz a imagem de empreendimentos grandiosos, de empresas de grande porte. Por isso, deve ter havido o esboço de S.A. na antiga Roma e na Idade Média. Em 1472, surgiu na Itália, na cidade de Siena, terra natal de Dante Alighieri, um banco importante, que existe até hoje, funcionando em imponente palácio no centro da cidade, com o nome de Banco Pasco di Siena. Tinha características de S.A., ou seja, ninguém sabia quem eram os donos, mas desconfiavam que fossem vários potentados da região da Toscana.

Pouco tempo depois, surgiu, na vizinha cidade de Gênova, o Banco di San Giorgio, também um estabelecimento de crédito com as mesmas características: grande concentração de capitais, muitos donos, mas não bem identificados. Foi o modelo dos modernos bancos, como também era o Banco Pasco di Siena. O nome mudou depois para Banca Monte dei Paschi di Siena e pode ser indicada como a mais antiga S.A. conhecida no mundo. Sua fundação se deu por volta de 1550. Inspirou depois outros bancos semelhantes. Não representou, todavia, a inspiração para a S.A. O Banco di San Giorgio era também chamado de Casa di San Giorgio, e não mais existe, tendo sido dissolvido em 1805 por ordem de Napoleão Bonaparte. Existe em Gênova atualmente um

Banco di San Giorgio, criado um século depois, mas não é considerado sucessor do primeiro, tendo apenas aproveitado o nome.

Essa iniciativa foi notada na Holanda, em 1602, quando duas empresas foram criadas, recebendo o nome de "companhia", nome que perdurou para designar a S.A. até nossos dias. Essas empresas foram a Companhia das Índias Ocidentais e Companhia das Índias Orientais. Seus donos permaneciam incógnitos, não tinham o nome indicado, portanto, chamando-as de anônimas, vale dizer, sem nome. Ninguém sabia o nome dos donos, mas havia desconfiança a respeito de quem estaria por detrás delas. Ninguém sabia também que o Brasil estava nos objetivos sociais de uma das empresas: a Cia. das Índias Ocidentais.

É bem sabido que em 1492, Fernando e Isabel, chamados de "reis católicos", ou reis de Castela, expulsaram da Espanha os árabes que dominaram a península ibérica por oitocentos anos, apropriando-se dos bens dos chamados moçárabes. Como, por exemplo, a mesquita de Córdoba que se transformou na catedral da cidade, o Palácio de Alhambra em Granada e muitos outros. Também expulsaram os judeus, apropriando-se dos seus bens. Eles, para não morrerem, refugiaram-se na Holanda.

Em 1580, o Rei de Portugal, Dom Sebastião, morreu numa expedição na África e, como não tinha herdeiros, a Coroa portuguesa passou para seu tio, o Rei Felipe da Espanha. Ele fez a mesma coisa que seus vizinhos Fernando e Isabel: mandou matar os judeus e apropriar-se de tudo o que possuíam. Uma nova leva de judeus se dirigiu à Holanda, formando numerosa coletividade, com sugestivas realizações, como a construção da majestosa sinagoga de Amsterdã, a maior da Europa da época. Dessa coletividade surgiram muitos vultos notáveis, como o grande filósofo Benedito Espinosa, mercadores e capitalistas.

Entre os empreendimentos, pode ser citada a criação das Companhias das Índias, sociedades anônimas, isto é, sem o nome dos donos, com sete membros, ficando por isso conhecidas como anônimas. Pouco a pouco alguns nomes eram comentados como sendo dos donos delas: Manuel, Joaquim, Oliveira, Pereira, Carvalho, Figueiredo, Coelho e outros. Os nomes dos acionistas sugeriam a formação dessas sociedades por judeus sefarditas, de origem portuguesa. O Rei Felipe obrigara os judeus portugueses a identificar-se, adotando o nome de árvores ou de bichos, como Pereira, Oliveira, Figueiredo (de figueira), Carvalho, ou então de animais, como Cordeiro, Coelho, Aranha, Mello (de camelo), Brito (de cabrito).

Pelo que consta, integraram-se nas companhias mercadores calvinistas vindos da França e da Suíça para fugir à perseguição religiosa. Como era o período da outorga, o Governo holandês concedeu-lhes alvará de funcionamento. A Casa Real da Holanda tinha interesse político no sucesso da Companhia das Índias Ocidentais, dando-lhe apoio. A Holanda estava em posição de guerra contra a Espanha, pois Felipe tinha ambições sobre a Coroa holandesa. Por isso, a invasão da Companhia das Índias Ocidentais na Bahia e Pernambuco teve sentido de agressão por parte da Holanda, que desejava ferir o domínio da Espanha no mundo.

A Holanda outorgou à Cia. das Índias Ocidentais o monopólio estatal do comércio exterior do país com o mundo ocidental: era a fase da outorga. A outorgada dominou o comércio exterior do açúcar e outros produtos da América e da África. O domínio exercido por ela na Bahia e em Pernambuco era o do próprio Brasil, pois nosso país se resumia, naquela época, àquelas regiões. São Paulo era uma cidadezinha provinciana e inexpressiva.

A Cia. das Índias Ocidentais tinha como órgão importante o Conselho de Administração, precursor do presente órgão da S.A., com a Diretoria e o Conselho Fiscal, formavam a cúpula diretiva da empresa, tendo como reflexo de sua organização a atual estrutura da S.A.

Pelo lado do Oriente, a Cia. das Índias Orientais adotava a mesma organização, com seu capital dividido em parcelas transferíveis, que são as atuais ações. Em 1609, ela criou o Banco de Amsterdã, nova sociedade anônima, que financiava operações internacionais, estabelecendo conexão com outras empresas e outros países. Contou também com a outorga do monopólio do comércio internacional com os países da Ásia e do Oriente Médio. Transferindo poderes estatais a essas empresas, o Governo holandês tornou-se títere delas; por outro lado, elas proporcionavam pagamento de vultosos impostos, transformando-se em funcionárias remuneradas do Governo. Essa simbiose de interesses empresa-estado permanece hoje nos países modernos, sendo o Brasil um exemplo bem sugestivo.

Para se fazer uma ideia do poderio da Cia. das Índias Orientais, bastaria dizer que sua frota mercante era de 150 navios, o que poucos países modernos apresentam; tinha sólida organização contábil, financeira, empresarial, com um quadro de funcionários superior a 50.000. Para dar proteção aos navios mercantes, tinha também uma frota de 40 vasos de guerra e forças armadas com mais de 10.000 homens.

Enquanto a Cia. das Índias Ocidentais ocupou o Brasil, a Cia. das Índias Orientais ocupou vastas regiões do Oriente e da África, como a África do Sul, onde fundaram a cidade do Cabo, hoje a capital legislativa do país. Criou a Indonésia, hoje importante país, que foi por séculos província ultramarina da Holanda. Suas naves atravessaram as águas geladas do Polo Norte, transpondo o outro lado do continente americano, estabelecendo colônias. Nova York foi fundada posteriormente numa dessas colônias, em 1625, pelos holandeses, com o nome de Nova Amsterdã, em homenagem à capital da Holanda. Em 1800, foi abolida essa empresa por imposição de vários países.

1.2. Fases da evolução

A sociedade anônima tem mais de 400 anos, considerando-se o início em 1602, com a fundação das duas companhias das Índias. Sua vida transcorreu pelos séculos 17, 18, 19 e 20. Nesses quatro séculos ela foi incorporando novos elementos, aperfeiçoando a legislação que a regulamentou e foi-se adaptando às novas situações. Pode-se dizer que nessa evolução passou por três fases:
1ª. Da outorga;
2ª. Da autorização;
3ª. Da regulamentação.

1ª fase – Da outorga

Foi a fase inicial, na era das grandes navegações, em que surgiram as primeiras sociedades anônimas. Ela gozava de privilégios outorgados pelo Poder Público. Temos como frisante exemplo as Companhias das Índias; elas receberam a outorga de privilégios do Governo da Holanda, dotando-as do monopólio estatal do comércio exterior, e, consequentemente, poderes especiais, até mesmo de organizar exército particular e agredir outros países. Há nítida intervenção estatal na iniciativa privada, uma vez que o Estado, ao outorgar privilégios a uma empresa privada e transferir-lhe certos poderes, reserva-se o direito de controlar seus atos. Há uma parceria entre as partes.

Os objetivos da sociedade anônima são coincidentes com os interesses do Estado, havendo nítida conotação política, como, por exemplo, o estabelecimento de colônias. Foi o que aconteceu no Brasil, em que uma S.A. estabeleceu autêntica colônia holandesa, com pagamento de impostos à Coroa da Holanda. Aconteceu também no Oriente, com a Indonésia. Consta até ter havido parceria religiosa com o Estado e as sociedades anônimas. A Igreja Católica Romana esteve associada com Felipe e os grupos econômicos que empreenderam a conquista do mundo. A Inglaterra rebelou-se contra o Papa, criando a Igreja Anglicana, que se associou às empresas empreendedoras de conquistas. A Igreja Luterana ligou-se a empresas alemãs, como a Hansa. As Companhias das Índias, embora fossem de judeus, receberam adesão de mercadores e banqueiros calvinistas, oriundos da Suíça e da França, estabelecendo-se na Holanda.

Os dois primeiros bancos italianos, Banco Pasco di Siena e Banco di San Giorggio eram duas S.A. captadoras e centralizadoras de capitais, cuja origem e cujo emprego de dinheiro estavam intimamente ligados ao Poder Público. Financiavam outras empresas em forma de S.A., que proporcionavam tributos ao Erário de suas cidades-estado. Esses bancos e outras empresas financiaram grandes expedições mercantis pelo Mar Mediterrâneo. Chegou a dominar a navegação marítima mediterrânea, incluindo-se as transações mercantis entre a Europa e o Oriente com ponto em Constantinopla.

2ª fase: Da autorização

No terceiro século da vida da S.A., ou seja, o século XIX, foi-se atenuando a conexão empresa-estado, cessando o regime de outorga e concessão de privilégios. As S.A. já estavam consolidadas e não mais desejavam a tutela do Estado. Iniciou-se o período da autorização, em que havia independência e liberdade das companhias, mas elas tinham que ter a permissão do Estado para constituir-se e desenvolver suas atividades. A autorização se dava por ato administrativo do Governo, sem, contudo, ligar a empresa aos seus interesses de forma muito acentuada.

Criou-se um sistema de registro público, embrião de junta comercial, em que a empresa registrava seus dados e nesse registro deveria constar o ato administrativo que lhe permitia organizar-se. A S.A. já não era tão anônima, pois alguém promovia seu registro e sua existência passou a ser comprovada. Não era mais tão marcante a vinculação empresa-estado.

3ª fase: Da regulamentação

Bem antes do surgimento das empresas holandesas, já tinham surgido organizações com características das S.A. Por volta de 1100 revelaram-se certos empreendimentos internacionais, a que se deu o nome de Cruzadas. Esses empreendimentos tinham como motivo aparente libertar o túmulo de Jesus Cristo em Jerusalém, cuja região havia sido ocupada pelos turcos. Houve maciços investimentos para o recrutamento, treinamento e armamento de militares para formar vários exércitos particulares, que partiam para o Oriente Médio. Quem bancava esses investimentos eram organizações com o nome de Ordem dos Templários, cuja análise apontava como sendo empresas com características de S.A.

Os capitais de que dispunham tinham origem obscura, parecendo vários reis participarem delas, em parceria com a Igreja Católica, que bendizia as armas e dava motivação psicológica para as expedições, além de motivá-las. As cruzadas renderam sugestivos lucros a essas empresas, o que lhes proporcionaram a formação de vultoso patrimônio. Vários reis que participaram da Ordem dos Templários começaram a cobiçar seu patrimônio, ressaltando-se o rei da França que desapropriou seus bens e mandou para a prisão seus dirigentes. Dois séculos ou mais durou o império da Ordem dos Templários, até ser extinto.

Alguns dos dirigentes refugiaram-se em Portugal e mantiveram ativa e poderosa a Ordem dos Templários, atraindo capitais de congêneres europeias. Para não dar muito na vista, mudaram o nome para Ordem de Cristo, que teve apoio do Rei. A Ordem de Cristo empreendeu várias expedições marítimas de sucesso, com vistas à importação de especiarias da Ásia. Uma dessas expedições à Ásia para trazer especiarias, dirigida por Pedro Álvares Cabral, ficou de "dar uma chegada" às costas da América e depois seguir para o Oriente. Essa expedição resultou na parceria entre a Ordem de Cristo e a Coroa. A bandeira da expedição era a da Ordem de Cristo com uma cruz própria e não da Cruz de Malta, que era a da Coroa portuguesa. Pedro Álvares Cabral não era almirante e não fez curso na Escola de Sagres; era um fidalgo, de família nobre e espírito empreendedor e não pertencia ao quadro oficial. Desempenhou papel de executivo de S.A., neste caso, a Ordem de Cristo.

1.3. A sociedade anônima no Brasil

Algumas companhias se realçaram no Brasil no período colonial, especialmente duas delas. Se elas têm o nome de *companhia*, revelam ser S.A., já que esse termo foi reservado para esse tipo de empresa. Surgiram na era da outorga e a Coroa portuguesa outorgou a elas o monopólio de todo o comércio realizado entre a Metrópole e o Brasil. Embora não sejam consideradas empresas brasileiras, mas portuguesas, o próprio nome indica que suas operações deveriam se concentrar no Brasil. Muito importante foi sua participação na vida brasileira, apesar de ficarem marcadas pelo monopólio exercido sobre o tráfico de escravos.

A primeira delas foi a Companhia Geral de Comércio do Brasil, criada em 1649, operando até 1720. Deu grande impulso à economia da colônia, pois enviava muitos produtos da Europa necessários ao Brasil, como bacalhau, azeite, trigo, vinhos, e, em contrapartida, levava para Portugal grande quantidade de produtos agropecuários, como madeiras, frutas, couro, algodão, açúcar, coco, cacau. Foi incentivada pelo Padre Antônio Vieira, missionário jesuíta e famoso escritor e historiador. Descobriu-se depois que os acionistas da Cia. Geral de Comércio do Brasil chamavam-se Oliveira, Pereira, Carneiro, Cordeiro, o que denunciava serem cristãos novos e alguns judeus dissidentes das companhias holandesas, o que provocou reação contra eles.

Outra empresa famosa foi a Companhia Geral de Comércio do Grão-Pará e Maranhão, criada em 1755 por inspiração do Marquês de Pombal. Exercia as mesmas funções que a Companhia Geral de Comércio do Brasil, mas operava no Norte do Brasil. Seus grandes adversários foram, porém, os padres jesuítas, que afrontaram o poderoso ministro português e Pombal determinou a expulsão dos jesuítas de Portugal e de suas colônias.

Posteriormente, assumiu o trono português D. Maria I (mãe de D. João VI, que transferiu a corte portuguesa para o Brasil, sendo, portanto, avó de D. Pedro I). Ela era inimiga do Marquês de Pombal, afugentou-o do governo e procurou reconstruir tudo o que ele havia eliminado. Promoveu a reabilitação dos jesuítas e a sua volta a Portugal e suas colônias. Nesse pacote de medidas, extinguiu a Cia. Geral de Comércio do Grão-Pará e do Maranhão em 1779.

A primeira empresa criada no Brasil, sob a forma de S.A., foi o Banco do Brasil, fundado em 1808, por D. João VI, naturalmente seguindo a lei portuguesa, pois estávamos no período colonial. Assim como na Europa, a S.A. foi o primeiro modelo societário adotado no Brasil, e deve ter sido praticamente o único durante breve tempo.

Passo importante no direito brasileiro foi a promulgação do Código Comercial de 1850, pois trouxe a regulamentação da S.A. e de outras sociedades mercantis, embora a S.A. tivesse tido tratamento muito sumário. Dez anos após, o Código Comercial seria complementado pela Lei 1.083, de 22.8.1860, a primeira lei da sociedade anônima. Oitenta anos depois, a S.A. passou por ampla remodelação com a Lei 2.627, de 26.9.1940, tomando mais corpo.

Finalmente, em 15.12.1976, a S.A. teve sua regulamentação definitiva, com a Lei 6.404/76, que permanece até hoje. Foi sendo, porém, constantemente alterada, a fim de amoldá-la às transformações que o Direito Societário vem sofrendo nos últimos anos. Sua feitura vem sendo muito elogiada pelos especialistas, revelando as bases tomadas do direito italiano e francês, mas é evidente a participação crescente da legislação norte-americana.

2. ASPECTOS CONCEITUAIS DA SOCIEDADE ANÔNIMA

2.1. Conceito e características estruturais
2.2. Objeto social da sociedade anônima
2.3. Companhias abertas e fechadas
2.4. O nome empresarial da sociedade anônima
2.5. Legislação aplicável

2.1. Conceito e características estruturais

O novo Código Civil regulamentou vários tipos de sociedades, algumas já conhecidas pelo antigo Código Comercial. Como inovação, surgiu a sociedade simples. A sociedade em conta de participação é um caso especial. Assim sendo, vamos encontrar sete tipos de sociedade, abaixo relacionadas:
- Sociedade simples;
- Sociedade limitada;
- Sociedade anônima;
- Sociedade em comandita por ações;
- Sociedade em comandita simples;
- Sociedade em conta de participação;
- Sociedade em nome coletivo.

Na prática, podemos ver que só existem três tipos de sociedade em uso no Brasil:
- Sociedade anônima;
- Sociedade simples;
- Sociedade limitada.

As demais só existem, praticamente, no papel. A sociedade em comandita por ações veio ao nosso país por influência norte-americana, mas não encontrou aceitação. A sociedade em comandita simples deixou de existir há um século. A sociedade em conta de participação é, às vezes, utilizada, geralmente, de curta duração. A sociedade em nome coletivo predominou na primeira metade do século XX e hoje só existem algumas que sobreviveram, principalmente nas cidades do interior do país; não se conhecem sociedades desse tipo formadas nos últimos anos.

Examinaremos agora um modelo societário com características estruturais diferentes das apresentadas até agora: a sociedade anônima. Não é sociedade de pessoas, mas de capitais; também não é contratual, mas estatutária ou institucional, por não possuir contrato, mas estatuto. Amolda-se mais às grandes empresas, ao contrário das outras. Está prevista num capítulo do Código Civil, arts. 1.088 a 1.089, mas regulamentada por lei extravagante conhecida como Lei das Sociedades Anônimas (Lei 6.404/76). Muitas outras diferenças vão mostrar essa figura societária como diferente das sociedades contratuais e de pessoas.

A S.A. é sociedade mercantil, cujo capital é dividido em ações, frações de igual valor nominal e a responsabilidade dos acionistas é limitada ao preço de emissão das ações subscritas ou adquiridas. Este é o conceito que lhe é dado, inclusive pelo art. 1º da Lei das S.A.; baseia-se, pois, esse conceito, em duas das principais características da S.A.

Não se trata de mera diferença de terminologia a diferença entre a ação e a quota dos demais modelos estudados; vão-se diferenciar em diversos aspectos. O capital da S.A. é dividido em partes do mesmo valor nominal, enquanto o capital da sociedade limitada ou da sociedade simples pode ser dividido em quotas de valor diverso. Fato é que o capital da sociedade limitada ou da sociedade simples pode ser dividido em quotas de valor igual; por exemplo: um capital de R$ 30.000,00 dividido em três quotas de R$ 10.000,00, cada uma pertencente a um sócio. Todavia, na S.A., todas as frações do capital devem ter o mesmo valor nominal obrigatoriamente.

Outra característica estrutural da S.A., e constante no conceito dado a ela pelo art. 1º, refere-se à responsabilidade dos acionistas. Segundo o art. 1º, a responsabilidade dos acionistas será limitada ao preço de emissão das ações subscritas ou adquiridas.

Ao limitar a responsabilidade do acionista apenas ao valor das ações que ele tenha subscrito ou adquirido, fará com que a S.A. seja caracterizada como sociedade de capital e não de pessoas. Algum terceiro que transacionar com a S.A. não irá preocupar-se com a pessoa dos acionistas. Essas duas características essenciais da S.A. estão expressas no seu próprio conceito, exposto no art. 1º da Lei das S.A.:

> *A companhia ou sociedade anônima terá o capital dividido em ações, e a responsabilidade dos sócios ou acionistas será limitada ao preço de emissão das ações subscritas ou adquiridas.*

A terceira característica discriminatória da S.A. ante as demais refere-se à sua natureza estatutária ou institucional e não contratual. Ela não tem contrato social, mas estatuto. O ato constitutivo de uma sociedade de pessoas é o contrato social, documento elaborado por consenso unânime dos sócios e assinado por todos eles. Não há voz discordante no contrato, pois quem o assina manifesta concordância com seus termos. A S.A. não tem contrato social; seus atos constitutivos são vários, principalmente a ata da assembleia geral de seus acionistas fundadores, que decidiu pela constituição da sociedade. As linhas básicas de sua administração, seu objeto social e sua estrutura organizacional ficam expressas num instrumento denominado estatuto. Por isso são chamadas de estatutárias, distinguindo-se assim das contratuais. As decisões não são unânimes, mas existem votos discordantes, que não afetam a validade e a eficácia das decisões societárias.

A quarta característica é a sua natureza exclusivamente mercantil. Estabelece o art. 2º, § 2º, que a S.A. ou companhia é mercantil e se rege pelas leis e usos da atividade empresarial, qualquer que seja seu objeto social. Assim sendo, mesmo uma S.A. dedicada à prestação de serviços, como administração de imóveis, deverá ser registrada na Junta Comercial e a ela serão aplicadas as normas mercantis, como a Lei de Recuperação de Empresas.

A quinta característica da S.A. é a inexistência de sócios. Verdade é que ela tem acionistas, que, em muitos sentidos, equiparam-se aos sócios; ambos são prestadores de capital e ambos são os donos da sociedade. Contudo, a diferença entre o sócio e o acionista não é exclusivamente terminológica. Os direitos e obrigações de um e outro se distinguem em vários aspectos. O sócio é figura exponencial na sociedade, tanto que sua morte poderá acarretar na dissolução, enquanto a morte do acionista não altera em nada a estrutura e o ritmo da S.A. O sócio não pode transferir a sua quota sem aprovação dos demais sócios, mas o acionista transfere livremente suas ações. A transferência da quota necessita ser registrada em órgão público, o que não acontece com a ação.

Em suma, podemos realçar as características da S.A. como as seguintes:
1. O capital social é dividido em ações.
2. A responsabilidade dos acionistas é limitada ao valor de suas ações.
3. É sempre sociedade empresária, qualquer que seja seu objeto social.
4. Adota a denominação como nome empresarial.
5. É sociedade estatutária (ou institucional).
6. Não tem sócios, mas acionistas.
7. Recebe também a designação de *companhia*.
8. É tipo de sociedade mais própria para grandes empreendimentos.
9. Pode ser aberta ou fechada.
10. É sociedade de capitais.

2.2. Objeto social da sociedade anônima

Importante aspecto a ser analisado na S.A. é seu objeto social e seu objetivo social, ou seja, o papel que lhe cabe na economia nacional, suas funções econômicas. O objeto social é normatizado pelo art. 2º, seu *caput* e três parágrafos, utilizando em todos eles a palavra objeto. Entretanto, o título desse artigo usa a expressão objetivo social. A nosso ver, deve haver distinção entre objetivo e objeto. O objetivo da sociedade é a obtenção de lucros para distribuição entre os prestadores de capital, remunerando assim os aportes financeiros que asseguram a ela suas atividades. Pode-se dizer que o objetivo da S.A. é a satisfação dos interesses de colaboradores: acionistas, administradores e funcionários. Há na Lei das S.A. uma imprecisão terminológica.

O objeto social tem significado bem diferente; é o ramo de atividade econômica perseguido pela S.A.; se é indústria, comércio, serviços, mineração. O parágrafo 2º estabelece que o estatuto social definirá o objeto de modo preciso e completo; não pode ser definido apenas como indústria ou comércio, pois será incompleto e impreciso. Ficará bem caracterizado com indicações mais minuciosas e claras, tais como:

- Indústria e comercio de roupas confeccionadas;
- Prestação de serviços médicos e hospitalares mediante convênios;
- Comércio, por atacado e a varejo, de materiais de segurança industrial.

O objeto social da empresa é elemento essencial da atividade empresarial. Ele tem caráter instrumental, pois é por meio dele que os objetivos da empresa são atingidos. Em outras palavras, o objeto social é o instrumento de que se serve a empresa para realizar o seu objetivo. Toda a estrutura da empresa é montada em função do objeto social; de acordo com o objeto forma-se a estrutura de uma empresa: uma indústria tem uma estrutura, uma filosofia de ação, planeja suas atividades em função de seu objeto. Uma empresa prestadora de serviços terá que adotar todos esses fatores de forma diferente.

Necessário se torna, então, que o estatuto defina e esclareça com precisão o objeto social da empresa, limitando seu âmbito de ação, a ponto de atender à teoria da *ultra vires societatis*, evitar abusos e confusões, que possam atentar contra os interesses dos acionistas minoritários e da coletividade que transacionar com a sociedade. Assim é exigido pelo parágrafo 2º do art. 2º da LSA, e também pelo art. 53-III do Decreto 1.800/96, que regulamenta a Lei do Registro Público das Empresas Mercantis e Atividades Afins:

Entende-se como preciso e detalhadamente declarado o objeto da empresa mercantil quando indicado o gênero e a espécie.

O *caput* do art. 2º aponta alguns pressupostos para o objeto social da S.A. (ou companhia), previstos no Código Civil, quais sejam, de não ser contrário à lei, à ordem pública e aos bons costumes. Diz ainda o art. 2º que pode ser objeto da companhia qualquer empresa de fim lucrativo; aponta aqui o objetivo da S.A., qual seja, o de produzir lucros. Ninguém organiza uma sociedade por diletantismo ou por fins beneficentes. A S.A. é um investimento, em que os investidores aportam seu capital para ser remunerado; o objeto social é, portanto, profissional. Observa-se no *caput* do art. 2º o termo empresa como sinônimo de objeto ou de empreendimento, tipo de atividade; é utilizada no sentido da famosa frase de um empresário: ou triunfo na empresa ou morrerei com ela.

Quanto às funções econômicas das modernas companhias, muito variados são os seus aspectos. É normalmente o tipo societário adequado para os grandes empreendimentos, como uma indústria automobilística. É um empreendimento que atrai a participação popular, por limitar a responsabilidade do investidor, proporcionar lucros e oferecer alta mobilidade para as ações. Por isso, constituíram-se as S.A. em motores do mercado de capitais, oferecendo às economias privadas uma fonte de investimentos lucrativa, versátil e participativa.

2.3. Companhias abertas e fechadas

Companhia aberta

O art. 4º da LSA faz distinção entre duas espécies de S.A., ao dizer que a companhia pode ser aberta e fechada. A companhia aberta é aquela cujos valores mobiliários podem ser vendidos no mercado de capitais. Para melhor ser interpretada essa questão, há necessidade de um retrospecto.

Importante característica da companhia aberta é a necessidade de registro em órgão público especializado, neste caso, a CVM – Comissão de Valores Mobiliários, da qual faremos um estudo especial. Somente os valores mobiliários emitidos por companhia registrada na CVM podem ser negociados no mercado de valores mobiliários.

Ao necessitar de dinheiro, a companhia pode recorrer a duas fontes: o mercado financeiro e o mercado de capitais. O mercado financeiro é o dinheiro em oferta a curto prazo, destinado à obtenção de juros. O dinheiro é um empréstimo, uma concessão de crédito; não passa a pertencer à companhia; que usa esse numerário durante um tempo previsto e o devolve ao seu legítimo dono. O mercado financeiro é representado, principalmente, pelos bancos. A S.A. recebe esse dinheiro, tornando-se devedora dos poupadores ou de quem faz a intermediação entre o dinheiro poupado e a iniciativa que dele necessita. Normalmente, o prazo mais comum é o de 90 a 120 dias. Muitas vezes, a S.A. transfere para os credores seus ativos financeiros, mormente as duplicatas. O mercado financeiro fornece dinheiro móvel, do qual a companhia necessita no momento, renovando o empréstimo quando voltar a necessidade.

Considera-se o mercado de capitais, também chamado de valores mobiliários, como representado por milhares ou milhões de pessoas, sendo mais difícil sua captação. Não é dinheiro móvel, mas irá fixar-se na empresa, fazendo com que o adquirente das ações se torne dono dela. Os poupadores não fazem empréstimo à S.A., mas investimento, aplicação.

O mercado de capitais é o montante de dinheiro destinado à aquisição de valores mobiliários, dos quais fazemos aqui estudo, mas, na sua maior parte, é representado pelas ações das companhias. Essas ações vão para as mãos dos acionistas de duas maneiras e essas maneiras de venda é que determinam os dois tipos de companhia: fechada ou aberta.

Companhia fechada

Ela escolhe quem serão seus acionistas, passando suas ações para pessoas previamente escolhidas. Ela própria promove, por sua conta, a venda das ações, selecionando as pessoas que farão parte de seu quadro acionário. Chama-se fechada, porque seu mercado é fechado, restrito, com poucos investidores. O lançamento de ações é geralmente de pequeno porte. Essas empresas quase sempre são médias e, no Brasil, constituem a maioria, como as sociedades cujas ações encontram-se nas mãos de uma família. Não pode ela, entretanto, colocar suas ações à venda na Bolsa de Valores Mobiliários e no mercado de balcão.

Normalmente, as ações da companhia fechada possuem valor de venda abatido, em vista de seu fraco poder de circulação; seu detentor carece de mercado maior para inseri-las. Será obrigado a esperar pela vontade e pelo interesse de seu comprador, que será sempre em pequeno número, o que não ocorre em companhias abertas; para elas, haverá ainda maior publicidade em órgãos de comunicação.

2.4. O nome empresarial da sociedade anônima

A companhia deverá ter um nome, como toda sociedade, mas a lei brasileira limita seu nome à denominação. A este respeito, é conveniente rápida apreciação sobre o nome da sociedade. Cada tipo de empresa adota uma espécie de nome empresarial.

O empresário individual adota firma, que por isso é chamada de firma individual ou razão individual.

A sociedade em nome coletivo deve adotar firma, chamada de firma social ou razão social.

A sociedade limitada pode adotar firma social ou denominação.

Contudo, a S.A. só pode adotar denominação. Assim diz o art. 3º de sua lei, estabelecendo que a S.A. só pode adotar denominação acompanhada das expressões *companhia* ou *sociedade anônima*, mas não as duas simultaneamente. Podem ser expressas por extenso ou abreviadamente; porém, é vedada a utilização de companhia no final do nome.

A expressão companhia, por extenso ou abreviadamente, não poderá ficar no final, para não ser confundida com a sociedade em nome coletivo, como, por exemplo, Gomes, Faria & Cia.

Tendo denominação, a assinatura de uma S.A. será feita com um carimbo com o nome da S.A. e a assinatura, embaixo do carimbo, dos seus representantes legais. Exemplo: Cia. Saturno de Seguros ou Saturno de Seguros S.A.

Pelo parágrafo 1º do art. 3º, o nome do fundador, acionista ou pessoa que, por qualquer modo, tenha concorrido para êxito da empresa, poderá figurar na denominação. Havia, em São Paulo, várias companhias nessas condições:
- Indústrias Reunidas Francisco Matarazzo S.A;
- Cotonifício Guilherme Giorgi S.A;
- Companhia Metalúrgica Alberto Pecoraro.

2.5. Legislação aplicável

A S.A. é regulamentada no Brasil por lei própria, específica; é a Lei 6.404/76. Houve outras leis anteriores, como a 2.607/42, mas a que está atualmente em vigor é a Lei 6.404/76. Essa lei tem sido, por diversas ocasiões, modificada, visando a modernizá-la e torná-la mais adequada à evolução da economia e de outros fatores, como a do mercado de capitais.

O novo Código Civil também se aplica a ela subsidiariamente no que for omissa, mas lhe dedica também alguns artigos, como os arts. 1.088 e 1.089, que constituem o capítulo V da Seção VIII do Código. O art. 1.089 aponta exatamente a legislação que lhe cabe, dizendo:

A sociedade anônima rege-se por lei especial, aplicando-se-lhe, nos casos omissos, as disposições deste Código.

Por sua vez, o art. 1.088 lhe dá seu conceito, no qual se baseou o art. 1º da lei 6.404/76:

Na sociedade anônima ou companhia, o capital se divide em ações, obrigando-se cada sócio ou acionista somente pelo preço de emissão das ações que subscrever ou adquirir.

Ninguém justificou até agora o motivo da inclusão do termo *sócio*, tanto no art. 1.088 do Código Civil como no art. 1º da Lei 6.404/76. Não existe *sócio* da S.A., apenas *acionista*.

Em outra passagem, o Código Civil cita novamente o nome da S.A., em mais uma das poucas passagens, reservando as demais disposições à sua lei específica. Ao regulamentar o nome empresarial, o Código Civil faz referência à S.A., prescrevendo seu nome como sendo a *denominação*, no que é secundado pelo art. 3º da LSA. Diz o art. 1.160:

> *A sociedade anônima opera sob denominação designativa do objeto social, integrada pelas expressões "sociedade anônima" ou "companhia", por extenso ou abreviadamente.*
>
> *Pode constar da denominação o nome do fundador, acionista, ou pessoa que haja concorrido para o bom êxito da formação da empresa.*

Ainda outra disposição do Código Civil será encontrada no parágrafo único do art. 982, em que a S.A. é caracterizada como sociedade empresária.

3. A S.A. E O MERCADO DE CAPITAIS

3.1. Companhia aberta e fechada
3.2. A sociedade anônima e o mercado de valores mobiliários
3.3. A CVM – Comissão de Valores Mobiliários
3.4. Vinculações internacionais
3.5. Órgãos diretivos

3.1. Companhia aberta e fechada

COMPANHIA ABERTA – É a habilitada legalmente a vender suas ações no mercado de valores mobiliários; é o que a distingue da companhia fechada, conforme diz o art. 4º:

A companhia é aberta ou fechada conforme os valores de sua emissão estejam ou não admitidos à negociação no mercado de valores mobiliários.

Outra característica da companhia aberta é a necessidade de registro em órgão público especializado, neste caso a CVM – Comissão de Valores Mobiliários, da qual faremos estudo especial. Somente os valores mobiliários emitidos por companhia registrada na CVM podem ser negociados no mercado de valores mobiliários. E não só a S.A. deve ser registrada na CVM: nenhuma distribuição pública de ações será efetivada no mercado sem prévio registro na CVM.

A venda de ações, que são os principais valores mobiliários emitidos pela S.A., é feita a um público massivo, indiscriminado. A companhia renuncia a escolha de seus donos; nem sequer sabe quem poderão ser seus novos donos. Centralizamos a consideração das ações como principal valor mobiliário, mas vamos ressaltar desde já os valores mobiliários que podem ser negociados no mercado de capitais:

Ações – debêntures – partes beneficiárias – *commercial papers* – bônus de subscrição – certificado de depósito de ações – certificado de depósito bancário – recibos de depósito (*depositary receipts*) – letras de câmbio – contratos de parceria para a engorda de animais.

A CVM poderá classificar as companhias abertas em categorias, segundo as espécies dos valores mobiliários por elas emitidos e negociados no mercado, e especificará as normas sobre companhias abertas aplicáveis a cada categoria.

A negociação das ações no mercado de capitais, que a lei prefere chamar de mercado de valores mobiliários, pode se processar de duas maneiras: na Bolsa de Valores Mobiliários e no mercado de balcão. Vamos depois fazer um estudo mais aprofundado a respeito das bolsas, principalmente, da Bolsa de Valores Mobiliários, mas será conveniente esclarecer, desde já, as diferenças entre as duas espécies de venda de ações:

Na BVM – A venda das ações é realizada por leilões. Reúnem-se, na sala de leilões da bolsa, os interessados em vender suas ações, e os interessados em comprá-las. O contrato entre vendedor e comprador de ações não é direto, mas por intermédio da *Sociedade Corretora de Valores Mobiliários*, uma instituição financeira especialmente criada para atuar na Bolsa de Valores Mobiliários.

NO MERCADO DE BALCÃO – É a venda direta da companhia a quem quiser adquirir suas ações, mas geralmente se faz por uma instituição financeira denominada *Sociedade Distribuidora de Valores Mobiliários*. A venda se processa por um sistema organizado por operadores diversos. Não é feita em leilão, mas pela negociação entre vendedor e comprador.

Há outra classificação do mercado de valores mobiliários, quanto à circulação das ações: é o mercado primário e o secundário. Vejamos o que são:

MERCADO PRIMÁRIO – É também chamado de primeira mão, porquanto a venda é feita diretamente pela companhia ao primeiro comprador. São ações novas colocadas no mercado e o comprador é o primeiro possuidor delas. É o caso de companhia nova; ao constituir-se, abre-se a subscrição de seu capital e os subscritores são os primeiros acionistas. O capital não está ainda integralizado; ao integralizar-se o capital subscrito, ou seja, ao ser pago, o adquirente paga o preço determinado, o valor nominal da ação, o valor que consta do estatuto e do balanço da companhia.

MERCADO SECUNDÁRIO – É o mercado das ações de segunda mão. Digamos que o subscritor do capital da companhia subscreva e integralize o valor das ações adquiridas. Depois, ele pretende se desfazer de suas ações e as põe à venda. Trata-se agora de mercado secundário; o vendedor não é a companhia, mas um acionista. O comprador é o segundo dono. Não há subscrição, mas aquisição das ações. O preço pago pela aquisição pode ser maior ou menor do que o valor nominal das ações.

3.2. A sociedade anônima e o mercado de valores mobiliários

A S.A. é a pedra angular sobre a qual repousa a atividade do mercado de capitais. Desvia-se do recurso ao mercado financeiro, desafogando-o para que possa atender a outras iniciativas. Para amoldar-se às ciclotimias das crises financeiras e à necessidade de novos investimentos e atender ao ímpeto do progresso, a S.A. recorre ao mercado de capitais, estimulando-o. Ao abrir seu capital à poupança pública, a S.A. carreia para o campo do mercado de capitais o dinheiro que procura aplicação. Em vez de conquistar novos credores e remunerá-los com juros, conquista novos parceiros, remunerando-os com dividendos e engajando-os na sua atividade e administração. Cria novas fórmulas organizacionais de relações econômicas, mantendo um relacionamento com seus acionistas, a quem se obriga a prestar informações e pagar-lhes dividendos.

Das relações sociedade-acionistas surgiu um vácuo que logo foi suprido com a criação de vasta e intensa malha de colaboradores. Nosso velho Código Comercial previu em capítulo próprio os vários colaboradores das atividades empresariais. Não poderia prever o surgimento dessa gama de modernos colaboradores empresariais, surgida em consequência da criação do mercado de capitais, que encontrou na S.A. seu fator decisivo. Podemos dizer ainda que da S.A. nasceu o Direito do Mercado de Capitais, que regulamenta não só as operações do mercado de capitais, dos agentes intermediários, mas até das próprias companhias, em concomitância com o Direito Societário.

Assim sendo, a S.A. criou novo campo de atividade econômica, novo ramo do direito empresarial e novo mercado de trabalho, formando inclusive técnicos de alta especialização. Os agentes intermediários são agentes autônomos ou empresas que surgiram em decorrência do mercado de capitais, como as distribuidoras de valores mobiliários, as corretoras de valores mobiliários e os bancos de investimentos.

Essa atividade intermediária entre a S.A. e o mercado de capitais é ampla, complexa, sofisticada e efervescente. É de elevada especialização técnica, de elaborada profissionalização. Orienta os empresários quanto ao momento exato de lançamento de ações, mantendo o mercado em constante pesquisa. Faz o lançamento das ações, operando sua estrutura mercadológica, atuando como mandatária e assessora da S.A. Apresenta aos investidores as informações necessárias e legalmente exigidas, incentivando a alocação de seus recursos com segurança e confiança. As sociedades corretoras de valores mobiliários encaminham as ações à Bolsa de Valores Mobiliários para venda, ou as compram para os investidores.

O mercado de valores mobiliários é o conjunto de instituições e de instrumentos que possibilita realizar a transferência de recursos entre tomadores e aplicadores de dinheiro, buscando compatibilizar seus objetivos. Por "tomadores" entendemos a companhia, pois só ela pode emitir valores mobiliários e colocá-los no mercado. Por "aplicadores de recursos" entendemos qualquer pessoa física ou jurídica, dotada de poupança, vale dizer, de dinheiro que sobrou da receita superior à despesa; são, portanto, os poupadores.

Essa transferência se processa por um complexo de operações financeiras de médio e longo prazos ou por tempo indeterminado, normalmente efetuadas diretamente entre os poupadores e a S.A., ou por meio de intermediários financeiros destinados ao financiamento de investimentos. De forma mais simples podemos dizer que essa transferência de recursos opera-se pela aquisição feita, pelos poupadores, de títulos emitidos pela S.A. Esses títulos, chamados de valores mobiliários, serão estudados logo adiante. São muitos esses títulos, sendo os principais as ações e as debêntures. Podemos até dizer que o mercado de capitais é o mercado de ações.

Da S.A. nasceu também novo ramo do Direito Empresarial: o Direito do Mercado de Capitais. É a conjunção de outros dois ramos do Direito Empresarial: o Direito Societário com o Direito Bancário. Incorpora o Direito Societário por se concentrar nas transferências de títulos emitidos pela S.A. e o Bancário por serem as organizações atuantes no mercado de capitais instituições financeiras. Os valores mobiliários emitidos pela S.A. são vários, mas realçando mais as ações. Vamos novamente relacionar os valores mobiliários atualmente adotados:

Ações – debêntures – *commercial papers* – certificado de depósito bancário – certificado de depósito de valores mobiliários – recibos de depósitos (*depositary receipts*) – letras de câmbio – contratos de parceria para a engorda de animais – certificado de depósito de ações – bônus de subscrição – partes beneficiárias.

3.3. A CVM – Comissão de Valores Mobiliários

A CVM, órgão em que obrigatoriamente deve ser registrada a S.A. aberta, é uma autarquia vinculada ao Ministério da Fazenda. Destina-se a regulamentar, disciplinar, fiscalizar e desenvolver o mercado de capitais, também chamado mercado de valores mobiliários. Foi criada e regulamentada pela Lei 6.385/76, a Lei do Mercado de Capitais, mas outras normas menores cuidam do seu funcionamento. Fiscaliza, também, as companhias abertas, já que as companhias fechadas nem necessitam nela inscrever-se.

As funções da CVM são variadas, ressaltando a ação fiscalizadora exercida sobre o mercado de capitais e sobre as próprias companhias, para evitar abusos, fraudes ou manipulação destinada a criar condições artificiais de demanda, oferta ou preço dos valores mobiliários negociados no mercado. Acompanha o funcionamento eficiente e regular dos mercados de bolsa e de balcão. Procura coibir a emissão irregular de valores mobiliários e os atos ilegais de administradores e acionistas de companhias abertas, ou os administradores de carteira de valores mobiliários.

Em segundo lugar, constitui a CVM um poder normativo, ou seja, é órgão legislador; emite normas reguladoras do mercado de valores mobiliários. Esses atos, expedidos pela CVM, no exercício de suas funções normativas, obedecem à seguinte nomenclatura:

INSTRUÇÃO – Compreende os atos pelos quais a CVM regulamenta questões expressamente previstas na Lei do Mercado de Capitais (6.385/76) e Lei das S.A. (6.404/76).

DELIBERAÇÃO – Consubstancia todos os atos de competência do Colegiado, nos termos do Regimento Interno da CVM.

PARECER – Responde às consultas específicas que vierem a ser formuladas por agentes do mercado de capitais e investidores, ou por componentes integrantes da própria CVM, a respeito dos assuntos por ela regulamentados e fiscalizados.

PARECER DE ORIENTAÇÃO – Corporifica o entendimento da CVM sobre assunto a que lhe caiba regular, fornecendo, assim, aos autores do mercado, orientação sobre consultas.

NOTA EXPLICATIVA – Torna públicos os motivos que levaram a CVM a baixar normas ou a apresentar proposições do CMN – Conselho Monetário Nacional, além de fornecer explicações sobre a utilização da norma.

ATO DECLARATÓRIO – É o documento pelo qual a CVM credencia ou autoriza o exercício de atividade no mercado de capitais.

Constitui ainda a CVM um poder punitivo na sua área de atuação. Pode abrir inquérito administrativo para apurar a prática de irregularidades contra o mercado de capitais, assegurando ao agente de tais irregularidades ampla defesa. Se forem apuradas fraudes contra o mercado de capitais, ou descumprimento das normas baixadas pela CVM ou da lei, poderá ela aplicar vários tipos de penalidades, como multas, suspensão ou cassação do registro da S.A., não podendo mais a companhia cassada colocar suas ações à venda na bolsa ou no mercado de balcão.

A CVM pode legalmente participar de processos referentes ao mercado de capitais, como o de um acionista contra a S.A. Poderá esse acionista requerer judicialmente a manifestação da CVM no processo. Pode, ainda, ser intimada pelo juiz *ex officio* ou a pedido do MP.

Se houver ilícito penal cometido por dirigente de S.A. ou de qualquer outro agente do mercado de valores mobiliários, como a *sociedade corretora de valores mobiliários*, poderá a CVM denunciar ao MP, ou então encaminhar processos à Secretaria da Receita Federal, se houver indícios de ilícito fiscal.

3.4. Vinculações internacionais

Uma das características do moderno Direito Empresarial, nele incluindo o Direito Societário, é a tendência à internacionalização, recebendo essa tendência o nome de *globalização*. Essa tendência geral acentuou-se com a criação da União Europeia. Desde então, as ações vendidas nas bolsas europeias podem ser adquiridas por qualquer pessoa física ou jurídica dos países membros, como também no mercado de balcão. Inspirado na União Europeia foi criado o Mercosul, em bases bem parecidas. É possível que ações vendidas nas bolsas dos países do Mercosul sejam adquiridas por pessoas dos países membros. Por essa razão, há necessidade de se harmonizar a legislação que rege a S.A. e as práticas próprias do mercado de ações desses países. Deve haver ainda integração de entidades públicas especializadas na área. Por isso, a CVM integrou-se com suas congêneres de vários países, entre as quais citaremos:

- *United States Securities and Exchange Commission* – EUA;
- *Comissión Nacional de Valores* – Argentina;
- *Comissión Nacional de Valores* – Paraguai;
- *Comissión Nacional de Mercado de Valores* – Espanha;
- *Commissione Nazionale per la Società e la Borsa* – Itália;
- *Commission des Opérations de la Bourse* – França.

3.5. Órgãos diretivos

A CVM será administrada por um presidente e quatro diretores nomeados pelo Presidente da República. O presidente da CVM será membro do Conselho Monetário Nacional. As decisões da CVM são tomadas em conjunto dos diretores, chamado de Colegiado.

4. CONSTITUIÇÃO DA SOCIEDADE ANÔNIMA

4.1. Requisitos da constituição
4.2. Constituição por subscrição pública
    4.2.1. O prospecto
    4.2.2. O Boletim de Entrada
    4.2.3. Assembleia de constituição
4.3. Constituição por subscrição particular
    4.3.1. Constituição por escritura pública
    4.3.2. Constituição por assembleia
4.4. O registro na Junta Comercial
4.5. Normas gerais da constituição da S.A.

4.1. Requisitos da constituição

Na constituição da S.A. deve-se levar em consideração uma série de fatores, que veremos em seguida. Em cada caso, há certos matizes especiais que serão analisados:
a) Faz-se por subscrição pública ou particular?
b) Trata-se de sociedade anônima aberta ou fechada?
c) Faz-se por escritura pública ou por assembleia dos acionistas?

A sociedade mercantil adquire sua forma e sua personalidade por seus atos constitutivos. As sociedades de pessoas se constituem pelo contrato social, mas a S.A., como sociedade de outra natureza, é constituída pela assembleia geral dos acionistas. As pessoas que decidirem criar uma S.A. reúnem-se e fazem publicação pela imprensa, marcando a reunião. Assinam o livro de *Presença de Acionistas* (art. 127) e deliberam a constituição da sociedade, subscrevendo seu capital. A pessoa ou as pessoas que tomarem essa iniciativa são chamadas de *fundadores*.

O primeiro passo para se constituir uma sociedade mercantil, como é o caso da S.A., será o de arrebanhar dinheiro para a formação do capital. Conforme já visto, é da essência da sociedade mercantil que os sócios contribuam financeiramente para a formação do capital. No tocante à S.A., a formação do capital está prevista nos artigos 80 e 81. Os potenciais acionistas deverão subscrever a totalidade do capital, realizando no ato o mínimo de 10% em dinheiro; o restante poderá ser pago depois. As ações devem ser subscritas por dois acionistas no mínimo, pois não há sociedade de uma só pessoa, excetuando-se o caso da sociedade integral. Essa entrada deverá ser depositada num banco, em nome da sociedade, que poderá levantá-lo quando houver adquirido personalidade jurídica.

A aquisição da personalidade jurídica é conseguida com o registro de seus atos constitutivos na Junta Comercial; com a apresentação da certidão da Junta Comercial, o banco restituirá as quantias depositadas diretamente aos subscritores. Acontece igualmente com as sociedades contratuais: se o contrato é assinado, já existe sociedade e obrigações entre os componentes dela. Perante a lei, entretanto, a personalidade jurídica surge apenas com o registro na Junta Comercial, provada pela certidão de Registro. Comprova essa tese o levantamento do depósito, que só poderá ocorrer com a apresentação do certificado de registro na Junta Comercial.

Caso a sociedade não se constitua dentro de seis meses da data do depósito, o banco restituirá as quantias depositadas diretamente aos subscritores.

4.2. Constituição por subscrição pública

Se a sociedade for constituída por subscrição pública de ações, necessário se torna requerer previamente seu registro na Comissão de Valores Mobiliários. A subscrição pública somente poderá ser efetuada com a intermediação de instituição financeira. Ao examinar o pedido de registro para sua aprovação, a CVB levará em conta vários fatores, entre os quais o estudo da viabilidade econômica e financeira do empreendimento, o projeto do estatuto e o prospecto organizado e assinado pelos fundadores e pela instituição financeira intermediária (art. 82).

A CVM poderá condicionar o registro a modificações no estatuto ou no prospecto e denegá-lo por inviabilidade ou temeridade do empreendimento, ou inidoneidade dos fundadores. Pode parecer estranho que a CVM realize análise crítica das atividades exercidas pela empresa constituída e seu possível sucesso ou insucesso, e dos seus empreendedores. Entretanto, a subscrição pública, conforme o próprio nome sugere, é dirigida a um público massivo, que nem sempre conhece bem a empresa ofertante das ações. Poderá esse público ser vítima de golpes, como já ocorreram, fazendo a CVM estabelecer medidas em proteção da coletividade e do mercado de capitais.

4.2.1. *O prospecto*

O prospecto é um documento essencial a ser juntado no pedido de registro. Seus elementos estão previstos no art. 84; é um tipo de relatório, uma exposição clara e precisa das bases da companhia e dos motivos que animem a expectativa de sucesso. Os dados da sociedade devem ser detidamente esclarecidos: qual o capital a ser subscrito e a forma de sua realização, qual a parte do capital subscrito em dinheiro ou parte em bens, o número, espécies e classes de ações em que o capital está dividido e o preço de emissão, o valor da entrada inicial, as obrigações assumidas pelos fundadores, os contratos assinados no interesse da futura companhia e as quantias já despendidas ou por despender, as vantagens particulares a que terão direito os fundadores ou terceiros e dispositivo do projeto do estatuto que a regula.

O termo prospecto deriva-se do verbo latino *prospicere* = ver adiante, prover, adiantar, exteriorizar. Honrando a origem etimológica do nome, o prospecto provê, adianta as informações necessárias a respeito da empresa a constituir, dirigidas ao público que possa se interessar em adquirir suas ações.

Na vida mercadológica existem também os prospectos de produtos, um tipo de folheto descritivo de produto oferecido à venda, realçando suas boas qualidades, com o fim de estimular a compra pela freguesia. O prospecto da S.A. tem também essa finalidade: procura descrever as características da sociedade ofertante das ações, animando os investidores a subscrevê-las.

4.2.2. *O Boletim de Entrada*

As ações podem ser integralizadas de três formas: em dinheiro, em bens ou com crédito, sendo o normal, entretanto, em dinheiro. No ato da subscrição das ações a serem realizadas em dinheiro, o subscritor pagará a entrada e assinará o Boletim de Entrada, que é uma lista de pessoas autenticada pela instituição autorizada a receber as entradas. O subscritor qualifica-se pelo nome, nacionalidade, residência, estado civil, profissão e documento de identidade, ou, se for pessoa jurídica, pelo nome empresarial, nacionalidade e sede. Deve ser especificado o número das ações subscritas, a sua espécie e classe, se houver mais de uma, e o total de entrada. A subscrição poderá ser feita, nas condições previstas no prospecto, por carta à instituição, com as declarações prescritas neste artigo e o pagamento da entrada.

4.2.3. *Assembleia de constituição*

Encerrada a subscrição e havendo sido subscrito todo o capital social, os fundadores convocarão a Assembleia Geral, que deverá promover a avaliação dos bens, se for o caso, e deliberar sobre a constituição da companhia. Conforme acabamos de dizer, a integralização, ou seja, o pagamento das ações deve ser feito em dinheiro, mas poderá ser feito em bens. Se for em bens, a situação se complica, pois os bens deverão ser avaliados e essa avaliação será analisada na assembleia de constituição da companhia.

Os anúncios da convocação mencionarão hora, dia e local da reunião e serão inseridos nos jornais em que houver sido feita a publicidade da oferta de subscrição.

Na assembleia de constituição, presidida por um dos fundadores e secretariada por subscritor, será lido o recibo de depósito, bem como discutido e votado o projeto de estatuto. Cada ação, independentemente de sua espécie ou classe, dá direito a um voto. A maioria não tem poder para alterar o projeto de estatuto.

Verificando-se que foram observadas as formalidades legais e não havendo oposição, subscritores que representem mais da metade do capital social, o presidente declarará constituída a companhia, procedendo-se, a seguir, a eleição dos administradores e fiscais. A ata da reunião, lavrada em duplicata, depois de lida e aprovada pela assembleia, será assinada por todos os subscritores presentes, ou por quantos bastem à validade das deliberações. Um exemplar ficará em poder da companhia e o outro será destinado ao registro na Junta Comercial.

4.3. Constituição por subscrição particular

Fizemos algumas considerações sobre a constituição de uma S.A. por subscrição pública de ações. Há, porém, outra forma de se constituir uma S.A., que é por subscrição particular, prevista no art. 88. Nesse caso, não há necessidade de registro na CVM, nem da intermediação de instituição financeira. A S.A. com subscrição particular poderá ser constituída pela assembleia geral, seguindo, mais ou menos, os passos da assembleia geral para constituição por subscrição pública. É possível ainda constituir-se uma S.A. por escritura pública, desde que não seja por subscrição pública. Não há, nesse caso, necessidade da assembleia, o que facilita bastante, por dispensar várias formalidades. Se a companhia tiver sido constituída por escritura pública, bastará o arquivamento da escritura na Junta Comercial que expedirá a certidão de registro (art. 96).

Vimos que a constituição da S.A. se processa de duas formas: por subscrição pública e por subscrição particular. Pela subscrição pública, as ações são oferecidas a uma coletividade massiva, indiscriminada, ou seja, a quem quiser. Na subscrição particular há escolha prévia dos subscritores; não há apelo ao público. Assim sendo, todos os subscritores são considerados fundadores. Geralmente são poucas pessoas, duas ou três, o que facilita bastante as formalidades. Sendo poucas pessoas e já identificadas, ligadas entre si, às vezes membros da mesma família, não há necessidade de autorização e registro prévio na CVM nem intermediação de instituição financeira.

A constituição da companhia por subscrição particular do capital pode fazer-se por deliberação dos subscritores em assembleia geral ou por escritura pública, considerando-se fundadores todos os subscritores.

Pelo que se viu, então, a constituição por subscrição particular se faz por escritura pública ou por assembleia geral.

4.3.1. *Constituição por escritura pública*

Não é muito comum essa forma de constituição, por ser trabalhosa. A constituição é lavrada por instrumento público, devendo todos os subscritores comparecer ao cartório e assiná-la.

Se for preferida a escritura pública, ela será assinada por todos os subscritores, e conterá a qualificação dos subscritores; o estatuto da companhia; a relação das ações tomadas pelos subscritores e a importância das entradas pagas; a transcrição do recibo do depósito; a transcrição do laudo de avaliação dos peritos, caso tenha havido subscrição do capital social em bens; e a nomeação dos primeiros administradores e, quando for o caso, dos fiscais.

A escritura será, em seguida, arquivada e registrada na Junta Comercial.

4.3.2. *Constituição por assembleia*

Se a forma escolhida for de assembleia geral, serão observados os mesmos passos que a subscrição pública, devendo ser entregues à assembleia o projeto do estatuto, assinado em duplicata por todos os subscritores do capital, e as listas ou boletins de subscrição de todas as ações.

4.4. O registro na Junta Comercial

Cumpridas as últimas formalidades da constituição da S.A. iniciam-se as formalidades dos registros da S.A., começando com o registro de seus atos constitutivos na Junta Comercial. Outros registros são legalmente exigidos, como no CNPJ – Cadastro Nacional de Pessoas Jurídicas, no INSS, mas todos dependem do registro no órgão próprio, que é a Junta Comercial. Nenhuma companhia poderá funcionar sem que sejam arquivados e publicados seus atos constitutivos.

Se a companhia tiver sido constituída por deliberação em assembleia geral, deverão ser arquivados na Junta Comercial do lugar da sede um exemplar do estatuto social, assinado por todos os subscritores ou, se a subscrição for pública, os originais do estatuto e do prospecto, assinados pelos fundadores, bem como do jornal em que foram publicados. Deve constar também a relação completa, autenticada pelos fundadores ou pelo presidente da assembleia, dos subscritores do capital social, com a qualificação, número das ações e o total da entrada de cada subscritor; o recibo do depósito; a duplicata das atas das assembleias realizadas para a avaliação de bens, quando for o caso; e a duplicata da ata da assembleia geral dos subscritores que tiverem deliberado a constituição da companhia.

Cumpre à Junta Comercial examinar se as prescrições legais foram observadas na constituição da companhia, bem como se no estatuto existem cláusulas contrárias à lei, à ordem pública e aos bons costumes.

Se o arquivamento for negado, por inobservância de prescrição ou exigência legal ou por irregularidade verificada na constituição da companhia, os primeiros administradores deverão convocar imediatamente a assembleia geral para sanar a falta ou irregularidade, ou autorizar as providências que se fizerem necessárias.

A instalação e o funcionamento da assembleia seguirão os passos da assembleia para a constituição por subscrição pública, devendo a deliberação ser tomada por acionistas que representem, no mínimo, metade do capital social. Se a falta for do estatuto, poderá ser sanada na mesma assembleia, a qual deliberará, ainda, sobre se a companhia deve promover a responsabilidade civil dos fundadores.

Com a segunda via da ata da assembleia e a prova de ter sido sanada a falta ou a irregularidade, a Junta Comercial procederá ao arquivamento dos atos constitutivos da companhia. Também será arquivada na Junta Comercial a criação de sucursais, filiais ou agências, observado o disposto no estatuto.

Arquivados os documentos relativos à constituição da companhia, os seus administradores providenciarão, nos trinta dias subsequentes, sua publicação, bem como a certidão do arquivamento em órgão oficial de sua sede. Um exemplar do órgão oficial deverá ser arquivado na Junta Comercial.

A certidão dos atos constitutivos da companhia, passada pela Junta Comercial em que foram arquivados, será o documento hábil para a transferência, por transcrição no registro público competente, dos bens com que o subscritor tiver contribuído para a formação do capital social. A ata da assembleia geral que aprovar a incorporação deverá identificar o bem com precisão, mas poderá descrevê-lo sumariamente, desde que seja suplementada por declaração assinada pelo subscritor, contendo todos os elementos necessários para a transcrição no registro público.

4.5. Normas gerais da constituição da S.A.

As diversas formas de constituição da companhia, afora os requisitos legais próprios de cada tipo, devem seguir normas aplicadas, de forma geral, a todas elas:

1. O subscritor pode fazer-se representar na assembleia geral ou na escritura pública por procurador com poderes especiais.
2. Nos atos e publicações referentes à companhia em constituição, sua denominação deverá ainda ser aditada da cláusula "em organização".
3. Os fundadores e as instituições financeiras que participarem da constituição por subscrição pública responderão, no âmbito das respectivas atribuições, pelos prejuízos resultantes da inobservância de preceitos legais.
4. Os fundadores entregarão aos primeiros administradores eleitos todos os documentos, livros ou papéis relativos à constituição da companhia ou a ela pertencentes.
5. A incorporação de imóveis para a formação do capital social não exige escritura pública. Todavia, deverá registrar a transferência dos imóveis para ela na Circunscrição Imobiliária.

5. DAS AÇÕES

5.1. Capital social e sua divisão em ações
5.2. Conceito e valor nominal das ações
5.3. Espécies e classes de ações
5.4. Ações ordinárias
5.5. Ações preferenciais
5.6. Paralelo entre a ação preferencial e a ordinária
5.7. Ações de fruição
5.8. Ações nominativas
5.9. As ações escriturais
5.10. Certificado de ações
5.11. Circulação das ações
5.12. Ações sob ônus reais
5.13. Custódia de ações fungíveis
5.14. Certificado de Depósito de Ações
5.15. Reembolso de ações

5.1. Capital social e sua divisão em ações

A S.A. é considerada uma sociedade de capital, em oposição a outras, chamadas de sociedades de pessoas. O capital é, pois, um fator importante na sua constituição e funcionamento. O capital de uma S.A. é o montante de dinheiro que os acionistas aportam a ela para formar seu suporte financeiro. O *modus faciendi* desse aporte é aquisição de ações, isto é, das partes em que o capital se divide. Na constituição de uma S.A., os potenciais acionistas são obrigados a comprar a totalidade das ações que subscreveram, pagando pelo menos 10% do preço, mas obrigando-se a pagar o restante, tão logo seja constituída a sociedade.

O valor do capital consta no estatuto e já constava no prospecto. Deve ser expresso em moeda nacional e será corrigido anualmente, para não ficar desatualizado pela inflação. Ao subscrever as ações, o comprador torna-se um devedor da sociedade, obrigando-se a pagar o valor do capital subscrito. Não adimplindo essa obrigação, poderá a sociedade executá-lo, compelindo-o ao pagamento, ou poderá vender as ações subscritas e não pagas a outra pessoa. Não há, porém, necessidade de que a aquisição das ações seja paga com outros valores. Por isso, diz o art. 7º que o capital da sociedade poderá ser formado com contribuições em dinheiro ou em qualquer espécie de bens suscetíveis de avaliação em dinheiro. Em vez de dinheiro, poderá o adquirente das ações aportar, para a formação do capital, bens móveis ou imóveis, títulos ou créditos diversos. Esses bens poderão ser transformados em dinheiro ou então passar para o ativo fixo da sociedade, como, por exemplo, imóvel em que a sociedade instalará seu parque de operações.

É meio rara a formação do capital com a contribuição em bens, mas ocorre de vez em quando, posto que é autorizada pela lei. É uma forma difícil, custosa e tumultuada de se constituir o capital de uma sociedade, podendo ensejar protecionismo e fraudes. A lei, ao mesmo tempo em que permite, estabelece restrições e controles para esse processo. Os bens que entrarem para o capital precisam ser avaliados por uma empresa especializada em avaliações de bens daquele tipo. Para a nomeação da empresa avaliadora, torna-se obrigatória assembleia geral dos subscritores das ações, com aprovação da avaliadora por metade dos votantes, no mínimo. A avaliadora deverá apresentar laudo feito por peritos, apontando os critérios da avaliação. Os peritos deverão estar presentes à assembleia para prestar esclarecimentos, se forem pedidos. Sendo aprovada a entrada dos bens para a formação do capital, serão transferidos para a propriedade da companhia.

5.2. Conceito e valor nominal das ações

O capital é dividido em frações que recebem o nome de ação, ou seja, a ação é uma parcela do capital, cuja titularidade pertence ao acionista. É a parcela mínima em que o capital se divide, e, ao mesmo tempo, representa a participação do acionista na companhia. Olhando sob outro prisma, a ação é um valor mobiliário, um título de investimento emitido pela S.A. para captar dinheiro no mercado de capitais. É também um título que dá ao seu portador, o acionista, uma variada gama de direitos perante a companhia e lhe atribui a posição de dono dela.

Considerado por alguns como título de crédito, a ação necessariamente deve ter um valor líquido e certo, que é denominado valor nominal. Por exemplo, DELTA S.A. tem o capital de R$ 100.000,00 dividido em 100 ações de R$ 1.000,00 cada; o último representa o valor nominal. É uma equação matemática muito simples: R$ 100.000,00 dividido por 100 é igual a R$ 1.000,00. O montante do valor de todas as ações corresponde ao capital social. O valor nominal das ações é o mesmo para todas elas; não pode haver ações com valor diferente.

O que é possível, porém, é a existência de ações sem valor nominal. O estatuto fixará o número de ações em que se divide o capital e estabelecerá se as ações terão ou não valor nominal. O preço das ações de companhia aberta não poderá ser inferior ao preço mínimo fixado pela CVM. É também vedada a emissão de ações por preço inferior ao seu valor nominal.

O preço de emissão das ações sem valor nominal será fixado, na constituição da companhia pelos fundadores, e no aumento de capital pela Assembleia Geral – AG ou pelo CA – Conselho de Administração. O preço de emissão pode ser fixado com parte destinada à formação de reserva de capital; somente a parcela que ultrapassar o valor do reembolso poderá ter essa restituição.

Embora a lei admita que haja ações sem valor nominal, é raro acontecer. Elas têm o mesmo valor nominal, estabelecendo a CVM um valor mínimo para cada ação. A ação sempre tem, pois, um valor que será igual para as ações de uma mesma classe. Quando se fala em ação sem valor nominal é porque não consta do documento representativo da ação um valor. Consta, porém, do estatuto, o valor da ação, tanto que o balanço publicado indicará o valor do capital.

5.3. Espécies e classes de ações

O capital da companhia não é dividido em ações da mesma espécie, mas de variadas espécies, que deverão constar inclusive do estatuto. A lei prevê a existência de várias espécies e classes, mas o estatuto da companhia dirá quais as espécies e classes de ações em que se dividirá o capital. As ações podem se classificar em diversos aspectos. Mas a lei aponta duas classificações estabelecidas sob dois aspectos:

- Vantagens que dão aos titulares: $\begin{cases} \text{ordinárias} \\ \text{preferenciais} \\ \text{de fruição} \end{cases}$

- Forma de circulação: $\begin{cases} \text{nominativas} \\ \text{escriturais} \end{cases}$

Essa classificação tem pontos discutíveis. As ações de fruição foram localizadas nessa classificação, mas, na verdade, constituem um tipo especial, porquanto substituem as ações ordinárias e as preferenciais, com os mesmos direitos de cada uma. Possui, entretanto, características tão especiais que pode ser considerada como um tipo autônomo, sem ser incluída em classificação com outras.

Quanto à forma de circulação, a ação escritural tem maneira diferente de circular, vale dizer, ser transferida para outra pessoa.

As ações, conforme a natureza dos direitos e das vantagens conferidas a seus titulares, são ordinárias, preferenciais ou de fruição. As ações ordinárias de companhia fechada e as ações preferenciais da companhia aberta ou fechada poderão ser de uma ou mais classes. O número de ações preferenciais sem direito a voto, ou sujeitas a restrição no exercício desse direito, não pode ultrapassar 50 do total das ações emitidas.

Vejamos, porém, as modalidades de ações, segundo a classificação quanto aos direitos concedidos aos acionistas.

5.4. Ações ordinárias

As ações ordinárias são as mais comuns, tanto que muitas companhias só têm ações dessa espécie. O ordinarista, ou seja, o detentor de ações ordinárias, poderá participar das assembleias, votar e ser votado. Tem ele o direito de perceber dividendos, pois é direito básico de quem é dono de uma sociedade.

Se forem ações de companhia fechada, as ações ordinárias poderão se dividir em classes diversas. Por exemplo: ações ordinárias conversíveis em preferenciais, e ações não conversíveis.

São duas classes diferentes. Outro exemplo de classe de ações são as que só podem pertencer a brasileiro, e as que podem pertencer também a estrangeiro.

Apenas a companhia fechada poderá adotar classes para as ações ordinárias; a companhia aberta não, pois perturbará sua negociação no mercado de capitais. O que pode a companhia fechada é ter classes de ações preferenciais, mas não ordinárias. É o que estabelece o art. 15, 1º da LSA:

> *As ações ordinárias da companhia fechada e as ações preferenciais da companhia aberta poderão ser de uma ou mais classes.*

Não é livre a decisão de modificar as classes de ações, segundo o art. 16: a alteração do estatuto na parte em que rege a diversidade de classes, se não for prevista e regulada, dependerá da concordância de todos os titulares das ações atingidas.

5.5. Ações preferenciais

As ações preferenciais não dão poderes políticos, pois seus titulares não gozam da vantagem de participar das assembleias, por não terem direito a voto. Contudo, a Lei 10.303, de 31.10.2001, deu maior proteção às ações preferenciais, garantindo aos seus titulares direitos que a assembleia geral dos acionistas com direito a voto não pode restringir. Aliás, essa lei, modificando a LSA, veio prevenir fraudes contra o mercado de capitais, principalmente contra os portadores de ações preferenciais.

Se elas não dão direito a voto, por outro lado, conferem aos seus titulares a vantagem de receber lucros antes que sejam distribuídos aos portadores de ações ordinárias. As preferências ou vantagens das ações preferenciais sobre as ordinárias podem consistir:
- direito de participar do dividendo a ser distribuído, correspondente a, pelo menos, 25% do lucro líquido do exercício;

- prioridade no recebimento desses dividendos correspondente a no mínimo 3% do valor do patrimônio da ação;
- direito de participar dos lucros distribuídos em igualdade de condições com as ordinárias, depois de assegurar-lhes dividendo igual ao mínimo prioritário;
- direito ao recebimento de dividendos por ação preferencial, pelo menos 10% maior do que o atribuído a cada ação ordinária.

Deverão constar do estatuto, com precisão e minúcia, outras preferências ou vantagens que sejam atribuídas aos acionistas sem direito a voto, ou com voto restrito, além das previstas neste artigo.

Os dividendos, ainda que fixos ou cumulativos, não poderão ser distribuídos em prejuízo do capital social, salvo quando, em caso de liquidação da companhia, essa vantagem tiver sido expressamente assegurada.

Salvo disposição em contrário no estatuto, o dividendo prioritário não é cumulativo, a ação com dividendo fixo não participa dos lucros remanescentes e a ação com dividendo mínimo participa dos lucros distribuídos em igualdade de condições com as ordinárias, depois de estar assegurado a elas dividendo igual ao mínimo.

Salvo no caso de ações com dividendo fixo, o estatuto não pode excluir ou restringir o direito das ações preferenciais de participar dos aumentos de capital decorrentes da capitalização de reservas ou lucros.

O estatuto pode conferir às ações preferenciais com prioridade na distribuição de dividendo cumulativo o direito de recebê-lo, no exercício em que o lucro for insuficiente, à conta das reservas de capital.

Nas companhias, objetos de desestatização, poderá ser criada ação preferencial de classe especial, de propriedade exclusiva do ente desestatizante, à qual o estatuto social poderá conferir os poderes que especificar, inclusive o poder de veto às deliberações da assembleia geral nas matérias que especificar.

Conforme vimos, as ações ordinárias dão ao titular poder político: o de eleger os membros da Diretoria ou do Conselho de

Administração, direito que não dispõe a ação preferencial. Entretanto, o estatuto pode assegurar a uma ou mais classes de ações preferenciais o direito de eleger, em votação em separado, um ou mais membros dos órgãos de administração. O estatuto pode subordinar as alterações estatutárias que especificar a aprovação, em assembleia especial, dos titulares de uma ou mais classes de ações preferenciais.

O estatuto da companhia com ações preferenciais declarará as vantagens ou preferências atribuídas a cada classe dessas ações e as restrições a que ficarão sujeitas, e poderá prever o resgate ou a amortização, a conversão de ações de uma classe em ações de outra e em ações ordinárias, e delas em preferenciais, fixando as respectivas condições.

O número de ações preferenciais não pode ultrapassar a 50% das ações emitidas, ou seja, tem que ser, no mínimo, igual ao número de ações com direito a voto. Evita-se assim que alguns portadores de ações ordinárias imponham sua vontade à maioria. Essa disposição, como várias outras, introduzidas pela Lei 30.303, de 31.10.2001, procura evitar fraudes em prejuízo das minorias e das ações preferenciais.

5.6. Paralelo entre a ação preferencial e a ordinária

Cada espécie de ação tem vantagens especiais, distinguindo uma de outra. A ação ordinária dá ao ordinarista a vantagem de ser administrador da companhia, garantindo-lhe o direito de votar e ser votado. Pode tornar-se também acionista controlador. São poderes negados às ações preferenciais, mas ela, por seu turno, terá algumas vantagens sobre as ordinárias. O acionista preferencialista tem maior garantia no recebimento de dividendos. Destarte, o lucro será distribuído primeiro aos preferencialistas e o que sobrar irá proporcionalmente ao ordinarista.

De acordo com as vantagens que as ações proporcionam surgirá o perfil do acionista. O ordinarista é mais um investidor, com tendências patrimoniais; ele pretende aumentar seu patrimônio produtivo. Por isso, investe, tendo em vista uma garantia patrimonial e não o lucro imediato. Ao revés, o preferencialista parece ser pessoa que necessita do rendimento imediato, que deve ser seu ganha-pão. O que estimula seu investimento é a garantia da lucratividade; ele não pretende ser administrador da empresa e perceber remuneração pelo cargo que ocupar. O que o atrai para as ações são as preferências previstas no estatuto, como o pagamento preferencial ou prioritário.

O perfil da empresa ofertante das ações está também condicionado ao tipo de ações colocadas à venda. Se ela pretende angariar dinheiro sem afetar o poder de controle, mas apenas capitalizar-se, lança, então, ações preferenciais, e, para valorizá-las deixa bem claro quais as vantagens que ela pode proporcionar, além da preferência no recebimento de dinheiro.

5.7. Ações de fruição

As ações de fruição (ou de gozo), de uso parcimonioso, não são subscritas pelo acionista; elas substituem outras ações que tiverem sido amortizadas, nos termos do art. 44. A amortização consiste na distribuição aos acionistas, a título de antecipação e sem redução do capital, de quantias que lhes poderiam tocar em caso de liquidação da companhia. Assim, uma S.A. que tenha obtido bons lucros poderá usá-los devolvendo ao acionista o valor de seu investimento.

É como se a companhia fosse liquidada e devolvesse aos acionistas o valor das ações pertencentes a eles. Só que a companhia não vai ser liquidada, mas teve bons lucros e devolve o dinheiro investido pelos acionistas na compra de ações. Todavia, o acionista, mesmo após receber o valor de suas ações, não deixa de ser acionista; não perde todos os seus direitos, pois suas antigas ações, ordinárias ou preferenciais, são substituídas por ações de fruição, conservando, porém, os direitos nas antigas ações.

Vamos dar um exemplo: ZETA S.A. tem o capital de R$ 50.000.000,00 e num ano tem lucro com sobra de R$ 20.000.000,00 que vão para a reserva. No ano seguinte, tem lucro com sobra de R$ 40.000.000,00, que também vão para a reserva, somando R$ 60.000.000,00, sendo, portanto, reservas superiores ao próprio capital. O que fazer com esse excesso? A AG da companhia decide usar os R$ 50.000.000,00 de reserva no resgate das ações que constituem o capital, devolvendo aos acionistas o dinheiro que aportaram à sociedade para a formação do capital.

O estatuto ou a Assembleia Geral Extraordinária – AGE pode autorizar a aplicação de lucros ou reservas no resgate ou na amortização de ações, determinando as condições e o modo de proceder-se à operação. O resgate consiste no pagamento do valor das ações para retirá-las definitivamente de circulação, com redução ou não do capital social. Mantido o mesmo capital, será atribuído, quando for o caso, novo valor nominal às ações remanescentes.

A amortização consiste na distribuição aos acionistas, a título de antecipação e sem redução do capital social, de quantias que lhes poderiam tocar em caso de liquidação da companhia. Seria um tipo de adiantamento. A amortização pode ser integral ou parcial e abranger todas as classes de ações ou só uma delas. O resgate e a amortização que não abrangerem a totalidade das ações de uma mesma classe serão feitos mediante sorteio. Sorteadas ações custodiadas, a instituição financeira especificará, mediante rateio, as resgatadas ou amortizadas, se outra forma não estiver prevista no contrato de custódia.

Interessante é notar que os acionistas que receberam de volta o dinheiro de suas ações não deixaram de ser acionistas nem perderam os direitos de acionistas. Suas ações parecem ter desaparecido, mas foram substituídas por outras: as ações de fruição. As ações amortizadas poderão ser substituídas por ações de fruição com as restrições fixadas pelo estatuto ou pela Assembleia Geral que deliberar a amortização. Em qualquer caso, ocorrendo liquidação da companhia, as ações amortizadas só concorrerão ao acervo líquido depois de assegurado às ações não amortizadas valor igual ao da amortização corrigido monetariamente.

Salvo disposição em contrário do estatuto social, o resgate de ações de uma ou mais classes só será efetuado se, em assembleia especial convocada para deliberar essa matéria específica, for aprovado por acionistas que representem, no mínimo, a metade das ações das classes atingidas.

5.8. Ações nominativas

Existiam antigamente mais duas modalidades de ações: ao portador e endossáveis. Eram de fácil circulação, o que ocasionava inúmeras fraudes e sonegação de impostos. Em 1990, essas duas espécies de ações foram abolidas por lei, sendo dado prazo para as companhias se amoldarem. A LSA faz várias referências a essas antigas espécies, uma vez que a revogação se deu por lei estranha ao Direito Societário. Sobraram, então, na classificação, quanto à forma, apenas dois tipos de ações: nominativas e escriturais.

Esse tipo de ações traz o nome de seu dono no texto do título, vale dizer, o certificado de ações. Está indicado o nome do titular delas e só ele pode fazer valer os direitos que elas conferem. Não se chama nominativa por ter o nome do titular, pois todas as ações declinam o nome de seu titular. É chamada nominativa porque o nome de seu portador está num livro especial, próprio da S.A. A LSA prevê um livro especial para registro dessas ações, chamado *Livro de Registro de Ações Nominativas*. A propriedade das ações nominativas presume-se pela inscrição do nome do acionista nesse livro. A transferência opera-se por termo lavrado no livro de *Transferência de Ações Nominativas*, datado e assinado pelo cedente e pelo cessionário, ou seus legítimos representantes. O nome do novo acionista inscreve-se em seguida no livro de *Registro de Ações Nominativas*.

Ainda que a transferência não se opere normalmente, ou seja, com a presença do vendedor e do comprador para assinarem o termo no livro próprio, deve a transferência das ações nominativas ser averbada no livro de *Registro de Ações Nominativas*, se for feita em virtude de sucessão universal ou legado, de arrematação em leilão público, adjudicação ou outro ato judicial. Nesse caso, o documento hábil deverá ser entregue à companhia e ficará em poder dela.

É possível, outrossim, que ações nominativas sejam adquiridas em leilão na Bolsa de Valores Mobiliários. Nesse caso, o cessionário será representado, no ato de transferência, pela Sociedade Corretora de Valores Mobiliários que tiver feito a venda em nome do cedente, ou pela caixa de liquidação da BVM, independentemente de instrumento de procuração.

5.9. As ações escriturais

As ações escriturais são as emitidas sem certificado e são chamadas de escriturais porque a existência delas está condicionada a um registro e sua transferência opera-se por assentamento nesse registro, ou seja, escrituralmente. Por isso, justifica-se a designação de ações escriturais. São ações nominativas, por se saber o nome de seu titular e sua forma de transferência ocorre mediante ato próprio na escrituração contábil da instituição encarregada de sua administração. Não deixa de ser uma ação transferível, embora sem tradição nem endosso. Nem deixam de outorgar ao seu titular os direitos acionários. Elas criam uma C/C, com lançamentos a crédito ou a débito, conforme são compradas ou vendidas.

As ações são consideradas títulos de crédito. Perante o Código Comercial francês, os títulos de crédito são divididos em duas classes: a dos efeitos de comércio, *effets de commerce*, e dos valores mobiliários, *valeurs mobilières*. Essa classificação é também viável em nosso direito e no de outros países, pois até juristas de renome internacional, como Ascarelli e Asquini, incluem as ações como títulos de crédito, do tipo seriado, por serem emitidos em série e não individualmente.

As ações escriturais distinguem-se totalmente dos outros tipos de ações nesse sentido e não podem ser consideradas um título de crédito. Se não há certificado, faltam-lhes a cartularidade; não há a incorporação de um direito, visto que não há documento em que ele possa incorporar-se. O endosso, declaração cambiária tão caracterizadora do título de crédito, não pode aplicar-se às ações escriturais. Também não podem ser chamadas de valores mobiliários, pois não é um título circulável para ser colocado na BVM. Não são bens móveis, mas valores incorpóreos.

O *caput* do art. 34 fala na manutenção da ação escritural em conta de depósito, em nome do titular delas, sem emissão de certificados. O *caput* do art. 35 volta a falar na conta de depósito das ações e na instituição depositária e repete outras vezes essa expressão. O depósito aqui referido tem um significado especial de administração; a instituição depositária é mais precisamente a instituição administradora, uma vez que é a instituição financeira que faz o registro das ações e averba a transferência. As ações são administradas pela companhia, tanto que o § 3º do art. 34 diz que ela responde pelo mau serviço que prestar com as ações escriturais.

Não existe, entretanto, um contrato de depósito, pois sendo a ação escritural um bem incorpóreo, não há como depositá-la, pois segundo o art. 125 de nosso Código Civil, faz-se depósito de coisa móvel, corpórea. É patente a influência do direito norte-americano em nossa lei societária e as ações escriturais são uma das inovações introduzidas pela Lei 6.404/76, adaptando ao nosso elenco de ações as *intangible shares*, que não tiveram até agora, em nosso país, muita aceitação e aplicabilidade, talvez por falta de divulgação e de tradição. Foi o que ocorreu com a sociedade em comandita por ações, que não se aplica na prática. As dúvidas relacionadas com a expressão *depósito* decorrem da interpretação americana do termo.

As vantagens que possam trazer as ações escriturais são várias, mas até agora não convenceram os investidores brasileiros. Sem o certificado na mão, o investidor não se sente um dono, um proprietário; não tem em suas mãos um objeto móvel, concreto, que ele possa vender no momento que quiser. O simples fato de podê-lo exibir quando solicitar um crédito, ou em qualquer ocasião, compensa os riscos de um possível furto do certificado. A racionalização administrativa não é tão marcante quanto afirmam ser muitos juristas, tanto que o § 3º do art. 35 autoriza a instituição administradora, se seu estatuto permitir, a cobrar despesas de transferência. Se a instituição da ação escritural criou novas opções de investimentos, esta não revelou até agora sensível evolução; além disso substitui uma opção por outra e não criou outras.

A instituição depositária de que fala a lei é na verdade uma instituição financeira, que manterá contrato com a S.A. criadora das ações escriturais. Assim sendo, o contrato de depósito não é estabelecido pelo acionista, sendo as partes contratantes a S.A. e a instituição financeira, devendo manter a C/C das ações. O acionista receberá da instituição financeira o extrato dessa C/C e outros documentos esclarecendo a situação; é ele, portanto, o favorecido do contrato. Aliás, diz o § 2º do art. 34 que somente as instituições financeiras autorizadas pela CVM podem manter serviços de ações escriturais. Por essa razão, retornamos ao que já foi exposto: o contrato de depósito é, realmente, um contrato de prestação de serviços de administração. Deve, pois, a instituição financeira ser chamada de administradora e não de depositária.

5.10. Certificado de ações

É um documento do acionista, provando sua titularidade das ações que possuir. A ação é considerada um título de crédito, e, como tal, deve ser documento cartular escrito, contendo um valor líquido e certo. Atualmente, porém, a ação não tem mais a característica de cartularidade e outras próprias do Direito Cambiário. As ações escriturais e as ações nominativas, por exemplo, são registros num livro apropriado e sua transferência se faz por termo nesse livro. O certificado de ações, pois, é apenas um documento extraído dos registros nos livros da companhia.

A emissão do certificado de ações somente será permitida depois de cumpridas as formalidades necessárias ao funcionamento legal da companhia. Infração a essa proibição importa nulidade do certificado e responsabilidade dos infratores. Os certificados das ações, cujas entradas não consistirem em dinheiro, só poderão ser emitidos depois de cumpridas as formalidades necessárias à transmissão de bens, ou de realizados os créditos. A companhia poderá cobrar o custo da substituição dos certificados, quando pedida pelo acionista.

Trata-se de documento formal, com formalidades exigidas pela lei. É um documento escrito, contendo obrigatoriamente a denominação da companhia, sua sede e prazo de duração; o valor do capital social, a data do ato que o tiver fixado; o número das ações em que se divide; o valor nominal das ações, ou a declaração de que não tem valor nominal; o número de ações ordinárias e preferenciais das diversas classes, se houver; as vantagens ou preferências conferidas a cada classe e as limitações ou restrições a que as ações estiverem sujeitas; o número de ordem do certificado e da ação, e a espécie e classe a que pertence; os direitos conferidos às partes beneficiárias, se houver; a época e o lugar da reunião da Assembleia Geral Ordinária; a data da constituição da companhia e do arquivamento e publicação de seus atos constitutivos; o nome do acionista; o débito do acionista e a época e o lugar de seu pagamento, se a ação não estiver integralizada; e a data da emissão do certificado e as assinaturas de dois diretores, ou do agente emissor de certificados.

Se for companhia de capital autorizado, deverá constar o limite da autorização, em número de ações ou valor do capital social.

A omissão de qualquer dessas declarações, acima referidas, dá ao acionista direito a indenização por perdas e danos contra a companhia e os diretores na gestão dos quais os certificados tenham sido emitidos.

Os certificados de ações emitidas por companhias abertas podem ser assinados por dois mandatários com poderes especiais, ou autenticados por chancela mecânica, observadas as normas expedidas pela CVM.

A companhia poderá emitir certificados de múltiplos de ações e, provisoriamente, cautelas que as representem. Os títulos múltiplos das companhias abertas obedecerão à padronização de número de ações fixadas pela CVM.

A companhia pode contratar a escrituração e a guarda dos livros de registro e transferência de ações e a emissão dos certificados com instituição financeira autorizada pela CVM a manter esse serviço. Contratado o serviço, somente o agente poderá praticar os atos relativos aos registros e emitir certificados. O nome do agente emissor constará das publicações e ofertas públicas de valores mobiliários feitas pela companhia. Os certificados de ações emitidos pelo agente emissor da companhia deverão ser numerados seguidamente, mas a numeração das ações será facultativa.

A companhia aberta pode, mediante comunicação às Bolsas de Valores em que suas ações forem negociadas e publicação de anúncio, suspender, por períodos que não ultrapassem, cada um, quinze dias, nem o total de 90 dias durante o ano, os serviços de transferência, conversão e desdobramento de certificados.

5.11. Circulação das ações

A circulabilidade é característica básica da ação. O acionista detém sua livre disponibilidade, como seu legítimo proprietário. Considera-se a propriedade como um direito desde a antiga Roma: *jus utendi, fruendi* e abutendi = direito de usar, gozar e dispor. O acionista pode, portanto, usar a ação exercendo o poder político que ela lhe faculta; gozar a ação, auferindo os direitos que ela lhe dá, transferindo-a a outrem. Pode vendê-la, doá-la, trocá-la por outra coisa, tendo, enfim, a livre disposição do que é seu. Poderá até renunciar aos direitos que a ação lhe dá, considerando-a como inexistente.

Assim sendo, no momento em que a companhia emite a ação, coloca-a no mercado mobiliário; é o mercado primário, ou seja, em que a ação é negociada pela primeira vez, da companhia para o acionista-subscritor. Estando na mão do acionista, a ação pode ser negociada no mercado secundário, isto é, poderá ser transferida outras vezes. A mudança de proprietário da ação, vale dizer, sua circulação é a dinâmica do mercado de capitais; reforça o poder e a pujança da S.A., proporciona oportunidades a muitas pessoas, agiliza o país e impulsiona a vida empresarial.

Se o acionista pretende transferir os direitos de propriedade da ação é porque ela não lhe interessa mais e já lhe prestou os serviços que podia; quem adquire a ação, por qualquer meio de transferência, vê interesse nela e pretende investir na companhia tornando-se codono dela. As duas partes devem ficar satisfeitas nessa operação: o acionista-vendedor, que se retira da sociedade e o comprador que o substitui como novo acionista.

A ação é indivisível em relação à companhia, pois representa a parcela mínima do capital. Poderá, porém, ter vários donos, formando um condomínio. Quando a ação pertencer a mais de uma pessoa, os direitos por ela conferidos serão exercidos pelo representante do condomínio. Como se sabe, o condomínio (do latim *cum+dominium = dono com*) ocorre quando uma coisa pertence simultaneamente a mais de uma pessoa; é uma propriedade com vários donos. A ação em condomínio acontece geralmente na herança, em que vários herdeiros podem herdar ações. Nesse caso, quem se apresentar perante a companhia é o representante do condomínio, como um síndico, um testamenteiro, um inventariante.

As ações da companhia aberta somente poderão ser negociadas depois de realizados 30% do preço de emissão; a infração dessa norma importa na nulidade do ato. Cumprido esse requisito, será livre a disposição das ações por parte do seu proprietário. Contudo, não por parte da companhia, que não poderá negociar com as próprias ações, vale dizer, ela não poderá comprar suas ações; a companhia atua no mercado primário, vendendo as ações que lança, perdendo, porém, o poder de negociação no mercado secundário.

Há algumas exceções abertas pela lei, algumas das quais foram analisadas neste compêndio, mas vamos fazer mais algumas considerações sobre elas. A aquisição das próprias ações pela companhia aberta obedecerá, sob pena de nulidade, às normas expedidas pela CVM, que poderá subordiná-la a prévia autorização em cada caso.

A primeira possibilidade de a companhia negociar com as próprias ações é na eventualidade de redução do capital, em que as ações são devolvidas e seu valor pago ao proprietário.

Nesse caso, as ações devolvidas são retiradas definitivamente de circulação. Pode haver ainda a restituição, em dinheiro, de parte do valor das ações, ao preço delas em Bolsa não inferior ou igual a importância que deve ser restituída. Se a lei fala em preço de Bolsa, essa possibilidade só existe em relação à companhia aberta.

A segunda hipótese é quando houver resgate, reembolso ou amortização das ações. O resgate e a amortização foram autorizados pela LSA no art. 44, quando haverá a emissão de ações de fruição. O reembolso previsto no art. 45, a que dedicaremos um item especial logo adiante, acorre quando a companhia paga aos acionistas dissidentes (que se retiram) o valor das ações.

A terceira hipótese é aquisição e venda de ações pela companhia para permanência em tesouraria ou cancelamento, desde que até o valor do saldo de lucros ou por doação. Permanência "em tesouraria" é o estado da ação em poder da companhia, que fica aguardando a oportunidade de ser negociada. As ações em tesouraria não conferem direito a voto nem a dividendo. Essas ações, da mesma forma com que são adquiridas, podem ser alienadas.

A companhia não poderá receber em garantia as próprias ações, salvo para assegurar a gestão dos administradores. Essa única exceção é prevista no art. 148.

5.12. Ações sob ônus reais

Tivemos oportunidade de ver que a ação constitui um bem patrimonial, de propriedade do acionista. Sendo um bem móvel, a ação pode ser entregue em garantia de compromissos assumidos por seu portador. O principal tipo de garantia real é o penhor, um contrato pelo qual o titular dos direitos sobre a ação entrega a seu credor o documento de propriedade da ação para garantir um crédito assumido. Quando o penhor é um título de crédito, como é considerada a ação, recebe o nome específico de caução.

O penhor ou caução de ações se constitui pela averbação do respectivo instrumento no livro de *Registro de Ações Nominativas*. O penhor da ação escritural se constitui pela averbação do respectivo instrumento nos livros da instituição financeira, a qual será anotada no extrato de conta de depósito fornecido ao acionista. Em qualquer caso, a companhia tem o direito de exigir, para seu arquivo, um exemplar do instrumento de penhor. O penhor é tipo de contrato, formalizado por instrumento particular; um exemplar ou cópia autenticada pode ser entregue à companhia para o registro do penhor.

Exemplifiquemos essa questão: Paulo contrai empréstimo com um banco, tornando-se devedor de R$ 10.000,00, que será pago em três meses. Para garantir o pagamento do débito, Paulo contrata com o banco o penhor de um Certificado de Ações, representando quinze ações de DELTA S.A., cada uma no valor de R$ 1.000,00. O valor da caução é, portanto, de R$ 15.000,00, superior ao débito. Ao término dos três meses, Paulo não paga o débito garantido pela caução de suas ações. O banco está autorizado a vender as ações de Paulo e pagar-se com o fruto da venda; se sobrar dinheiro, o banco entregará a Paulo e se faltar, o banco cobrará a diferença.

Para a caução poder valer contra terceiros, o banco deverá averbar esse contrato de penhor na companhia emissora das ações, que será feita no livro de *Registro de Ações Nominativas*. Se o banco não fizer, Paulo poderá vender as ações logo em seguida da caução e o banco ficará desprovido da garantia; poderá, porém, executar a dívida e processá-lo por fraude contra credores. Se o penhor estivesse registrado na companhia, Paulo não poderia vendê-las, pois a companhia não registraria a transferência.

O usufruto, o fideicomisso, a alienação fiduciária em garantia e quaisquer cláusulas ou ônus que gravarem a ação deverão ser averbados no livro de *Registro de Ações Nominativas*, se for ação ordinária ou preferencial. Se for ação escritural, será averbada nos livros da instituição financeira, que os anotará no extrato da conta depósito fornecida ao acionista.

Como se vê, o penhor não é o único ônus real que pode recair sobre a ação, mas também o **Usufruto,** o **Fideicomisso** e a **Alienação Fiduciária em Garantia**. Todas essas formas de garantia real são feitas por contrato e todas deverão ser averbadas nos respectivos livros da companhia, nos moldes do registro do penhor. Mediante essa averbação, o credor garantido pelos quatro tipos de garantia real poderá opor-se a terceiros, se a ele as ações estiverem gravadas de ônus real. Para gravar suas ações de ônus real o acionista não precisará da anuência da companhia nem dos demais acionistas. A companhia não poderá opor-se à averbação, sem motivo legal.

O usufruto é também um direito sobre coisas alheias (*jus in re aliena*) e pode ser formalizado com as ações, mas é um direito de uso e gozo. É o exemplo de Paulo, que entregou o Certificado de Ações ao banco, mas ele terá o direito de fruir as ações, ou seja, gozar os direitos proporcionados por ela; ele poderá receber os dividendos e com eles pagar-se. Da mesma forma que o penhor, o usufruto deverá ser averbado na companhia;

O fideicomisso é outro tipo de ônus real que recai sobre alguma coisa, como é o caso da ação. Esse termo vem de *fideicommissium*, do verbo latino *commitere* = confiar, entregar em confiança. Vejamos como se opera o fideicomisso de ações:

Modestino, proprietário de ações, em ato de última vontade, deixa em testamento, a Ulpiano, suas ações como herança; porém, elas estão gravadas de fideicomisso, vale dizer, Ulpiano recebe as ações como herança, mas com a condição de transferi-las em seguida para Papiniano. Ulpiano é o fiduciário e Papiniano é o fideicomissário.

Pela Alienação Fiduciária em Garantia o proprietário das ações as transfere ao credor o domínio resolúvel e a posse indireta das ações alienadas, independentemente de sua tradição efetiva, ficando o alienante, ou devedor, em possuidor direto e depositário. É formalizado por um contrato, que deve ser averbado na companhia.

5.13. Custódia de ações fungíveis

Para melhor compreensão desse tema, deveremos considerar três palavras sobre as quais ele se fundamenta: custódia, depósito e fungíveis. Custódia quer dizer guarda. Depósito é um contrato, devidamente regulamentado pelo Código Civil, pelo qual uma pessoa, chamada depositante, entrega para outra pessoa, chamada depositário, uma coisa móvel para que ela a guarde, e lhe devolva quando a coisa for pedida de volta pelo depositante. Fungível é uma coisa que pode ser substituída por outra da mesma espécie e qualidade. Fungível tem o sentido de substituível.

Ulpiano, um produtor agrícola, deposita em armazém geral dez toneladas de feijão, para obter melhor preço. Esse feijão fica depositado pela companhia de armazéns gerais, que o guarda até Ulpiano o pedir de volta. Daí a cinco meses, Ulpiano pede de volta o seu feijão e a companhia de armazéns gerais lhe devolve as dez toneladas de feijão, mas não são os mesmos feijões que Ulpiano entregou; são outros, porém, do mesmo número (dez toneladas), da mesma espécie e da mesma qualidade. Feijão, portanto, é uma coisa fungível.

A instituição financeira (como é o caso de um banco), autorizada pela CVM a prestar serviços de custódia de ações fungíveis, pode contratar custódia em que as ações de cada espécie e classe da companhia sejam recebidas em depósito como valores fungíveis, adquirindo a instituição depositária a propriedade fiduciária das ações.

A instituição depositária não pode dispor das ações e fica obrigada a devolver ao depositante a quantidade de ações recebidas, com as modificações resultantes de alterações no capital social ou no número de ações da companhia emissora, independentemente do número de ordem das ações ou dos certificados recebidos em depósito.

Dentro desses critérios, vamos examinar o seguinte exemplo: Modestino não quer se incomodar com suas ações, por vários motivos. Deposita suas ações num banco, ou qualquer outro tipo de instituição financeira, as quais serão custodiadas por ele. O banco se encarrega da guarda das ações de Modestino, recebe os dividendos e os deposita na conta do dono das ações. Essa custódia pode demorar anos, mas se Modestino quiser suas ações de volta, o banco deverá devolvê-las. As ações devolvidas podem não ser as mesmas, mas podem ser outras, desde que tenha o mesmo número das ações, a mesma espécie e o mesmo valor, como por exemplo, 200 ações ordinárias no valor de R$ 1.000,00 cada.

Esse depósito em custódia pode ser feito também com outros valores mobiliários, como Debênture, *Commercial Papers* ou Bônus de Subscrição. O banco ou instituição financeira depositária ficará obrigado a comunicar à companhia emissora das ações, imediatamente, o nome do proprietário efetivo quando houver qualquer evento societário que exija a sua identificação; e no prazo de até dez dias, a contratação da custódia e a criação de ônus ou gravames sobre as ações.

A propriedade das ações em custódia fungível será provada por contrato firmado entre o proprietário das ações e a instituição depositária, que tem as obrigações de depositária e responde perante o acionista e terceiros pelo descumprimento de suas obrigações. A instituição financeira representa, perante a companhia, os titulares das ações recebidas em custódia, para receber dividendos e ações bonificadas e exercer direito de preferência para subscrição de ações.

Sempre que houver distribuição de dividendos ou bonificação de ações e, em qualquer caso, ao menos uma vez por ano, a instituição financeira fornecerá à companhia a lista dos depositantes de ações recebidas, assim como a quantidade de ações de cada um.

O depositante pode, a qualquer momento, extinguir a custódia e pedir a devolução dos certificados de suas ações.

A companhia não responde perante o acionista pelos atos da instituição financeira depositária das ações. O contrato de depósito é bilateral, ou seja, entre duas pessoas, o acionista e a instituição financeira. A companhia emissora das ações não faz parte desse contrato; apenas lhe cabe registrar esse contrato nos seus livros. É bom lembrar também que só instituição financeira registrada na CVM, e autorizada por ela, poderá receber ações em custódia.

5.14. Certificado de Depósito de Ações

Não existe identidade entre *certificado de ações* e *certificado de depósito de ações*. Já estudamos o primeiro, mas o *certificado de depósito de ações* apresenta características especiais. O primeiro é emitido pela companhia emissora das ações; o certificado de depósito de ações é emitido pelo banco ou outra instituição financeira, que recebe ações em custódia, como vimos no item anterior 5.13, ou então que recebe em depósito das ações escriturais.

A instituição financeira autorizada pela CVM a funcionar como agente emissor de certificados pode emitir título representativo das ações que receber em depósito. Podemos então definir o certificado de depósito de ações como um título representativo dessas ações, emitido por instituição financeira autorizada pela CVM para receber ações em custódia. A instituição financeira responde pela origem e autenticidade dos certificados das ações depositadas. Os certificados de depósito de ações poderão, a pedido de seu titular, e por sua conta, ser desdobrados ou grupados.

Emitido o certificado de depósito, as ações depositadas, seus rendimentos, o valor de resgate ou de amortização não poderão ser objeto de penhora, arresto, sequestro, busca ou apreensão ou qualquer outro embaraço que impeça sua entrega ao titular do certificado. Todavia, o certificado de depósito poderá ser objeto de penhora ou de qualquer outra cautelar por obrigação de seu titular. Assim sendo, não poderá haver penhora das ações depositadas, mas sim do certificado dessas ações.

5.15. Reembolso de ações

A expressão reembolso significa o recebimento em restituição de um valor desembolsado. É a restituição de um dinheiro que foi adiantado. Em termos societários, o reembolso é a operação pela qual, nos casos previstos em lei, a companhia paga aos acionistas dissidentes de deliberação da AG o valor de suas ações.

O reembolso é um dos resultados do exercício do direito de recesso do acionista, que examinamos neste compêndio, do Capítulo 7, item 7.5; *Direito de Retirada do Acionista*. Se a Assembleia Geral – AG decidir modificar o estatuto da companhia a ponto de abalar sua estrutura ou estabelecer privilégios que afetem um acionista, ele tem o direito de retirar-se dela, recebendo de volta o dinheiro que aportou para a formação do capital: é o reembolso das ações, vale dizer, a devolução das importâncias pagas pela compra das ações.

O estatuto pode estabelecer normas para a determinação do valor do reembolso, que, entretanto, somente poderá ser inferior ao valor do patrimônio líquido constante do último balanço aprovado pela AG, com base no valor econômico da companhia, a ser apurado em avaliação.

Se a deliberação da AG ocorrer mais de 60 dias depois da data do último balanço aprovado, será facultado ao acionista dissidente pedir, juntamente com o reembolso, levantamento de balanço especial em data que atenda àquele prazo. Neste caso, a companhia pagará imediatamente 80% do valor de reembolso calculado com base no último balanço e, levantado o balanço especial, pagará o saldo no prazo de 120 dias, a contar da data da deliberação da AG.

Se o estatuto determinar a avaliação da ação para efeito de reembolso, o valor será o determinado por três peritos ou empresa especializada, mediante laudo. Os peritos da empresa especializada serão indicados em lista sêxtupla ou tríplice, respectivamente, pelo Conselho de Administração ou, se não houver, pela Diretoria, e escolhidos pela AG em deliberação tomada por maioria absoluta de votos, não se computando os votos em branco, cabendo a cada ação, independentemente de sua espécie ou classe, o direito a um voto.

O valor do reembolso poderá ser pago à conta de lucros ou reservas, exceto a legal, e, nesse caso, as ações reembolsadas ficarão em tesouraria.

Se, no prazo de 120 dias, a contar da data da publicação da ata da assembleia, não forem substituídos os acionistas cujas ações tenham sido reembolsadas à conta do capital social, ele será considerado reduzido do montante correspondente, cumprindo aos órgãos da administração convocar a Assembleia Geral dentro de cinco dias, para tomar conhecimento da redução.

Possível falência da empresa

Enquanto a companhia cogita do reembolso das ações, é possível que ocorra sua falência, tumultuando então o processo.

A eventual falência poderá acontecer antes que o reembolso tenha se processado, ou depois que ele tenha ocorrido. Haverá, então, duas situações:

1º. Se sobrevier a falência da sociedade, os acionistas dissidentes, credores pelo reembolso de suas ações, serão classificados como quirografários em quadro separado, e os rateios que lhes couberem serão imputados no pagamento dos créditos constituídos anteriormente à data da publicação da ata da assembleia. As quantias assim atribuídas aos créditos mais antigos não se deduzirão dos créditos dos ex-acionistas, que subsistirão integralmente para serem satisfeitos pelos bens da massa, depois de pagos os primeiros.

2º. Se, quando ocorrer a falência, já tiver sido efetuado, à conta do capital social, o reembolso dos ex-acionistas, eles não tiverem sido substituídos, e a massa não bastar para o pagamento dos créditos mais antigos, caberá ação revocatória para restituição do reembolso pago com redução do capital social, até a concorrência do que remanescer dessa parte do passivo. A restituição irá ocorrer, na mesma proporção, de todos os acionistas cujas ações tenham sido reembolsadas.

6. VALORES MOBILIÁRIOS EMITIDOS PELA S.A.

- 6.1. Aspectos conceituais
- 6.2. Natureza jurídica dos valores mobiliários
- 6.3. Os valores mobiliários em espécie
- 6.4. A S.A. no mercado de valores mobiliários
- 6.5. O mercado dos valores mobiliários
- 6.6. Características do mercado de valores mobiliários
- 6.7. Debêntures
- 6.8. Partes Beneficiárias
- 6.9. *Commercial Papers*
- 6.10. Bônus de subscrição

6.1. Aspectos conceituais

Valores mobiliários são títulos que representam o investimento de seu titular na companhia. Ela emite esses títulos para a captação de dinheiro no mercado de capitais, com o fim de capitalizar-se, constituir ou reforçar a base financeira que lhe proporcione a obtenção do objetivo social. Eles têm, portanto, caráter instrumental: são os instrumentos de que se serve a sociedade anônima para a captação de recursos financeiros.

Os valores mobiliários contêm uma gama de direitos do seu titular, mas também algumas obrigações. Peculiaridade que bem caracteriza esses títulos é de poderem ser vendidos e comprados no mercado de valores imobiliários. Outra característica deles é a de que devem ser registrados na CVM – Comissão de Valores Mobiliários, antes de serem postos à disposição dos investidores. Quem adquire um valor mobiliário é considerado um investidor, para o qual é uma forma alternativa de aplicação de poupanças.

São títulos, razão por que são seus portadores chamados de titulares; são titulares dos direitos incorporados. Esses títulos são normalmente cártulas (pedaços de papel), documentos cartulares representando direitos; são por isso chamados de valores mobiliários titulados. Todavia, no mundo moderno, vêm perdendo essa característica, em virtude das modificações na economia, no direito e nas práticas financeiras e creditícias. Pouco a pouco, vão predominando os valores mobiliários escriturais, demonstrados por registro informatizados; atendem à maior segurança e facilitam as transações, circulação e controle.

6.2. Natureza jurídica dos valores mobiliários

Vamos repetir que os valores mobiliários são títulos e seus portadores chamados de titulares dos direitos que eles representam. Originalmente, foram classificados como títulos de crédito societários. As tendências modernas estão afastando os valores mobiliários dessa aproximação com os títulos de crédito, dando--lhes nova natureza jurídica. Com a sua criação surgiu o Direito do Mercado de Capitais e muitas teorias apareceram sobre o tema e as práticas no ramo são muito dinâmicas: novos valores mobiliários são criados, outros se modificam e a legislação pertinente torna-se cada vez mais complexa e sofisticada.

Essas transformações deram aos valores mobiliários nova dimensão e modificaram sua natureza jurídica. Vamos, então, comparar as características dos valores mobiliários ante as dos títulos de crédito, com base nelas.

Cartularidade

O título de crédito é um pedaço de papel, sendo por isso chamado de cártula (em latim, *cartula* é papel). Não se pode fazer, por exemplo, um título de crédito por instrumento público, mas poderá ser feito até num pedaço de papel higiênico. Os valores mobiliários, como foi dito, vêm perdendo cada vez mais a característica da cartularidade, sendo mais escriturais. A cartularidade deixou, assim, de ser característica relevante do valor mobiliário, enquanto no título de crédito é essencial.

Direito creditório

O título de crédito incorpora em si **sempre** um direito de crédito; por isso é chamado título de crédito. Examinemos, então, a ação, o principal valor mobiliário: realmente, ela dá ao seu titular um direito de crédito contra a companhia; poderá exigir da companhia o pagamento do valor da ação, mas nem sempre, enquanto o título de crédito é um documento que pode realizar imediatamente o valor nele mencionado. No dizer de Vivante, o título de crédito é o documento necessário para o exercício do direito literal e autônomo nele mencionado. Porém, o valor mobiliário não é necessário.

Literalidade

Pela literalidade, só vale o que estiver escrito no título de crédito; os direitos incorporados devem estar escritos no documento. Não tem valor jurídico qualquer documento à parte. Não é o que acontece com o valor mobiliário: a ação, por exemplo, dá ao seu portador uma gama de direitos que não estão escritos nela.

Autonomia

O título de crédito é autônomo em relação aos compromissos que tenham motivado a sua emissão; ele vale por si. A maioria dos valores mobiliários são intimamente ligados à causa que os provocou e a várias relações jurídicas. O registro na companhia e na CVM já é um vínculo obrigatório de todo valor mobiliário.

Circulação por endosso

A forma por excelência de transferência de um título de crédito é o endosso. O valor mobiliário se transfere geralmente por averbação no seu registro.

Bastaria citar essas diferenças entre os dois tipos de título para se notar que eles se distinguem, adquirindo feições próprias. Se o valor mobiliário não ostenta as características essenciais do título de crédito, então título de crédito não é.

Os títulos de crédito são mais próprios para a obtenção de dinheiro no mercado financeiro; os bancos, por exemplo, trabalham mais com cheques, duplicatas e notas promissórias, utilizando muito pouco valores mobiliários em suas operações.

Os valores mobiliários foram especialmente criados para a captação de dinheiro no mercado de capitais e não no financeiro. Vê-se então que os dois documentos são instrumentos para finalidade diferente.

6.3. Os valores mobiliários em espécie

Há possibilidade de se estabelecer uma classificação dos valores mobiliários mais ou menos estável. Contudo, há várias modificações criadas pelo dinamismo do mercado de capitais. Alguns valores mobiliários mudam de nome, apresentando algumas modificações. Outros vão sendo criados, resultando da combinação de vários deles, surgindo novo documento com nome diferente.

A Lei 6.385/76, que dispõe sobre o mercado de capitais e cria a CVM, no seu artigo 2º, enumera os valores mobiliários previstos em lei. Todavia, essa lei tem mais de 30 anos e normas variadas, expedidas pela CVM e outras leis, vão criando novos títulos e modificando os antigos. Vamos então relacionar os valores mobiliários atualmente encontrados no mercado:

1. Ações, debêntures, partes beneficiárias, bônus de subscrição (Previstas na Lei 6.404/76, a LSA).
2. *Commercial paper*, ou nota promissória comercial.
3. Certificado de depósito de ações.
4. Opções de compra e venda de valores mobiliários (*warrants*).
5. Certificado de depósito de valores mobiliários.
6. Certificado de Recebíveis Imobiliários – CRI.
7. Certificado a termo de energia elétrica.
8. Certificado de investimento audiovisual.
9. Quotas de fundo de investimento imobiliário.
10. Cédulas de debêntures.
11. Quotas de fundo de investimento em valores mobiliários ou de clubes de investimento.

12. Contrato de futuro cujos ativos jacentes sem valores mobiliários.
13. Contrato de opções cujos ativos jacentes sem valor mobiliários.
14. Contrato de derivativos de ativos valores mobiliários.
15. Certificado de Depósito Bancário – CDB.
16. Recibos de depósito (*depositary receipts*).
17. Letras de câmbio.
18. Contrato de parceria para engorda de animais.

6.4. A S.A. no mercado de valores mobiliários

A S.A. é a pedra angular sobre a qual repousa a atividade do mercado de capitais. Desvia-se ela do recurso ao mercado financeiro, desafogando-o para que possa atender a outras iniciativas. Para amoldar-se às ciclotimias das crises financeiras e à necessidade de novos investimentos e atender ao ímpeto do progresso, a S.A. recorre ao mercado de capitais, estimulando-o. Ao abrir seu capital à poupança pública, a S.A. carreia para o campo do mercado de capitais o dinheiro que procura aplicação. Em vez de conquistar novos credores e remunerá-los com juros, conquista novos parceiros, remunerando-os com dividendos e engajando-os na sua atividade e administração. Cria novas fórmulas organizacionais de relações econômicas, mantendo um relacionamento com seus acionistas, a quem se obriga a prestar informações e pagar-lhes dividendos.

Das relações sociedade-acionistas surgiu um vácuo que logo foi suprido com a criação de vasta e intensa malha de colaboradores. Nosso velho Código Comercial previu em capítulo próprio os vários colaboradores das atividades empresariais. Não poderia prever o surgimento dessa gama de modernos colaboradores empresariais, surgida em consequência da criação do mercado de capitais, que encontrou na S.A. seu fator decisivo.

6.5. O mercado dos valores mobiliários

Podemos dizer que da S.A. nasceu o Direito do Mercado de Capitais, que regulamenta não só as operações do mercado de capitais, dos agentes intermediários, mas até das próprias companhias, em concomitância com o Direito Societário. Assim sendo, a S.A. criou novo campo da atividade econômica, novo ramo do direito empresarial e novo mercado de trabalho, formando, inclusive, técnicos de alta especialização. Os agentes intermediários são agentes autônomos ou empresas que surgiram em decorrência do mercado de capitais, como as distribuidoras de valores mobiliários, as corretoras de valores mobiliários e os bancos de investimentos.

Essa atividade intermediária entre a S.A. e o mercado de capitais é ampla, complexa, sofisticada e efervescente. É de elevada especialização técnica, de elaborada profissionalização. Orienta os empresários quanto ao momento exato de lançamento das ações, operando sua estrutura mercadológica, atuando como mandatária e assessora da S.A. Apresenta aos investigadores as informações necessárias e legalmente exigidas, incentivando-se a alocação de seus recursos com segurança e confiança. As sociedades corretoras de valores mobiliários encaminham à Bolsa de Valores Mobiliários para venda, ou as compram para os investidores.

O mercado de valores mobiliários é o conjunto de instituições e de instrumentos que possibilita realizar a transferência de recursos entre tomadores e aplicadores de dinheiro, buscando compatibilizar seus objetivos. Por *tomadores* entendemos a companhia, pois só ela pode emitir valores mobiliários e colocá-los no mercado. Por *aplicadores de recursos* entendemos qualquer pessoa física ou jurídica, dotada de poupança, vale dizer, de dinheiro que sobrou da receita superior à despesa; são portanto os poupadores.

Essa transferência se processa por um complexo de operações financeiras de médio e longo prazos ou por tempo indeterminado, normalmente efetuadas diretamente entre os poupadores e a S.A., ou por meio de intermediários financeiros destinados ao financiamento de investimentos. De forma mais simples, podemos dizer que essa transferência de recursos opera-se pela aquisição feita, pelos poupadores de títulos emitidos pela S.A. Esse títulos chamados de valores mobiliários serão estudados logo adiante. São muitos esses títulos, sendo os principais as ações e as debêntures. Podemos até dizer que o mercado de capitais é o mercado de ações.

Da S.A. nasceu também novo ramo do Direito Empresarial: o Direito do Mercado de Capitais. É a conjunção de outros dois ramos do Direito Empresarial: o Direito Societário com o Direito Bancário. Incorpora o Direito Societário por se concentrar nas transferências de títulos emitidos pela S.A. e o Direito Bancário por serem as instituições financeiras as organizações atuantes no mercado de capitais.

6.6. Características do mercado de valores mobiliários

A venda de ações, que são os principais valores mobiliários emitidos pela S.A., é feita a um público massivo, indiscriminado. A companhia renuncia à escolha de seus donos; nem sequer sabe quem poderão ser seus novos donos. Centralizamos a consideração das ações como principal valor mobiliário.

A CVM poderá classificar as companhias abertas em categorias, segundo as espécies de valores mobiliários por elas emitidos e negociados no mercado, e especificará as normas sobre companhia abertas aplicáveis a cada categoria.

A negociação das ações no mercado de capitais, que a lei prefere chamar de mercado de valores mobiliários, pode se processar de duas maneiras: na BVM – Bolsa de Valores Mobiliários, e no mercado de balcão. Iremos depois fazer um estudo mais aprofundado a respeito das bolsas, principalmente da Bolsa de Valores Mobiliários, mas será conveniente esclarecer, desde já, as diferenças entre as duas espécies de venda de ações.

Na BVM

A venda das ações é realizada por leilões. Reúnem-se na sala de leilões da bolsa os interessados em vender suas ações, e os interessados em comprá-las. O contrato entre vendedor e comprador de ações não é direto, mas por intermédio da *Sociedade Corretora de Valores Mobiliários*, uma instituição financeira especialmente criada para atuar na Bolsa de Valores Mobiliários.

No mercado de balcão

É a venda direta da companhia a quem quiser adquirir suas ações, mas geralmente se faz por uma instituição financeira denominada *Sociedade Distribuidora de Valores Mobiliários*. A venda se processa por um sistema organizado por operadores diversos. Não é feita em leilão, mas pela negociação entre vendedor e comprador.

Há outra classificação do mercado de valores mobiliários, quanto à circulação de ações: é o mercado primário e o secundário. Vejamos o que são:

Mercado primário

É também chamado de primeira mão, porque a venda é feita diretamente pela companhia ao primeiro comprador. São ações novas, colocadas no mercado e o comprador é o primeiro possuidor. É o caso de companhia nova; ao constituir-se, abre-se a subscrição de seu capital e os subscritores são os primeiros acionistas. O capital não está ainda integralizado; ao integralizar-se o capital subscrito, ou seja, ao ser pago, o adquirente paga o preço determinado, o valor nominal da ação, o valor que consta do estatuto e do balanço da companhia.

Mercado secundário

É o mercado das ações de segunda mão. Digamos que o subscritor do capital da companhia subscreva e integralize o valor das ações adquiridas. Depois dele pretende se desfazer de suas ações e as coloca à venda. Trata-se agora de mercado secundário; o vendedor não é a companhia, mas um acionista. O comprador é o segundo dono das ações. Não há subscrição, mas a aquisição das ações. O preço pago pela aquisição pode ser maior ou menor do que o seu valor nominal.

6.7. Debêntures

Debêntures são títulos de crédito decorrentes de empréstimo feito pela S.A., tomado de um grupo massivo de credores. Necessitando de dinheiro para as suas atividades, a companhia recorre a um empréstimo público, com prazo médio ou longo, dando a seus credores esse documento. Há, pois, um empréstimo de dinheiro, um contrato de mútuo, tendo a companhia como mutuário e vários mutuantes, cada um recebendo esse título, largamente regulamentado pela Lei das S.A., do art. 52 a 74. Assim sendo, se uma companhia precisar de dinheiro, poderá aumentar seu capital, recorrer ao mercado financeiro ou emitir debêntures.

Para tanto, diz o art. 52 que a companhia poderá emitir debêntures que conferirão aos seus titulares direito de crédito contra ela, nas condições constantes da escritura de emissão e do certificado. O certificado da debênture tem alguma semelhança com a nota promissória, pois lastreia um empréstimo de dinheiro. Todavia, há algumas diferenças entre esse contrato de mútuo e o mútuo comum e entre o certificado de debêntures e a nota promissória. O empréstimo é um só e um só o mutuário; entretanto, os mutuantes são vários e cada um terá seu título. Há, pois, vários títulos correspondentes a um só empréstimo. Esse empréstimo é contraído de um credor desconhecido, pois a debênture pode ser vendida na BVM. Além do pagamento de juros, esse empréstimo poderá dar outras vantagens, como participar do capital da companhia.

A debênture terá valor nominal em moeda nacional, salvo nos casos de obrigação que, nos termos da legislação em vigor, possa ter o pagamento estipulado em moeda estrangeira (art. 54). Como é um título de crédito, é natural que a debênture tenha um valor líquido e certo a pagar. Peculiaridade da debênture, porém, é poder constar de valor em moeda estrangeira e ser colocada no mercado internacional de capitais. A companhia poderá efetuar mais de uma emissão de debêntures, e cada emissão pode ser dividida em séries; as debêntures da mesma série terão igual valor nominal e conferirão a seus titulares os mesmos direitos (art. 53). A lei faculta à companhia promover várias emissões de debêntures, mas na prática a emissão é parcimoniosa, porquanto o processo de emissão é demorado e exige muitos preparativos, como, por exemplo, a assembleia geral. A emissão pode ser dividida em várias séries, conforme as vantagens que concederem aos titulares das debêntures; uma série refere-se às debêntures com cláusula de correção monetária, outra série será de debêntures conversíveis em ações, outra será de debêntures nominativas endossáveis, outra com direito à participação nos lucros da companhia, outra com prêmio no reembolso.

Aspecto importante da debênture é a garantia de vários tipos que pode oferecer aos mutuantes. Pode haver debêntures com garantia real de hipoteca, penhor e anticrese; a companhia pode vincular, por exemplo, um móvel para garantir o pagamento da debênture. Essa hipoteca deverá, inclusive, ser registrada na circunscrição imobiliária; poderá também dar em penhor um determinado equipamento industrial. Esses bens ficarão vinculados ao empréstimo sob debêntures e no caso de falência ou dissolução da companhia o produto do leilão ficará reservado ao pagamento das debêntures; ficarão ainda a salvo de penhora ou sequestro. Afora a garantia real, que lhe dá privilégio real sobre determinados bens, poderá a debênture contar com a *garantia flutuante,* dando-lhe privilégio geral sobre o ativo da companhia. A garantia flutuante não bloqueia o ativo da companhia, podendo seus bens serem negociados.

É possível, ainda, haver debênture sem garantia e outras que contêm cláusula de subordinação aos credores quirografários, de tal maneira que, no caso de falência da companhia, as debêntures serão pagas só após o pagamento dos créditos quirografários. Pelo que se deduz do *caput* do art. 58, há várias espécies de debêntures, de acordo com a garantia que lhes é dada, a saber:
    a) Com garantia real sobre determinados bens;
    b) Com garantia geral sobre o ativo da companhia;
    c) Sem garantia;
    d) Com cláusula de subordinação aos credores quirografários.

A emissão de debêntures só pode ser decidida pela assembleia geral dos acionistas, que decidirá também sobre as bases da emissão, sejam elas: o valor da emissão ou os critérios de determinação de seu limite, e a sua divisão, se for o caso; o número e o valor nominal das debêntures; as garantias reais ou a garantia flutuante, se houver; a conversibilidade ou não em ações e as condições a serem observadas na conversão, as condições de correção monetária, se houver; a época e as condições de vencimento, amortização e resgate; a época do pagamento dos juros, da participação nos lucros e do prêmio de reembolso, se houver; o modo de subscrição ou colocação e o tipo das debêntures (art. 59). Quanto ao tipo e série das debêntures, a assembleia decidirá se elas serão ao portador ou nominativas-endossáveis.

Se a assembleia geral decidir pela emissão, deverá ser feita a *escritura de emissão*, a que se referem os arts. 52, 55, 58 e 61. A escritura de emissão poderá ser feita por instrumento público ou particular, constando os direitos conferidos pelas debêntures, suas garantias e demais cláusulas ou condições. Quando tiver garantias reais, deverá a escritura de emissão ser registrada no registro de imóveis. A ata da assembleia geral, que tiver deliberado pela emissão, deverá ser registrada na Junta Comercial. Antes do lançamento das debêntures, deverá ser nomeado o *agente fiduciário dos debenturistas*, figura da qual se deve fazer considerações.

Se a emissão de debêntures for colocada à disposição do mercado, isto é, oferta pública, torna-se obrigatória a nomeação do agente fiduciário dos debenturistas, com função regulamentada pelos arts. 66 e 67 da Lei das S.A. e na instrução CVM 28/83. A nomeação do agente fiduciário deverá constar obrigatoriamente da escritura de emissão. Os adquirentes das debêntures fazem parte de um mesmo contrato de mútuo e se tornam cocredores da companhia; formam, portanto, uma comunhão de interesses, devendo, pois, ter um representante perante ela. O agente fiduciário será nomeado e deverá aceitar a função na escritura de emissão das debêntures (art. 66). Poderá ele ser pessoa natural ou jurídica, mas neste último caso deverá ser uma instituição financeira; ambos exercerão suas funções fiscalizados pela CVM, que poderá suspendê-los e dar-lhes substituto provisório, caso deixem de cumprir seus deveres.

Trata-se de um cargo de confiança dos debenturistas e por isso há algumas restrições para essa nomeação, principalmente, a exigência de não haver vinculação do agente fiduciário com a companhia, pois há possibilidade de haver conflito entre ela e seus debenturistas. Não pode ser agente fiduciário a pessoa natural ou instituição financeira que seja credora ou preste serviços à emitente das debêntures, ou seja, agente financeiro em outra emissão de debêntures da mesma companhia. Se for pessoa natural, não pode ter sido condenada por crime falimentar, de prevaricação, peita ou suborno, concussão, peculato, crime contra a economia popular, a fé pública, ou por pena que vede o acesso a cargos públicos. Não pode ter sido declarado inabilitado para exercício de cargo de administrador ou para exercer funções em órgãos consultivos, fiscais ou semelhantes em instituições financeiras, por ato do Banco Central do Brasil, ou ter sido declarado inabilitado para administrador de companhia aberta, por ato da Comissão de Valores Mobiliários. Se o agente financeiro for instituição financeira, não poderá ter vinculação com a emitente das debêntures, como, por exemplo, o administrador de uma ocupar cargo na outra, se for acionista de 10% ou mais das ações da outra.

As funções do agente financeiro são bem amplas, a ponto do art. 12 da Instrução CVM 28/83 adotar 24 incisos e várias alíneas para apontá-las. Em sentido geral, ele será uma espécie de síndico de um condomínio ou de uma falência. Aliás, há muita semelhança entre o conjunto de debenturistas e um condomínio. Ele acompanha o comportamento da companhia emitente das debêntures, no interesse dos debenturistas; observa se ela registra a emissão nos órgãos competentes e poderá, ele próprio, promover os registros, caso a companhia não os tenha promovido. Serve de elo entre a companhia e os debenturistas, promovendo, quando necessário, assembleia. Acompanha a integridade das garantias reais ou flutuantes e o comportamento da companhia, solicitando, quando considerar necessário, auditoria extraordinária. Pelo correto cumprimento de suas funções, o agente fiduciário responderá perante os debenturistas, responsabilizando-se pelos prejuízos que lhes causar, por culpa ou dolo no exercício de sua funções.

6.8. Partes Beneficiárias

Estamos cuidando, neste capítulo, de valores emitidos por uma S.A. em papéis diversos, denominados *valores mobiliários*. Esses papéis ou, mais precisamente, títulos, são documentos negociáveis, para serem transformados em dinheiro, inclusive na BVM ou no mercado de balcão. As ações são os principais valores mobiliários emitidos pela S.A., mas as debêntures deveriam ter maior importância, apesar de não serem bem compreendidas e divulgadas no Brasil. Vamos agora falar noutro tipo de títulos negociáveis, criados pela S.A., cuja repercussão e importância são diminutas perante os outros dois: as partes beneficiárias. São títulos sem valor nominal e estranhos ao capital. A emissão das partes beneficiárias está prevista pelo art. 46 e regulamentada em quatro artigos: do 46 ao 49 da Lei das S.A.

As partes beneficiárias conferirão aos seus titulares direito de crédito eventual contra a companhia, consistente na participação nos lucros anuais. São normalmente concedidas ao fundador da companhia, a algum acionista ou mesmo a um terceiro, que tenham prestado a ela relevantes serviços; serão assim considerados beneméritos. Como prêmio pelo serviços prestados, a companhia lhes concede a possibilidade de participar dos lucros ao final do balanço anual, como se fossem acionistas. Podem ainda transferir o título a terceiro, auferindo seu valor.

Os titulares das partes beneficiárias, porém, não são acionistas; a lei veda-lhes a concessão de direitos privativos de acionista, salvo o de fiscalizar, nos termos da lei das S.A., os atos dos administradores. Não podem participar das assembleias, por exemplo. Se forem concedidas a fundações de funcionários da companhia, não terão os componentes da fundação beneficente quaisquer direitos de participarem da administração da companhia. É possível que partes beneficiárias sejam concedidas a um acionista e ele poderá fazer valer seus direitos de acionista, independentemente de ser titular de parte beneficiária. Outra restrição que sofrem as partes beneficiárias é o limite da décima parte dos lucros como o máximo que elas possam proporcionar. Não terão duração permanente, não podendo vigorar por mais de 10 anos, a não ser as concedidas a sociedades ou fundações beneficentes dos empregados da companhia emitente.

As partes beneficiárias são representadas por um certificado; é um título de crédito com muitas características próprias deles. É um título formal, sendo-lhes exigidos vários requisitos, sem os quais não será um título de crédito dessa natureza, como aliás ocorre com os demais. São nove os requisitos exigidos pelos nove incisos do art. 49: precisará ter a denominação de *Parte Beneficiária*, pois, se não houver essa denominação, ficará em dúvida sobre qual a legislação que se lhe aplica. Deverá trazer o nome da companhia emitente, sede e prazo de duração, o valor do capital, a data do ato que o fixou e o número de ações em que se divide. Pode ser emitido com o nome do beneficiário, sendo pois nominativo ou com cláusula ao portador. Trará o número das partes beneficiárias criadas pela companhia e o respectivo número de ordem, os direitos que lhe são atribuídos pelo estatuto, o prazo de duração e as condições de resgate, se houver, a data da constituição da companhia e do arquivamento e publicação dos seus atos constitutivos.

O certificado deverá declarar a transferibilidade das partes beneficiárias por endosso, se endossável. Por esse requisito, chega-se ao que dispõe o art. 50: que as partes beneficiárias, da mesma forma que as ações e as debêntures, podem ser ao portador, nominativas e endossáveis, circulando nos mesmos termos. Serão registradas nos livros próprios, previstos inclusive pela lei, como o *Registro de Partes Beneficiárias Nominativas* e *Registro de Partes Beneficiárias Endossáveis* e *Transferência de Partes Beneficiárias Nominativas*. Não há livro de registro de partes beneficiárias ao portador, uma vez que exerce os direitos quem as deter em mãos e sua transferência se opera por simples tradição.

6.9. *Commercial Papers*

Surge agora um novo valor mobiliário emitido pela S.A. privativamente, com objetivos semelhantes aos das debêntures. É a nota promissória para distribuição pública no mercado de capitais. A nota promissória é um título de crédito que encerra uma promessa de pagamento em dinheiro; como tal é uma confissão de dívida. Sendo um documento confessório é um título executivo, pois, se é uma dívida líquida e certa, pode ensejar uma ação executiva, por não exigir exame prévio do mérito da obrigação.

Por suas características, é um título largamente utilizado para lastrear um contrato de mútuo, a venda de uma mercadoria a crédito, por uma pessoa que não possa emitir uma duplicata ou outras operações de crédito. Para cumprir essas funções, foi a nota promissória criada, analisada e regulamentada, a princípio e principalmente pelo direito italiano. Surgiram, assim, dois títulos semelhantes, mas com designação única de *Cambiale* e cada um com nome distintivo de *cambiale-tratta* e o outro de *cambiale-propria* ou *vaglia-cambiario*. Este último é a nossa atual nota promissória.

Vemos, destarte, que a nota promissória, desde o surgimento, teve funções, características e objetivos específicos e vem, no decorrer dos séculos, cumprindo seu *desideratum* com largo sucesso. Afirmam alguns juristas que a nota promissória teria surgido como uma variante da letra de câmbio, sendo, portanto, posterior àquela. Todavia, superou, em aplicação, o título que lhe deu origem, pelo fato de atender mais os três atributos fundamentais dos títulos de crédito: certeza no direito, segurança no exercício desse direito e simplicidade no seu uso.

No mundo moderno, muitas criações têm apresentado o direito, e modificado as criações tradicionais. Uma dessas novidades foi a utilização, nos Estados Unidos da América, de um novo valor mobiliário, emitido pelas S.A., as *corporations*, com o nome de *commercial papers*, hoje de larga aplicação. Esse tipo de papel corresponde à nota promissória para distribuição pública no mercado de capitais e, há uns dez anos, tem sido aplicado no Brasil. Assim sendo, é um concorrente das debêntures.

Não somos favoráveis à criação desse novo instituto jurídico, mesmo porque podem ser criados vários outros títulos, além dos diversos existentes e regulamentados, para idêntico mister. A nota promissória deve conservar sua autenticidade, suas características fundamentais, como a abstração. Nosso direito já criou a nota promissória rural, com características distorcidas daquelas que notabilizam a nota promissória. Criou ainda *notas de crédito industrial*, *notas de crédito à exportação*, *notas de crédito comercial*, embora não usando a expressão *promissória*, mas substancialmente contendo uma promessa de pagamento.

O enorme desenvolvimento econômico e tecnológico das últimas décadas trouxe profundas transformações no *modus vivendi* de todos os povos e criou inúmeros problemas novos. Para enfrentar os novos problemas surgidos haveria necessidade da criação de novos mecanismos, pois não se poderiam usar as mesmas armas para uma luta que apresenta ingredientes inesperados. Por essa razão, surgiram certas operações como o *leasing*, o *factoring*, o *franchising* e vários outros mecanismos adaptados às modernas formas de atividade empresarial.

Como sugestão para mobilizar ainda mais o crédito e a solução dos problemas financeiros das S.A., com o aprimoramento de nossas instituições jurídicas, podem ser apontadas as debêntures. Por que o Brasil não analisa, aperfeiçoa e divulga esse título de crédito já regulamentado em nossa lei? Por que não estudar sua adoção pelas empresas de responsabilidade limitada, em vez de ser exclusivo das S.A.? Adotando a nota promissória com a finalidade de debênture, revertemos as funções da nota promissória, seus objetivos, podendo até se transformar com o tempo em uma afronta à Convenção de Genebra, promulgada pelo Brasil. Será a descaracterização da natureza jurídica da nota promissória, que, como *commercial paper*, pode ser até ao portador.

6.10. Bônus de subscrição

Trata-se de valor mobiliário emitido por S.A., previsto na LSA nos arts. 75 a 79. É um título nominativo e negociável, podendo circular como as ações. Esse título dá ao acionista o direito de preferência na subscrição de ações no próximo aumento de capital da companhia. Essa preferência ocorre na proporção e no limite das ações que o acionista possuir. Por exemplo, um acionista tem 1.000 ações ordinárias da companhia; seu direito de preferência é para adquirir até 1.000 ações ordinárias no aumento do capital.

O boletim de subscrição poderia ser desnecessário, pois o acionista tem, garantido pela lei, a preferência no aumento de capital da companhia sem precisar desse título. Entretanto, a companhia pode deliberar pela Assembleia Geral ou pelo Conselho de Administração, de acordo com o que dispuser o estatuto, e conceder esse título ao acionista como deferência. É a garantia de que ele poderá adquirir novo lote de ações lançados pela sociedade anônima pelo preço de emissão das ações.

Qual será a vantagem do acionista? Uma delas é o preço da emissão das ações, ou seja, um valor preestabelecido. Se ele fosse participar do leilão, o preço poderia aumentar por causa dos lances. Porém, a real vantagem é que esse título é negociável e o acionista poderá colocá-lo à venda, negociando, assim, seu direito de preferência, recebendo uma renda extra.

Por exemplo: Gaio possui 100 ações ordinárias de uma sociedade anônima, a preço de R$ 1.000,00 cada uma; sua participação no capital é então de R$ 100.000,00. A companhia decide dobrar seu capital, vendendo ações pelo seu preço nominal, ou seja, R$ 1.000,00 cada uma. Gaio terá o direito de preferência na aquisição de 100 ações ordinárias, que é correspondente ao número de ações que ele já possui, e recebe o bônus de subscrição, que dá preferência por essas 100 ações. Gaio, porém, não pretende usar seu direito de preferência e coloca seu bônus de subscrição à venda na Bolsa de Valores Mobiliários, que é vendido por R$ 20.000,00. Gaio, portanto, ganhou R$ 20.000,00 por vender seu direito de preferência.

O investidor que comprou o bônus de subscrição de Gaio apresenta esse bônus no leilão das ações, e compra 100 ações que lhe são garantidas, ações essas que teriam sido reservadas para Gaio, cuja reserva foi vendida ao investidor. Qual será a vantagem de quem comprar o bônus de subscrição? É que ele comprará as ações pelo preço de emissão, sem submeter-se ao jogo de lances no leilão, o que poderá aumentar o preço das ações. Naturalmente, o boletim de subscrição só tem valor se for emitido por uma boa empresa, cujas ações sejam valorizadas.

O uso dessa preferência tem um prazo marcado no bônus e se o investidor não exercê-lo nesse prazo perderá seu direito;

nesse caso, o investidor que comprou o bônus de Gaio perderá também os R$ 20.000,00 que pagou por ele.

O bônus de subscrição é um documento formal e suas formalidades estão previstas no art. 79 da LSA. É um documento cartular, isto é, um pedaço de papel; é nominativo, devendo constar o nome de seu titular, que será sempre um acionista. O valor do bônus é correspondente ao valor das ações que o acionista tiver. Deve ter sua denominação declarada: *bônus de subscrição*, o número de ordem e a data da emissão; deve ser assinado por dois diretores da sociedade anônima.

No bônus deve ser declarado o número, a espécie e a classe das ações que poderão ser subscritas, o preço da emissão ou os critérios para sua determinação, como, por exemplo, se são ações ordinárias ou preferenciais. É importante constar o prazo em que o direito de subscrição poderá ser exercido e a data do término do prazo para esse exercício. Como foi dito, se esse direito não for exercido no prazo marcado, o bônus de subscrição perde seus efeitos.

Afora esses dados particulares, o bônus de subscrição conserva os mesmos requisitos das ações: a denominação da companhia emissora, sua sede e prazo de duração; deve constar o valor do capital social, a data do ato que o tiver fixado, o número de ações em que se divide e o valor nominal das ações, ou a declaração de que não tem valor nominal, quando for o caso. Se for companhia de capital autorizado, deve constar o limite da autorização, em número de ações, ou valor do capital social.

É também importante constar no bônus de subscrição número de ações ordinárias e preferenciais das diversas classes, se houver, que o acionista possuir, pois o direito de subscrição é correspondente a essas ações. Devem ser mencionadas as vantagens ou preferências conferidas a cada classe e as limitações ou restituições a que as ações estiverem sujeitas.

7. OS ACIONISTAS

7.1. O capital e o acionista
7.2. Obrigação primordial: formar o capital
7.3. O acionista remisso
7.4. Direitos do acionista
    7.4.1. O direito de voto
    7.4.2. Voto de ações entregues em penhor
    7.4.3. Voto de ações gravadas em Alienação Fiduciária em Garantia
    7.4.4. Voto de ações gravadas com usufruto de voto
    7.4.5. Abuso do direito de voto e conflito de interesses
    7.4.6. Voto pelas ações preferenciais
7.5. Direito de retirada do acionista
7.6. Acionista controlador
    7.6.1. Conceito
    7.6.2. Deveres do acionista controlador

- 7.6.3. Exercício abusivo do poder de controle
- 7.6.4. Responsabilidades do acionista controlador
- 7.7. Acordo de acionistas
  - 7.7.1. Aspectos conceituais
  - 7.7.2. Finalidades
  - 7.7.3. Compra e venda de ações
  - 7.7.4. Concessão de preferência
  - 7.7.5. Exercício do direito de voto ou do poder de controle
  - 7.7.6. Representante dos acionistas do acordo

7.1. O capital e o acionista

O acionista é uma peça importante da S.A. e seu conjunto forma um órgão dela: a assembleia geral. Aliás, é o dono da S.A., tendo vários poderes de proprietário. Sua figura precisa ser bem analisada, para melhor entendimento da S.A. Ligado tão intimamente à companhia de que faz parte, codono do capital e principal interessado no destino e resultados da S.A., o acionista tem uma gama enorme de obrigações, a maioria não prevista em lei, mas decorrente de princípios gerais de direito. É o dever de lealdade, a *affectio societatis*, mesmo numa sociedade de capitais, a participação social na empresa, como o comparecimento às assembleias, o qual não constitui apenas direito, mas também obrigação.

Basta examinar superficialmente a formação de uma companhia. Para poder funcionar, ela precisa ter um imóvel em que possa se instalar; necessário se torna um terreno e a construção civil para as suas instalações. Se for uma indústria, precisa de equipamentos industriais. Instalada estaticamente, deve começar a funcionar, necessitando, para isso, de matéria-prima, formar um quadro de funcionários, adquirir móveis e utensílios. Enquanto não entra o dinheiro da venda de seus produtos, vai fabricá-los e vendê-los; será preciso, então, um quadro de vendedores. Tudo isso acarreta gastos, enquanto o dinheiro não entra.

Sem o dinheiro inicial, que é o capital inicial, a empresa não tem condições de fazer frente a esses primeiros passos. O capital constitui o passo inicial, o motor de arranque para que a empresa possa andar. Alguns não priorizam a importância do capital, mas no mundo empresarial não se concebe a desconsideração do capital. Carlos Marx nega a existência do capital, considerando-o como um resíduo do trabalho, pelo qual o patrão se apropria de parte do fruto do trabalho proporcionado pelos empregados, formando um resíduo para engordar a propriedade do patrão. A obra em que Marx afirma não existir o capital, mas apenas o trabalho, não se chamou O Trabalho, porém, O Capital.

É nessa altura que surge a presença do acionista. Ele dá o arranque inicial às atividades da empresa, fornecendo-lhe o necessário. Transfere um bem de seu patrimônio pessoal para o patrimônio da empresa; que, em troca, lhe dá ações; é como se fosse um contrato de compra e venda. Muitos efeitos decorrem do capital; pelo seu valor se aufere a dimensão da empresa: grande capital, grande empresa. Além do mais, o capital é aplicado em imóveis, maquinaria e outros bens que formarão o patrimônio da empresa. Conforme diz velho princípio, o patrimônio do devedor é a garantia do credor; por essa razão, os bancos e fornecedores confiam mais na empresa cujo patrimônio lhes garanta o pagamento dos débitos e lhe concedem mais facilmente crédito.

Do capital decorre também a medida de responsabilidade dos acionistas por tratar-se de sociedade de responsabilidade limitada ao valor de suas ações. Dele, decorrem muitos deveres e direitos, que examinaremos em seguida.

7.2. Obrigação primordial: formar o capital

O acionista é obrigado a realizar, nas condições previstas no estatuto e no boletim de subscrição, a prestação correspondente às ações subscritas ou adquiridas. Se o estatuto e o boletim forem omissos quanto ao montante da prestação e ao prazo ou data do pagamento, caberá aos órgãos da administração efetuar chamada, mediante avisos publicados na imprensa, por três vezes, no mínimo, fixando prazo, não inferior a 30 dias para o pagamento.

A primacial obrigação do acionista é o aporte de dinheiro à sociedade, para a constituição de seu capital. É este um aspecto rigorosamente previsto nos artigos 106 a 108, com pesadas sanções ao acionista inadimplente, isto é, àquele que subscreveu ações e não as pagou. Ao assinar o boletim de subscrição de ações, o subscritor torna-se acionista, e obrigado a uma prestação: integralizar o capital. A integralização é o aporte de recursos à formação do capital ou, mais precisamente, o pagamento do preço das ações, a que se obrigou o subscritor. Assim sendo, o capital integralizado é o dinheiro que já se integrou nele; a ação integralizada é a ação já paga.

As ações subscritas ou adquiridas devem ser pagas no momento da aquisição, mas não necessariamente. O estatuto da companhia ou o boletim de subscrição podem estabelecer a possibilidade de pagamento em outra ocasião ou em parcelas. Ninguém é obrigado a subscrever ações de uma companhia ou adquiri-las; porém, se assumiu o compromisso, subscrevendo ações, está na obrigação de honrar esse compromisso, baseado no princípio do *pacta sunt servanda* = os pactos são para serem cumpridos.

O acionista que não fizer o pagamento nas condições previstas no estatuto ou boletim, ou na chamada, ficará de pleno direito constituído em mora, sujeitando-se ao pagamento dos juros, da correção monetária e da multa que o estatuto determinar, não superior a 10% do valor da prestação. As *chamadas* são a convocação pela imprensa para que os acionistas cumpram a prestação a que se obrigaram, integralizando as ações adquiridas. Não fazendo o pagamento de acordo com a chamada ou como consta do boletim de subscrição, o acionista será constituído em mora de pleno direito, nos termos do art. 394 do Código Civil, respondendo pelos prejuízos a que sua mora der causa (art. 397 do Código Civil). Purgando a mora, ou seja, pagando com atraso, estará ele mesmo assim sujeito a multa, se prevista no estatuto, juros, correção monetária e outras possíveis cominações legais ou estatutárias.

7.3. O acionista remisso

Por outro lado, a companhia poderá adotar várias medidas contra o acionista remisso, nome com que a lei designa o acionista inadimplente, que examinaremos.

Ação executiva de cobrança

Poderá mover-lhe processo de execução, tomando o boletim de subscrição como título executivo extrajudicial. Verificada a mora do acionista, a companhia pode, à sua escolha, promover contra o acionista, e os que com ele forem solidariamente responsáveis, o processo de execução para cobrar as importâncias devidas, como título extrajudicial nos termos do Código de Processo Civil.

Venda das ações

Mesmo com a cobrança pela via executiva extrajudicial, a companhia poderá colocar as ações subscritas e não pagas à venda na Bolsa de Valores Mobiliários, transferindo-as a terceiros, ficando o acionista remisso solidariamente responsável, com o adquirente das ações, pelo pagamento das prestações que faltarem para integralizar as ações transferidas. Opcionalmente, poderá a companhia declarar caducas as ações e excluir o acionista da sociedade.

Será considerada não escrita, relativamente à companhia, qualquer estipulação do estatuto ou do boletim de subscrição que exclua ou limite o exercício da opção prevista neste artigo, mas o subscritor de boa-fé terá ação contra os responsáveis pela estipulação, para haver perdas e danos sofridos, sem prejuízo da responsabilidade penal que no caso couber.

A venda será feita em leilão especial na Bolsa de Valores Mobiliários do lugar da sede social, ou, se não houver, na mais próxima, depois de publicado aviso, por três vezes, com antecedência mínima de três dias. Do produto da venda serão deduzidas as despesas com a operação e, se previsto no estatuto, os juros, correção monetária e multa, ficando o saldo à disposição do ex--acionista, na sede da sociedade.

Cumulação de medidas

É facultada à companhia, mesmo depois de iniciada a cobrança judicial, mandar vender a ação em bolsa de valores. A companhia poderá também promover a cobrança judicial se as ações oferecidas em bolsa não encontrarem tomador, ou se o preço apurado não bastar para pagar os débitos do acionista. A execução continuará em concomitância com a venda das ações, até que o pagamento seja feito. Assim sendo, haverá essa cumulação de medidas contra o acionista remisso.

Caducidade das ações subscritas

Se a companhia não conseguir, por qualquer dos meios previstos em lei, e dos quais estamos falando, a integralização das ações, poderá declará-las caducas e fazer suas as entradas realizadas, exceto a legal. Se não tiver lucros e reservas suficientes, terá o prazo de um ano para colocar as ações caídas em comisso (comisso é a sanção que sofre alguém que não cumpre uma obrigação correspondente à perda de uma coisa). Findo este prazo, não tendo sido encontrado comprador, a assembleia geral deliberará sobre a redução do capital em importância correspondente. Portanto, o acionista inadimplente perderá as ações subscritas, ficando excluído do quadro acionário, o que não implica a anulação das outras medidas adotadas contra ele.

Continuação da responsabilidade

Ainda quando negociadas as ações, os alienantes continuarão responsáveis solidariamente com os adquirentes, pelo pagamento das prestações que faltarem para integralizar as ações transferidas. Essa responsabilidade cessará em relação a cada alienante, no fim de dois anos a contar da data da transferência das ações.

7.4. Direitos do acionista

Cumpridas as obrigações, o acionista que já integralizou as ações subscritas tornou-se titular de vários direitos. Aliás, já tinha direitos antes da integralização das ações que ele havia subscrito, mas antes estava gravado com obrigações. Trata-se de direitos essenciais e sagrados. Nem o estatuto nem a assembleia geral poderão privar o acionista desses direitos, nem poderão ser elididos os meios, processos e ações que a lei confere ao acionista para assegurar os seus direitos. Estão previstos nos artigos 109 a 115 da Lei das S.A. e podem ser enumerados:

a) Participar dos lucros sociais;
b) Participar do acervo da companhia, em caso de liquidação;
c) Fiscalizar a gestão dos negócios sociais;
d) Preferência para a subscrição de novos valores mobiliários;
e) Retirar-se da sociedade;
f) Participar das assembleias de acionistas, votando e sendo votado.

a) Ao subscrever ações, o acionista investe dinheiro na sociedade, tendo em vista lucros desse investimento, adquirindo, pois, o direito à percepção desses lucros. Não se trata de cobiça ou de frio mercantilismo; a companhia é mercantil, persegue lucros não para ela, mas para remunerar o capital nela aplicado. Naturalmente, se a companhia não der lucros, não poderá caber lucro dos seus acionistas. Caso os lucros superem a expectativa, poderá a companhia reter lucros, mas assegurando aos seus acionistas a percepção de um dividendo obrigatório.
b) O segundo direito é o de participar do patrimônio ativo da companhia, caso seja ela liquidada. Se o acionista aplicou nela seu dinheiro para formar o capital, tornou-se um codono da companhia, e o patrimônio dela pertencerá a ele se for dissolvida. O que sobrar do ativo da companhia dissolvida deverá ser dividido proporcionalmente entre os titulares das ações.
c) Como donos da companhia, os acionistas elegem os administradores e eles podem ser considerados como mandatários dos acionistas. A má gestão dos administradores acarretará prejuízos aos titulares das ações; cabe-lhes, pois, o direito de fiscalizar essa gestão, saber como o dinheiro que investiram está sendo aplicado.

Ao encerrar-se o balanço, as demonstrações financeiras e outros documentos probatórios da gestão devem ser exibidos, inclusive para aprovação na assembleia geral. Caso haja suspeita de graves irregularidades praticadas por qualquer dos órgãos da companhia, ou atos violadores da lei ou do estatuto e lhes seja dificultada a fiscalização, podem os acionistas, que representem pelo menos 5% do capital, requerer a exibição dos livros. A fiscalização só se opera, contudo, nos casos previstos pela lei.

d) Em quarto lugar, vem o direito, concedido aos acionistas, de privilégios na subscrição dos valores mobiliários emitidos pela companhia, como ações, debêntures e partes beneficiárias conversíveis em ações e bônus de subscrição. Por exemplo, se houver aumento de capital da companhia, as novas ações deverão ser ofertadas primeiramente aos próprios acionistas, que terão preferência em adquiri-las, na proporção do número de ações que já possuírem nas diversas espécies e classes. Se o acionista já é dono da sociedade e no momento em que ela precisava de dinheiro foi ele quem a supriu, cabe a ele o direito de tornar-se mais dono.

e) Finalmente, o inciso V do art. 109 permite ao acionista o direito de retirar-se da sociedade.

O estatuto da sociedade pode estabelecer que as divergências entre os acionistas e a companhia, ou entre os acionistas controladores e os acionistas minoritários, poderão ser solucionadas mediante arbitragem, nos termos em que especificar. Eis aqui uma salutar disposição legal, que deveria se estender a todas as divergências na área societária, e, aliás, em qualquer litígio. **Neste compêndio, fazemos considerações sobre a arbitragem.**

7.4.1. *O direito de voto*

Merece esse direito do acionista um estudo especial, por ser um dos direitos mais importantes dele. É o de participar das reuniões da assembleia geral, votar e ser votado, e tomar parte das deliberações; é o poder de decisão. O acionista é o dono da companhia, embora seja codono; sendo assim, pode decidir quase tudo o que seja do interesse da empresa, até mesmo fechá-la. Manifesta sua vontade pelo voto na assembleia geral; pelo voto ele participa das deliberações sociais.

A cada ação ordinária corresponde um voto nas decisões da assembleia geral. O estatuto pode estabelecer limitação ao número de votos de cada acionista. É vedado atribuir voto plural a qualquer classe de ações.

O acionista residente ou domiciliado no exterior deverá manter, no País, representante com poderes para receber citação em ações contra ele, propostas com fundamento na LSA. O exercício, no Brasil, de qualquer dos direitos do acionista, confere ao mandatário ou representante legal qualidade para receber citação judicial.

A assembleia geral poderá suspender o exercício dos direitos do acionista que deixar de cumprir obrigação imposta pela lei ou pelo estatuto, cessando a suspensão logo que cumprida a obrigação.

7.4.2. *Voto de ações entregues em penhor*

O penhor da ação não impede o acionista de exercer seu direito de voto. Será lícito, todavia, estabelecer no contrato que o acionista não poderá, sem consentimento do credor pignoratício, votar em certas deliberações. O credor garantido por alienação fiduciária da ação não poderá exercer o direito de voto. O devedor poderá exercê-lo no termo do contrato.

Vamos explicar melhor essa situação. Para muitos juristas, a ação é um tipo de título de crédito e é, às vezes, representada por um documento: esse documento é o título de crédito que dá certos direitos ao seu favorecido, neste caso, o acionista: alguns direitos são patrimoniais; valem dinheiro. Pode ser transferido a outrem em transferência onerosa. Sendo um valor, a ação, como título de crédito, pode ser usada como garantia de débitos: é uma garantia real e representa um direito sobre coisas alheias (*jus in re aliena*). Alguns bancos concedem crédito aceitando ações como penhor, que é chamado de caução. Alguns chamam essa operação de *crédito garantido por caução de ações*.

Destarte, o cliente do banco levanta um empréstimo representado por nota promissória. Como ele é acionista de uma companhia, entrega o título representativo de suas ações, para garantir o pagamento da nota promissória. Se não for feito o pagamento, o banco poderá vender essas ações para reaver seu crédito. Entretanto, o cliente-devedor continua dono das ações entregues em penhor. O banco tem o direito de vender as ações se o empréstimo garantido não for pago, mas não poderá exercer os direitos que a ação confere ao acionista, como o de comparecer à assembleia geral.

Portanto, os direitos dados pelas ações são exercidos pelo acionista-devedor. O que será possível, segundo o art. 113, é incluir uma cláusula no empréstimo, impedindo o acionista-devedor de votar na assembleia geral sem consentimento do banco. Temos opinião de que designação de *ações empenhadas*, terminologia adotada pela lei não é adequada, mas deveria ser ações *apenhadas*, para distinguir do termo *empenhada* aplicado pelo Direito Administrativo para designar uma verba destinada a determinado fim.

7.4.3. *Voto de ações gravadas com Alienação Fiduciária em Garantia*

O parágrafo único do art. 141 prevê, porém, um regime especial para ações gravadas com alienação fiduciária em garantia. Esse sistema de garantia, criado pela lei 4.728/65, cria situação especial para as ações. O acionista-devedor transfere ao credor o domínio resolúvel das ações e a posse indireta delas. Porém, fica com elas em sua posse direta. Nessa situação, a lei prevê a seguinte forma de exercício do direito dado pelas ações:

- a) O banco credor não poderá exercer o direito de voto;
- b) O acionista-devedor somente poderá exercer o direito de voto nos termos do contrato de alienação fiduciária em garantia, celebrado com a companhia financeira.

7.4.4. *Voto de ações gravadas com usufruto de voto*

O direito de voto da ação gravada com usufruto, se não for regulado no ato de constituição do gravame, somente poderá ser exercido mediante prévio acordo entre o proprietário e o usufrutuário.

Vamos examinar essa questão. O usufruto é um direito real. Por ele, o proprietário de uma coisa concede a outrem o direito de usar e usufruir vantagens desta coisa. Podemos citar o exemplo de um caso real: um pai concedeu à sua filha, como pensão alimentícia, o usufruto de ações que possuía; ela podia auferir os dividendos e desfrutar os direitos da ação, como comparecer à assembleia geral e participar das decisões. Somente não poderia vendê-las, porque o proprietário delas era o pai. Porém, para exercer seu direito de voto na assembleia geral teria que entrar em acordo com o pai.

7.4.5. *Abuso do direito de voto e conflito de interesses*

O acionista deve exercer o direito a voto no interesse da companhia. Será considerado abusivo o direito a voto exercido com o fim de causar dano à companhia ou a outros acionistas, ou de obter, para si ou para outrem, vantagem a que não faz jus. Ou, então, resulte ou possa resultar prejuízo para a companhia ou para outros acionistas.

O art. 115 parece estabelecer verdadeiro código de ética para o acionista, fazendo com que ele use seu voto visando ao interesse coletivo e não individual. Esse objetivo se dirige ao acionista controlador, aos majoritários e aos minoritários. Poderia parecer insensato esse código de ética, pois o acionista controlador tem interesse no sucesso da empresa, porquanto valorizaria suas ações; os majoritários deveriam ter idêntico interesse e os minoritários não teriam força para votar em malefício da companhia.

Entretanto, podem surgir situações em que alguns acionistas se deixem influenciar por forças externas, para tumultuar a vida da companhia em benefício próprio ou de concorrentes com as quais tenham alguma ligação. A lei não estabelece parâmetros para esses choques de interesses, mas o voto contrário à companhia pode se evidenciar em certas ocasiões, em que ficam patentes os interesses contrários.

Ocasião em que poderia se evidenciar o abuso do direito a voto é na deliberação sobre as contas apresentadas pela diretoria ou pelo conselho de administração. Às vezes, fica patenteada a regularidade e a liquidez das contas apresentadas. Entretanto, um grupo de acionistas, sem razão plausível e sem argumentos convincentes votam contra e dificultam claramente a aprovação. Às vezes, dá-se o caso contrário: as contas apresentam irregularidades berrantes, afrontando o estatuto ou a lei, e, mesmo assim, o acionista se movimenta pela sua aprovação.

Esse tipo de voto é abusivo, mas há também o voto conflitante; esse é o voto em que se revela um interesse do acionista em conflito com os interesses coletivos ou da companhia. E a lei procura coibir esse voto: o acionista não poderá votar nas deliberações da assembleia geral relativas ao laudo de avaliação de bens que concorrer para a formação do capital social. Se ele subscreve ações e fica de integralizá-las com bens, é evidente que tem interesse em avaliar seus bens pelo valor mais alto possível.

Outro caso de conflito de interesses é quando o acionista for membro do conselho de administração e apresenta suas contas para aprovação; por isso lhe é vedado o direito de voto. Por esses critérios, ele fica inibido em votar em qualquer questão que puder beneficiá-lo de modo particular, ou em que tiver interesse conflitante com o da companhia.

Se todos os subscritores forem condôminos de bens com que concorreram para a formação do capital social, poderão aprovar o laudo, sem prejuízo da responsabilidade de possíveis danos que possam causar a avaliação dos bens.

O acionista responde pelos danos causados pelo exercício abusivo do direito de voto, ainda que seu voto não tenha prevalecido. Esse critério de responsabilidade aplica-se nos dois casos: no voto abusivo e no conflitante. A deliberação tomada em decorrência do voto de acionista que tem interesse conflitante com o da companhia é anulável, e o acionista responderá pelos danos causados e será obrigado a transferir para a companhia as vantagens que tiver auferido.

Nesse aspecto, parece haver uma diferença entre o voto abusivo e o conflitante, pois a lei diz que é anulável a deliberação em que houve voto conflitante, mas não abusivo. Se o voto conflitante influir na deliberação da assembleia geral, ela poderá ser anulada, se houver algum prejuízo para a companhia. Se não houver dano, não se justificaria a anulação; aplica-se nesse caso o princípio do Direito Internacional: *pas de nulité sans grief* = não há nulidade sem danos causados.

Por seu turno, o voto abusivo não causará a anulação das deliberações; elas são sempre válidas. Porém, se a deliberação tiver causado prejuízo graças ao voto abusivo, o acionista responde por perdas e danos.

7.4.6. *Voto pelas ações preferenciais*

Conforme vimos no estudo das ações ordinárias e preferenciais, a diferença principal entre as duas é que a ordinária dá direito a voto e a preferencial não. Em compensação, as ações preferenciais têm certos privilégios. O estatuto poderá deixar de conferir às ações preferenciais algum ou alguns dos direitos reconhecidos às ações ordinárias, inclusive o de voto, ou conferi-los com restrições: isto é o que diz o art. 111. Por que ele diz isso? Não existe letra morta na lei; tudo o que ela fala é válido; é eficaz. Se a lei diz que precisa haver no estatuto cláusula negando o voto às ações preferenciais, se não houver essa cláusula, elas poderão dar voto, pelo menos nas deliberações em quem os direitos dos preferenciais possam ser afetados.

Além disso, o estatuto pode conferir às ações preferenciais o direito a voto com restrições. Logo, embora com restrições devidamente previstas no estatuto, as preferenciais podem dar direito a voto.

Há outra possibilidade a considerar: as ações preferenciais sem direito a voto adquirirão o exercício desse direito se a companhia, pelo prazo previsto no estatuto, não superior a três exercícios consecutivos, deixar de pagar os dividendos fixos ou mínimos a que fizerem jus. Elas conservarão esse direito até o pagamento, se tais dividendos não forem cumulativos, ou até que sejam pagos os acumulados em atraso. É, destarte, outra forma de as ações preferenciais adquirirem direito a voto, embora de forma efêmera.

Pelas mesmas razões expostas acima, na mesma hipótese e na mesma condição, as ações preferenciais com direito a voto restrito terão suspensas as limitações ao exercício desse direito.

O estatuto poderá estipular que o disposto nas duas hipóteses acima vigorará a partir do término da implantação do empreendimento inicial da companhia.

7.5. Direito de retirada do acionista

É o chamado direito de recesso. Poderá vender suas ações a terceiros e, não tendo ações, deixa de fazer parte da companhia. Entretanto, o direito de recesso vai além dessa possibilidade; o art. 1.347 prevê o direito de o acionista retirar-se da sociedade, mediante o reembolso de suas ações. Reembolso é a operação pela qual, nos casos previstos em lei, a companhia paga aos acionistas dissidentes de deliberação da assembleia geral o valor de suas ações. Com o reembolso, o acionista não fica sujeito à lei da oferta e da procura, ao vender suas ações, mas receberá o valor, apurado pela companhia, de suas ações. Todavia, o direito de recesso só é concedido nos casos previstos pela lei; só ao acionista dissidente, ou seja, que discordar das decisões da assembleia geral que implique sensíveis mudanças no estatuto e na organização da companhia. Será o caso, por exemplo, de a assembleia geral decidir mudar o objeto social da companhia, criar partes beneficiárias, alterar o dividendo obrigatório. Ou caso a assembleia geral decida diminuir de 12% para 6% o dividendo obrigatório distribuído aos acionistas; um acionista depende desses dividendos para viver e subscreveu ações para constituir uma fonte de renda. A alteração do estatuto prejudicou-o em metade de sua renda, com a qual não pode ser obrigado a aceitar. Assegura-lhe então a lei o direito de retirar-se da sociedade.

O direito de retirada faz parte da democratização da S.A. com o respeito à vontade da maioria e da minoria. As sete decisões da assembleia geral previstas alteram seriamente sua estrutura ou seu objeto. Se a maioria assim decidiu, é porque julgou conveniente para o futuro da empresa; deve, pois, a decisão ser respeitada, não só porque a lei assegura essa faculdade, mas os acionistas devem ser respeitados em suas opiniões. Por outro lado, o acionista adquire ações de uma companhia, motivado não só pelo rendimento que proporcionam, mas também por razões subjetivas. Assim, um acionista adquire ações de um laboratório farmacêutico, por motivos idealistas, pelo fato de o laboratório fabricar remédios contra determinada doença. Todavia, após algum tempo, a assembleia geral desse laboratório decide mudar o objetivo social e deixa de ser um laboratório.

Esse acionista sente-se atingido no seu interesse, pois houve transformação muito radical na estrutura da empresa; não pode ser obrigado a aceitar essa transformação. Não deverá, por outro lado, ser dado o poder a esse acionista de agir contra o interesse da sociedade, impugnando a decisão da maioria. Resta-lhe, portanto, a alternativa de acomodar-se à situação ou retirar-se da sociedade. Há um rompimento, a rescisão de uma relação jurídica, cuja causa foi a quebra de um *status quo* provocado pela companhia. Por isso, ela deve permitir a saída desse acionista sem causar prejuízo a ele.

Há uma conciliação de interesse da companhia e dos acionistas majoritários e minoritários, tendo todos a faculdade legal de exercer sua vontade. Ao mesmo tempo em que a lei dá poderes à maioria, para alterar a essência de seu estatuto, dá garantia à minoria de sair sem prejuízos. Garante a sobrevivência da sociedade nas novas bases. Com a manutenção de seu estatuto, ao mesmo tempo em que protege interesse individual do acionista, extinguindo-se apenas a relação jurídica entre a S.A. e seu acionista.

Naturalmente, o uso do direito de recesso deve ser exercido com evidência de lealdade; deve ficar evidenciado que o acionista foi atingido e contrariado e não que revele mero capricho. Por essa razão, não se admite o recesso parcial, ou seja, o acionista extingue totalmente sua relação jurídica com a sociedade e resgata todas as ações, sendo administrador da companhia; deverá renunciar ao cargo e, se estiver em débito com ela, deverá compensar esse débito. Não se pode também admitir o exercício do direito de retirada por um acionista que tenha votado favoravelmente à resolução que tenha ensejado sua dissidência. Há igualmente o prazo de 30 dias, a partir da publicação da ata da assembleia geral, para que o acionista possa exercer esse direito.

7.6. Acionista controlador

7.6.1. *Conceito*

O conceito de acionista controlador é encontrado no art. 116 da Lei da S.A. e os atos pelos quais responde são enumerados no art. 177. Acomodando-se às rígidas disposições do art. 116, podemos considerar o acionista controlador como aquela pessoa que detenha a maioria do capital votante da S.A., e, em consequência do domínio das ações, exerce o poder de mando no funcionamento da companhia. Ele tem o poder de eleger ou substituir os administradores, impor o orçamento da empresa, determinar as atividades operacionais. É praticamente o dono da empresa, pois, ainda que todos os demais acionistas se unam contra ele, não chegarão a contar votos que suplantem seu adversário na votação de uma questão de ordem.

Vários requisitos caracterizam o acionista controlador, sendo os dois principais:
- a) Ele é o titular de direitos societários que lhe assegurem, de modo permanente, a maioria de votos nas deliberações da assembleia geral e o poder de eleger a maioria dos administradores.
- b) Usa efetivamente seu poder para dirigir as atividades sociais e orientar o funcionamento dos órgãos da companhia.

Geralmente, é o presidente do Conselho Deliberativo, mas nem sempre; é possível até que não ocupe qualquer cargo nos órgãos diretivos da companhia. Opera, entretanto, nos destinos dela, por meio de seus prepostos; que, muitas vezes, são meros reflexos do *chefe*. São os chamados *homens de palha* ou *teleguiados*, ou *testas-de-ferro*, que os franceses chamam de *prête-nom*. Se deixam de merecer a confiança do acionista controlador, são obrigados a entregar o cargo. Juridicamente, contudo, respondem pelos atos praticados no exercício do cargo. No caso de falência da companhia, recebem a designação de *laranjas*. Também não é necessário que o acionista controlador seja o titular da maioria das ações; pode acertar diversas fórmulas que lhe propiciem o poder de controle, ainda que seja um acionista minoritário.

Na hermenêutica do art. 116, em seu *caput*, duas alíneas e parágrafo único, é possível estabelecer um conceito bem estável de acionista controlador. Pode ser pessoa natural ou jurídica, como uma *holding*. É a pessoa que por vários artifícios consegue impor suas diretrizes às diretrizes da companhia, graças à manipulação da maioria de votos na assembleia geral. Nas decisões da assembleia geral, 50% ou mais dos votos seguirão o voto do acionista controlador, de tal maneira que impera sua vontade. É possível que um só acionista seja detentor de mais da metade das ações, condição que lhe garante vitórias em qualquer votação. Não é necessário que isso aconteça para que possa um acionista exercer o controle da S.A.; é possível que ações estejam em mãos de parentes ou subservientes, cujo voto segue a diretriz do controlador.

Outra característica do acionista controlador é o poder de eleger a maioria dos administradores, apesar de que esse poder também é consequência do domínio sobre o voto da maioria das ações. Cuida a alínea *a*, do art. 116, do controle administrativo da companhia, além do controle político. O acionista controlador na atividade empresarial, como a produção e distribuição de produtos, graças a administradores de sua confiança e orientação. Referimo-nos à expressão *atividade empresarial* como um conjunto de *atos empresariais*, logicamente encadeados, com vista a um determinado objeto, ou seja, o objeto social da companhia. Todavia, não revela importância o fato de haver um acionista dominante nas decisões; exige a alínea *b* que ele realmente utilize seu poder de mando, que exerça efetiva influência no comportamento da companhia, que seja causa das atividades sociais.

O acionista controlador pode ser individual ou coletivo. A lei confere esse *status* a um grupo de acionistas que participem de *acordo de acionistas*, fenômeno societário que estará exposto no item seguinte deste trabalho. Desde que um grupo de acionistas, reunindo maioria de votos para determinadas decisões, adquiram força para dominar o comportamento da companhia, transforma-se num acionista controlador, muitas vezes não tendo um líder, mas o próprio acordo prevê decisões grupais.

7.6.2. Deveres do acionista controlador

O acionista controlador deve usar o poder com o fim de fazer a companhia realizar o seu objeto e cumprir sua função social. Tem deveres e responsabilidades para com os demais acionistas da empresa, os que nela trabalham e para com a comunidade em que atua. Deve respeitar e atender aos direitos e interesses dessa comunidade.

7.6.3. Exercício abusivo do poder de controle

A Lei não traz relação de atos atentatórios contra os deveres do acionista controlador, mas a Instrução CVM 323/200 aponta quinze modalidades de exercício abusivo do poder de controle de companhia aberta, sem prejuízo de outras previsões legais ou regulamentares, ou de outras condutas assim entendidas pela CVM. São esses quinze:

1. A denegação, sob qualquer forma, do direito de voto atribuído, como exclusividade, por lei, pelo estatuto ou por edital de privatização, aos titulares de ações preferenciais ou aos acionistas minoritários, por parte do acionista controlador que detenha ações da mesma espécie e classe das votantes.
2. A realização de qualquer ato de reestruturação societária, no interesse exclusivo do acionista controlador.
3. A alienação de bens do ativo, a constituição de ônus reais, a prestação de garantias, bem como a cessação, a transferência ou a alienação, total ou parcial, de atividades empresariais, lucrativas ou potencialmente lucrativas, no interesse preponderante do acionista controlador.
4. A obtenção de recursos por endividamento ou por meio de aumento de capital, com o posterior empréstimo desses recursos, no todo ou em parte, para sociedades sem qualquer vínculo societário com a companhia, ou que sejam coligadas ao acionista controlador ou por ele controladas, direta ou indiretamente, em condições de juros ou prazos desfavoráveis relativamente às prevalecentes no mercado, ou em condições incompatíveis com a rentabilidade média dos ativos da companhia.

5. A celebração de contratos de prestação de serviços, inclusive de gerência e de assistência técnica, com sociedades coligadas ao acionista controlador ou por ele controladas, em condições desvantajosas ou incompatíveis à de mercado.
6. A utilização gratuita, ou em condições privilegiadas, de forma direta ou indireta, pelo acionista controlador ou por pessoa por ele autorizada, de quaisquer recursos, serviços ou bens de propriedade da companhia ou de sociedades por ela controladas, direta ou indiretamente.
7. A utilização de sociedades coligadas ao acionista controlador ou por ele controladas, direta ou indiretamente, como intermediárias na compra e venda de produtos ou serviços prestados junto aos fornecedores e clientes da companhia, em condições desvantajosas ou incompatíveis às de mercado.
8. A promoção de diluição injustificada dos acionistas não controladores, por meio de aumento de capital em proporções quantitativamente desarrazoadas, inclusive mediante a incorporação, sob qualquer modalidade, de sociedades coligadas ao acionista controlador ou por ele controladas, ou na fixação do preço de emissão das ações em valores substancialmente elevados em relação à cotação de bolsa ou de mercado de balcão organizado.
9. A promoção de alteração do estatuto da companhia, para a inclusão do valor econômico como critério de determinação do valor de reembolso das ações dos acionistas dissidentes de deliberação da assembleia geral, e a adoção, nos doze meses posteriores à dita alteração estatutária, de decisão assemblear ao que teriam direito os acionistas dissidentes se considerado o critério anterior.
10. A obstaculização, por qualquer modo, direta ou indiretamente, à realização da assembleia geral convocada por iniciativa do conselho fiscal ou de acionistas não controladores.
11. A promoção de grupamento de ações que resulte em eliminação de acionistas sem que lhes seja assegurada,

pelo acionista controlador, a faculdade de permanecerem integrando o quadro acionário com, pelo menos, uma unidade nova de capital, caso esses acionistas tenham manifestado tal intenção no prazo estabelecido na assembleia geral que deliberou o grupamento.
12. A instituição de plano de opção de compra de ações, para administradores ou empregados da companhia, inclusive com a utilização de ações adquiridas para manutenção em tesouraria, deixando a exclusivo critério dos participantes do plano o momento do exercício da opção e sua venda sem o efetivo comprometimento com a obtenção de resultados, em detrimento da companhia e dos acionistas minoritários.
13. A compra ou a venda de valores mobiliários de emissão da própria companhia, de forma a beneficiar um único acionista ou grupo de acionistas.
14. A compra ou a venda de valores mobiliários em mercado, ou privadamente, pelo acionista controlador ou pessoas a ele ligadas, direta ou indiretamente, sob qualquer forma, com vistas à promoção, pelo acionista controlador, do cancelamento do registro de companhia aberta.
15. A aprovação, por parte do acionista controlador, da constituição de reserva de lucros que não atenda aos pressupostos para essa constituição, assim como a retenção de lucros sem que haja um orçamento que, circunstancialmente, justifique essa retenção.

A prática dos atos acima referidos constitui infração grave, estando sujeitos às penalidades previstas em lei os administradores da companhia, os integrantes de seus órgãos técnicos ou consultivos, bem como quaisquer pessoas naturais ou jurídicas que tenham concorrido para a prática desses atos.

7.6.4. *Responsabilidades do acionista controlador*

Como age por seus prepostos, é preciso responsabilizá-lo por determinados atos, tarefa difícil, mormente se a S.A. tiver sugestivo número de ações e de acionistas. O art. 137 prevê a responsabilidade do acionista controlador por danos que causar à companhia se abusar de seus poderes, e, em seguida, relaciona diversos atos praticados com abuso de poder. Trata-se, porém, de atos efetivamente praticados pelo acionista controlador, mas não os atos praticados por seus *testas de ferro*. Se não bastasse a dificuldade em identificar o acionista controlador, ao revés, sobram facilidades para a defesa do responsável. Por exemplo, a alínea *d* aponta a eleição, pelo acionista controlador, de administrador ou membro do conselho fiscal que sabe ser inapto moral ou tecnicamente. Caberá no caso a comprovação efetiva de que o acionista controlador usou seus poderes para eleger esse administrador, se ele tinha plena ciência de que o administrador carecia de formação moral e técnica para o cargo e, ainda, até que ponto se comprova essa inaptidão.

Dizemos difícil, mas não impossível e a Lei das S.A. se houve bem na sua previsão. Destarte, um acionista controlador detém 70% do capital votante; apresenta numa assembleia o nome de um seu velho conhecido para o conselho de administração; esse candidato era um feirante semianalfabeto, condenado por vários crimes. Um fato dessa natureza não deve ser previsto facilmente; o acionista controlador, pela própria condição, presume-se um empresário de tirocínio e de experiência, mormente se for dotado de malícia e má-fé. Não se pode esperar que venha a cometer tantos deslizes, mesmo porque os prejuízos de medida semelhante poderiam vir em seu detrimento.

Nada obsta que haja um acionista controlador e é natural que assim aconteça. Contudo, investido desses poderes, deverá responder pessoalmente pelos atos da Cia. É uma atenuada aplicação da já estudada teoria da *disregard*, pois rompe brecha na distinção da personalidade jurídica da companhia e das pessoas que a compõem. Rompe brecha também na característica importante da S.A., de que a responsabilidade do acionista fica limitada ao capital com que contribuiu; a responsabilidade do acionista controlador vai além, porquanto ele não se responsabiliza apenas por seus atos pessoais, mas pelos atos que a companhia praticar por influência dele. Por essa razão, a lei procura limitar o uso do poder de controle, no § único do art. 166, canalizando-se apenas para assegurar à companhia a consecução de seu objeto social, a segurança e eficácia de suas atividades empresariais, para a correta aplicação de seu estatuto.

Desvio do objeto social

Se, entretanto, a companhia desviar-se de seu objeto social, caminhar para a insolvência ou fracasso ou qualquer outro destino pouco louvável graças ao poder do acionista controlador, poderá ele responder pessoalmente pelos atos que ela tiver praticado. Se o acionista controlador ocupar também cargo nos órgãos diretivos da companhia, as responsabilidades de administrador se acumulam com as de acionista controlador. Outros administradores que tenham se comportado ilegalmente, por influência do acionista controlador, responderão solidariamente com ele pelas consequências. A lei procurou ser bem precisa quanto ao comportamento inadequado do acionista controlador, ou seja, quanto aos desvios do caminho traçado no parágrafo único do art. 116. Para tanto, o art. 117 elenca sete alíneas, apontando atos que representam desvios. Não se trata de *numerus clausus*; essa lista é apenas exemplificativa e não taxativa, pois haverá outros casos de comportamento inadequado, que possam causar prejuízos à companhia, e, em consequência, a outros acionistas ou a terceiros. São atos praticados com abuso de poder de controle e, portanto, ilegais.

Exercício abusivo de poder

São modalidades de exercício abusivo de poder, nos termos do § 1º do art. 117:

    a) Orientar a companhia para fim estranho ao objeto social ou lesivo ao interesse nacional, ou levá-la a favorecer outra sociedade, brasileira ou estrangeira, em prejuízo da participação dos acionistas minoritários nos lucros ou no acervo da companhia, ou da economia nacional;

    b) Promover a liquidação de companhia próspera, ou a transformação, incorporação, fusão ou cisão da companhia, com o fim de obter, para si ou para outrem, vantagem indevida, em prejuízo dos demais acionistas, dos que trabalham na empresa ou dos investidores em valores mobiliários emitidos pela companhia;

c) Promover alteração estatutária, emissão de valores mobiliários ou adoção de políticas ou decisões que não tenham por fim o interesse da companhia e visem a causar prejuízos a acionistas minoritários, aos que trabalham na empresa ou aos investidores em valores mobiliários emitidos pela companhia;

d) Eleger administrador ou fiscal que sabe inapto, moral ou tecnicamente;

e) Induzir, ou tentar induzir, administrador ou fiscal a praticar ato ilegal, ou, descumprindo seus deveres definidos nesta lei e no estatuto, promover, contra o interesse da companhia, sua ratificação pela assembleia geral;

f) Contratar com a companhia, diretamente ou por outrem, ou de sociedade na qual tenha interesse, em condições de favorecimento ou não equitativas;

g) Aprovar ou fazer aprovar contas irregulares de administradores, por favorecimento pessoal, ou deixar de apurar denúncia que saiba ou devesse saber procedente, ou que justifique fundada suspeita de irregularidade.

7.7. Acordo de acionistas

7.7.1. *Aspectos conceituais*

O acordo de acionistas, previsto no art. 118, com seu *caput* e onze parágrafos, é um ajuste feito entre vários acionistas, que formam um grupo, uma ala dentro da coletividade acionária, sobre determinado assunto. É estabelecido principalmente na venda de ações ou nas votações da assembleia geral. Por exemplo, um acionista celebra acordo com alguns outros, concedendo-lhes prioridade na compra de ações, ou, então, vários acionistas celebram acordo para eleger um deles para o Conselho de Administração.

Essa disposição é muito complexa e não tem sido bem recebida no Brasil e várias críticas lhe são feitas, por constituir uma política partidária dentro de uma coletividade. É um contrato visando a interesses dentro da sociedade, importado do direito norte-americano, ao que parece dos institutos do *polling agreement* ou *shareholders agreement* e *volting trust*, largamente utilizados naquele país. Nossa lei o acolheu e o *caput* do art. 118 diz que esse contrato, para ter validade perante a companhia, deverá ser arquivado nela. Deverá ser averbado nos livros de registro e nos certificados das ações para ser oponível a terceiros.

A natureza jurídica do acordo de acionistas é contratual: ele é um contrato celebrado entre as partes, podendo ser bilateral ou multilateral. Se não for cumprido, a parte prejudicada poderá demandar em juízo contra o infrator. É, porém, geralmente desnecessário, pois a própria Lei 6.404/76 diz que, nas condições previstas no acordo, os acionistas podem promover a execução específica das ações assumidas. E de resto, a própria companhia não poderá averbar qualquer operação realizada contra o acordo.

As obrigações ou ônus decorrentes desses acordos somente serão oponíveis a terceiros, depois de averbados nos livros de registro e nos certificados das ações, se emitidos.

No relatório anual, os órgãos da administração da companhia aberta informarão à assembleia geral as disposições sobre política de reinvestimentos de lucros e distribuição de dividendos, constantes de acordos de acionistas arquivados na companhia.

O acordo de acionistas cujo prazo for fixado em função de termo ou condição resolutiva somente pode se denunciado segundo suas estipulações.

7.7.2. *Finalidades*

O acordo de acionistas pode ser estabelecido com três finalidades, previstas pela lei: acordo para bloquear compra e venda de ações, de concessão de preferência para a aquisição de ações, e para o exercício do direito de voto.

7.7.3. *Compra e venda de ações*

O primeiro deles, acordo sobre a compra e venda de ações, restringe a circulabilidade das ações de acionista participante do acordo, o qual não poderá vendê-las sem a concordância dos demais participantes, durante o prazo do acordo. Se esse acordo estiver averbado nos livros da companhia, ela não poderá registrar a transferência se estiver em divergência com o que foi acordado.

As ações averbadas nos termos do acordo não poderão ser negociadas em bolsa ou no mercado de balcão, mas só a quem o acordo designar. Vamos citar o exemplo de uma companhia com capital de R$ 100.000,00.

40 pertencem a Ulpiano
20 pertencem a Modestino
20 pertencem a Papiniano
20 pertencem a Paulo.

Os quatro acionistas celebram acordo e o registram na companhia, estabelecendo que se Ulpiano vender suas ações, terá que ser 10 a Modestino, 10 a Papiniano e 10 a Paulo, sobrando 10 que Ulpiano poderá vender a quem quiser. Esse tipo de acordo é chamado de *acordo de bloqueio,* visto que acarreta o bloqueio das ações, submetendo sua transferência a condições. Se o acordo estiver registrado na companhia, decisão em contrário não será válida.

7.7.4. *Concessão de preferência*

O segundo tipo de acordo é o da concessão de preferência a certos acionistas para aquisição de ações, caso o titular delas tencione vender. Averbado esse contrato na companhia, está obrigado o dono dessas ações a oferecer a acionistas do acordo e, se eles não exercerem seu direito de preferência, poderá vendê-las a terceiros. Se a venda for realizada nos termos contrários ao acordo, a companhia não poderá registrar a transferência das ações.

É bem parecido com o anterior, mas o acionista poderá vender suas ações a hora que quiser. Porém, dará preferência a certas pessoas por determinado prazo. No exemplo dado, Modestino pode ter celebrado acordo com Papiniano, dando-lhe preferência na compra de suas ações; se Papiniano não exercer essa preferência no prazo constante do acordo, Modestino poderá vendê-las a quem quiser.

7.7.5. *Exercício do direito de voto ou do poder de controle*

Esse caso é mais complicado. Visa a comprometer antecipadamente a forma de votar em certas assembleias ou em certos casos específicos; é o chamado acordo de voto. É o caso, por exemplo, de um grupo de acionistas estabelecerem um acordo para eleger determinado administrador. A eleição desse administrador não implica que seja ele irremovível; submete-se ele ao estatuto da empresa, pois o acordo termina com sua eleição.

Digamos que haja acordo de acionistas para deliberar sobre aumento de capital e na votação um acionista do acordo vota em desacordo. Se isso acontecer, o presidente da assembleia ou do órgão colegiado de deliberação da companhia não computará o voto proferido com infração de acordo de acionistas devidamente arquivado.

O não comparecimento à assembleia ou às reuniões dos órgãos de administração da companhia, bem como as abstenções de voto de qualquer parte do acordo de acionistas ou de membros do conselho de administração eleitos nos termos do acordo de acionistas, assegurará à parte prejudicada o direito de votar com as ações pertencentes ao acionista ausente ou omisso. No caso de membro do conselho de administração, pelo conselheiro eleito com os votos da parte prejudicada.

7.7.6. *Representante dos acionistas do acordo*

Os acionistas vinculados a acordo de acionistas deverão indicar, no ato de arquivamento, representante para comunicar-se com a companhia, para prestar ou receber informações, quando solicitadas. A companhia poderá solicitar aos membros do acordo esclarecimento sobre suas cláusulas, e o representante é a pessoa mais adequada para atender a esses esclarecimentos. O próprio acionista indicará o representante, que poderá ser um dos membros do acordo, mas a lei não proíbe um estranho. É o elo entre a companhia e os acionistas do acordo.

Embora seja também chamado de síndico, sua função é diferente e não tem os mesmos poderes; não pode comparecer às reuniões em nome do acionista. É apenas um elo, um intermediário nos contatos entre os acionistas e a companhia.

8. ÓRGÃOS SOCIAIS DA S.A.

8.1. Poderes e deveres dos órgãos
8.2. Assembleia Geral
    8.2.1. Órgão soberano
    8.2.2. Competência privativa
    8.2.3. Espécies de Assembleia Geral
    8.2.4. Assembleia Geral Ordinária – AGO
    8.2.5. Assembleia Geral Extraordinária – AGE
    8.2.6. Direito de retirada de acionista
    8.2.7. Normas gerais sobre as assembleias
    8.2.8. *Quorum* de instalação
    8.2.9. Legitimação e representação
    8.2.10. Livro de Presença e mesa dos trabalhos
    8.2.11. *Quorum* da deliberação
    8.2.12. Ata da assembleia
8.3. Diretoria

8.4. Conselho de Administração
- **8.4.1.** Constituição e funcionamento do Conselho de Administração
- **8.4.2.** Competência do Conselho de Administração
- **8.4.3.** Voto múltiplo

8.5. Conselho Fiscal
- **8.5.1.** Funcionamento
- **8.5.2.** Composição
- **8.5.3.** Perfil do conselheiro fiscal
- **8.5.4.** Competência do Conselho Fiscal
- **8.5.5.** Responsabilidade do Conselho Fiscal

8.1. Poderes e deveres dos órgãos

O moderno direito empresarial fundamenta-se principalmente na teoria da empresa, o centro de interesse para o qual as normas jurídicas se dirigem. A empresa, no sentido do art. 2.082 do Código Civil italiano, é quem exerce profissionalmente atividade econômica organizada para a produção de bens e de serviços. A sociedade mercantil dá a estrutura jurídica da empresa e também adota, como a empresa, o sentido de organização. Que significado tem a expressão *organizada*, encontrada no art. 2.082 do Código Civil italiano? A questão é bem complexa e diversos elementos formam a organização empresarial. Podemos, sob certos ângulos, dizer que a atividade econômica organizada implica a deliberação, decisão, execução e controle, seguindo esteira de Fayol.

A S.A., como empresa destinada a grandes empreendimentos e complexas atividades, só agirá com segurança se for cientificamente organizada. Organização significa também divisão e oposição de poderes, divisão distribuída em vários órgãos sociais. Na S.A. cada órgão social tem um determinado tipo de poderes e cada um cumpre suas funções na organização societária. São quatro os órgãos previstos pela lei para a divisão dos poderes na companhia: assembleia geral, conselho de administração, diretoria e conselho fiscal. A assembleia geral representa o poder deliberativo e das decisões básicas; o conselho de administração é órgão misto de deliberação, planejamento e orientação; a diretoria é órgão de ação, de representação da sociedade perante a comunidade, do exercício das atividades operacionais; o conselho fiscal é órgão de controle.

Esses órgãos são independentes e de funções geralmente privativas, proibindo o art. 139 que as atribuições e poderes conferidos por lei aos órgãos de administração possam ser outorgados a outro órgão, criado por lei ou pelo estatuto. Consideram-se propriamente como administradores da companhia os membros do conselho de administração e da diretoria. Os membros do conselho fiscal não podem ser considerados administradores, mas equiparam-se a eles em vários aspectos: têm direito a uma remuneração e deveres e responsabilidade análogos. Os acionistas também não podem ser considerados administradores, pois não exercem a administração, embora devam com ela colaborar e fazer julgamento dela. Pode-se dizer que a assembleia geral é um órgão político e o conselho fiscal um órgão técnico, enquanto os órgãos verdadeiramente administradores são o Conselho de Administração e a Diretoria.

A Lei da S.A. traça para todos os órgãos as funções básicas, os poderes, as obrigações e as responsabilidades, embora haja muitos deveres comuns. Os principais deles são éticos, pois que sobre eles repousam os demais deveres. Impõe-se que os administradores sejam diligentes no exercício de suas funções (art. 153). Essa diligência implica agir com cuidado ativo, interesse e presteza; empregar os esforços e meios necessários à consecução do objeto social da companhia, satisfazendo ainda às exigências do bem comum. Deve o administrador ter em sua consciência os princípios do homem probo, expressos na máxima de Ulpiano: *Honeste vivere, neminem laedere, suum cuique tribuere*.

O segundo dever, de caráter ético, expresso no art. 154, é o de utilizar os poderes, que lhe são outorgados, de forma equilibrada e na observância deles. Aplica-se-lhe a teoria da *ultra vires societatis*, dispondo que a capacidade da companhia está circunscrita ao seu objeto social. Representam desvio do objeto e afrontam o princípio da *ultra vires societatis* atos como a companhia dar aval a um título de crédito de outra empresa, descontar duplicata de outra empresa, emprestar ou tomar emprestados bens, por influência de seu administrador. Exorbitou-se o administrador de seus poderes e exorbitou-se a companhia de sua capacidade. São atos de liberalidade à custa da companhia, praticados por influência do administrador, vedados pela lei.

O dever de lealdade à companhia, aos acionistas e aos investidores, previsto no art. 155, impõe aos administradores a observação do sigilo sobre as operações empresariais e sobre a política societária. São atos desleais e passíveis de responsabilidade o administrador aproveitar-se de oportunidades de negócios proporcionadas pela companhia, tornando-se assim sócio da empresa que administra. Ou, então, sabendo das intenções da companhia na emissão de valores mobiliários cuja flutuação de preço o administrador prevê, graças ao cargo que ocupa, prevarica em cima dela. Torna-se ele um *insider trading*. Às vezes, o administrador não usa a diligência exigida, omitindo-se ou deixando de atuar, acarretando à companhia a perda de transações úteis, como, por exemplo, participar de uma concorrência.

Enquanto o art. 155 impõe o sigilo de certas informações, o art. 157 impõe o rompimento do sigilo em outras. É o dever de revelar fatos que deixam transparecer a segurança e a lisura do comportamento da companhia, que valorizam os valores mobiliários de sua emissão no mercado de capitais. Esse processo de fornecimento de informações é também oriundo do direito norte-americano, com o instituto da *disclosure*. Por isso, o administrador, ao assistir ao termo de sua posse, deve declarar os valores mobiliários que ele possui da companhia e suas relações contratuais com ela, como os benefícios e vantagens que esteja recebendo. Deve ser definido, às claras, o relacionamento entre a companhia e seus administradores.

8.2. Assembleia Geral

8.2.1. *Órgão soberano*

A assembleia geral é o órgão mais soberano da companhia, pois suas decisões não são submetidas à apreciação dos demais órgãos; ao revés, os demais órgãos estão sob a apreciação dela. É a reunião dos acionistas que tenham direito a voto, quando poderão exercer poderes mais sugestivos, graças ao seu poder de voto. Entre os direitos primordiais do acionista está o de participar da assembleia geral e nela votar e ser votado; a cada ação ordinária corresponde um voto nas deliberações da assembleia geral, segundo o art. 110. Somente os titulares de ações nominativas, endossáveis e escriturais poderão exercer o direito de voto; é possível, porém, que os titulares de ações preferenciais também possam ter o mesmo direito, se o estatuto assim prescrever. As funções da assembleia geral estão regulamentadas nos arts. 121 a 137, devendo ser convocada e instalada de acordo com o estatuto.

8.2.2. *Competência privativa*

Ela tem poderes para decidir todos os negócios relativos ao objeto da companhia e todas as resoluções que julgar conveniente à sua defesa e desenvolvimento. O Conselho de Administração tem sua competência, mas não privativa, pois o que pode o Conselho de Administração pode a AG; seus poderes são superiores, até mesmo o de destituir seus membros.

Há poderes que são exclusivos dela; compete-lhe privativamente reformar o estatuto, eleger ou destituir os administradores, examinar e deliberar sobre a prestação de contas da administração, autorizar a emissão de debêntures e partes beneficiárias e outras funções. Se a administração for pedir concordata ou confessar falência, só poderá fazê-lo com a aprovação da assembleia geral. Igualmente se promover a transformação da S.A. em outro tipo societário, fusão com outra sociedade, incorporação ou cisão da companhia.

É bem ampla a competência da AG; aliás, podemos dizer que seja quase total. Há, ainda, algumas atribuições privativas da AG, que são as mais importantes e, por isso, só a ela cabe decidir, o que veremos em seguida.

    I. Reformar o estatuto social. É tarefa importante e delicada, pois altera a estrutura da empresa. Certas modificações na estrutura da companhia exigem reforma do estatuto, como modificação do capital, do domicílio, do objeto social, exigem, portanto, decisão pela AG.

    II. Eleger ou destituir a qualquer tempo os administradores e conselheiros fiscais da companhia, de acordo com o que dispuser o estatuto.

    III. Tomar anualmente as contas dos administradores e deliberar sobre as demonstrações financeiras por eles apresentadas. Aprova ou desaprova o relatório da Diretoria, o parecer do Conselho Fiscal, as demonstrações financeiras e adota as medidas que julgar necessárias.

    IV. Autorizar a emissão de Debêntures e Partes Beneficiárias, conforme vimos no Capítulo referente aos Valores Mobiliários.

    V. Suspender o exercício dos direitos do acionista que deixar de cumprir obrigação imposta pela lei ou pelo estatuto, cessando a suspensão logo que cumprida a obrigação.

    VI. Deliberar sobre a avaliação de bens com que o acionista concorrer para a formação do capital social.

    VII. Deliberar sobre transformação, fusão, incorporação e cisão da companhia, sua dissolução e liquidação, eleger e destituir os liquidantes e julgar-lhes as custas.

    VIII. Autorizar os administradores a confessar estado pré-falimentar e requerer a Recuperação Judicial. Em caso de urgência, a confissão de estado pré-falimentar ou o pedido de Recuperação Judicial poderá ser formulado pelos administradores com a concordância do acionista controlador, se houver, convocando-se a AG para manifestar-se sobre a matéria.

8.2.3. *Espécies de Assembleia Geral*

Há dois tipos de Assembleia Geral: a ordinária e a extraordinária.

8.2.4. *Assembleia Geral Ordinária – AGO*

A ordinária realiza-se anualmente, após o término do exercício social, realizando-se no prazo de quatro meses após o término. A AGO examinará o relatório das atividades operacionais da companhia, apresentado pelos administradores, as demonstrações financeiras e demais documentos sobre a administração do exercício social. Cabe-lhe aprovar ou reprovar as contas apresentadas. Decide sobre a aplicação dos lucros líquidos do exercício: quanto será distribuído aos acionistas e o que irá para reserva. Quando for a ocasião, elege os membros do Conselho Fiscal. A matéria examinada pela AGO é prevista em quatro incisos do art. 132. Para que os acionistas possam conhecer a matéria a ser discutida na AGO, os administradores deverão lhes comunicar, com prazo mínimo de um mês da realização da assembleia, que os documentos estão à disposição dos acionistas para exame.

As questões *ordinárias*, da competência da AGO, são as regulares e costumeiras, que forçosamente ocorrem todo ano; são elas previstas no art. 132. É estabelecida pelo estatuto para tomar quatro decisões e é realizada uma vez por ano, nos quatro primeiros meses após o término do exercício social. Os quatro temas da AGO são os seguintes:

    I. Tomar as contas dos administradores, examinar, discutir e votar as demonstrações financeiras.

    II. Deliberar sobre a destinação dos lucros líquidos do exercício e a distribuição de dividendos.

    III. Eleger os administradores e os membros do Conselho Fiscal, quando for o caso.

    IV. Aprovar a correção da expressão monetária do capital social.

Os administradores devem comunicar, até um mês antes da data marcada para a realização da AGO, por anúncios, que se acham à disposição dos acionistas o relatório da administração sobre os negócios sociais e os principais fatos administrativos do exercício findo; a cópia das demonstrações financeiras; o parecer do Conselho Fiscal, inclusive votos dissidentes, se houver; e os demais documentos pertinentes a assuntos incluídos na ordem do dia da assembleia.

A comunicação acima citada será feita por anúncios que indiquem o local ou locais em que os acionistas poderão obter cópias desses documentos. A companhia remeterá cópia desses documentos aos acionistas que o pedirem por escrito, e serão publicados até cinco dias, pelo menos, antes da data marcada para a realização da assembleia.

A assembleia que reunir a totalidade dos acionistas poderá considerar sanada a falta de publicação dos anúncios ou a inobservância dos prazos; mas é obrigatória a publicação dos documentos antes da realização da assembleia. A publicação dos anúncios é dispensável quando os documentos são publicados até um mês antes da data marcada para a realização da AGO.

Instalada a assembleia, será procedida, se requerida por qualquer acionista, a leitura dos documentos e do parecer do Conselho Fiscal, se houver, os quais serão submetidos pela mesa à discussão e votação. Os administradores da companhia, ou ao menos um deles, e o auditor independente, se houver, deverão estar presentes à assembleia para atender a pedidos de esclarecimentos de acionistas. Os administradores, porém, não poderão votar, como acionistas ou procuradores, os documentos. Esse critério não se aplica quando, nas sociedades fechadas, os diretores forem os únicos acionistas.

Se a assembleia tiver necessidade de outros esclarecimentos, poderá adiar a deliberação e ordenar diligências. Também, será adiada a deliberação, salvo dispensa dos acionistas presentes, na hipótese de não comparecimento de administrador, membro do Conselho Fiscal ou auditor independente. A aprovação, sem reserva, das demonstrações financeiras e das contas, exonera de responsabilidade os administradores e fiscais, salvo erro, dolo, fraude e simulação.

Se houver aprovação das demonstrações financeiras com modificação no montante do lucro do exercício ou no valor das obrigações da companhia, os administradores promoverão, dentro de 30 dias, e republicação das demonstrações, com as retificações deliberadas pela assembleia. Se a destinação dos lucros proposta pelos órgãos de administração não lograr aprovação, as modificações introduzidas constarão da ata da assembleia. Essa ata da AGO será arquivada na Junta Comercial e publicada.

8.2.5. *Assembleia Geral Extraordinária – AGE*

Ocorrem, entretanto, certas questões *extraordinárias*, ou seja, imprevistas e excepcionais, como é o caso de reforma de estatuto, emissão de debêntures ou partes beneficiárias, aumento de capital, incorporação ou fusão da companhia ou sua dissolução, mudança do objeto social, alteração do dividendo obrigatório, e outras mais. A votação da Assembleia Geral Extraordinária – AGE apresenta algumas variações em relação ao sistema da Assembleia Geral Ordinária – AGO, tendo em vista que as questões da assembleia geral extraordinária não são de rotina, mas representam muitas vezes mudanças na estrutura da companhia. Assim, as decisões da Assembleia Geral Ordinária se fazem pela maioria absoluta dos votos, mas da Assembleia Geral Extraordinária é adotado, para questões de relevância, o critério da metade das ações com direito a "voto", ou seja, não são os votos presentes à assembleia, mas a metade do capital com direito a voto.

Há ainda alguns aspectos sobre o *quorum* qualificado, quando forem decididas a criação de ações preferenciais ou aumento de classe de ações preferenciais existentes, sem guardar proporção com as demais classes de ações preferenciais, salvo se já previstos ou autorizados pelo estatuto; neste caso, a eficácia da deliberação depende de aprovação prévia ou da ratificação, em prazo improrrogável de um ano, por titulares da metade de cada classe de ações preferenciais prejudicadas, reunidos em assembleia especial convocada pelos administradores e instalada com as formalidades da lei 6.404/76. Igual critério também é adotado se houver deliberação sobre a alteração nas preferências, vantagens e condições de resgate ou amortização de uma ou mais classes de ações preferenciais, ou criação de nova classe mais favorecida.

Se a AGE decidir modificar o regime das ações preferenciais, tais como vimos acima, o acionista portador de ações preferenciais que se vir prejudicado poderá retirar-se da companhia, pois o regime que ele tinha escolhido quando as subscreveu era outro. Porém, só terá direito de retirada o titular de ações de espécie ou classe prejudicadas.

A CVM pode autorizar a redução do *quorum* previsto neste artigo no caso de companhia aberta com a propriedade das ações dispersa no mercado, e cujas três últimas assembleias tenham sido realizadas com a presença de acionistas representando menos da metade das ações com direito a voto. Neste caso, a autorização da CVM será mencionada nos avisos de convocação e a deliberação com *quorum* reduzido somente poderá ser adotada em terceira convocação.

Deverá constar da ata da assembleia que deliberar sobre as questões acima referidas, se não houver prévia aprovação, que a deliberação só terá eficácia após a sua ratificação pela assembleia especial.

A AGE que tiver por objeto a reforma do estatuto somente se instalará em primeira convocação com a presença de acionistas que representem dois terços, no mínimo, do capital com direito a voto, mas poderá instalar-se em segunda com qualquer número.

Os atos relativos a reformas do estatuto, para valerem contra terceiros, ficam sujeitos às formalidades de arquivamento e publicação, não podendo, todavia, a falta de cumprimento dessas formalidades ser oposta, pela companhia ou por seus acionistas, a terceiros de boa-fé. Os documentos pertinentes à matéria a ser debatida na Assembleia Geral Extraordinária – AGE deverão ser postos à disposição dos acionistas, na sede da companhia, por ocasião da publicação do primeiro anúncio de convocação da assembleia geral.

8.2.6. *Direito de retirada de acionista*

Conforme estamos falando, a AGE delibera sobre questões que implicam a reforma do estatuto e, portanto, a estrutura da companhia. Quando o acionista adquiriu suas ações, a companhia tinha um regime estrutural da conveniência dos acionistas e, se esse regime foi alterado sem concordância, eles têm o direito de retirar-se da sociedade, sendo respeitadas as normas de acionistas retirantes.

Já fizemos referência aos portadores de ações preferenciais, quando se muda o regime delas. Também no caso de fusão da companhia, sua incorporação em outra, ou participação em grupo de sociedades. Nesses casos, tem o acionista discordante o direito de retirar-se, embora não tenha esse direito o titular de ação espécie ou classe que tenha liquidez e dispersão no mercado.

O reembolso da ação deve ser reclamado à companhia no prazo de trinta dias contados da publicação da ata da assembleia. O direito de reembolso poderá ser exercido, ainda que o titular das ações tenha se abstido de votar contra a deliberação ou não tenha comparecido à assembleia. O acionista dissidente de deliberação da assembleia, inclusive o titular de ações preferenciais sem direito a voto, poderá exercer o direito de reembolso das ações de que, comprovadamente, era titular na data da primeira publicação do edital de convocação da assembleia, ou na data da comunicação do fato relevante objeto da deliberação, se anterior.

Nos dez dias subsequentes ao término do prazo, conforme o caso, contado da publicação da ata da assembleia geral ou assembleia especial que ratificar a deliberação, é facultado aos órgãos de administração convocar a assembleia geral para ratificar ou reconsiderar a deliberação, se entenderem que o pagamento do preço do reembolso das ações aos acionistas dissidentes que exercerem o direito de retirada porá em risco a estabilidade financeira da empresa. O direito de retirada do acionista que não o exercer no prazo fixado, decairá.

8.2.7. *Normas gerais sobre as assembleias*

Tanto a AGO como a AGE, afora as características especiais de cada uma, observam normas genéricas sobre o funcionamento das assembleias.

Convocação

As normas começam pela convocação. Compete ao Conselho Administrativo, se houver, ou aos diretores, observado o disposto no estatuto, convocar a AG. Também pode ser convocado pelo Conselho Fiscal se os órgãos de administração retardarem por mais de um mês a convocação da AGO, ou, então, a AGE quando há motivos graves justificando a realização dessa assembleia.

Poderá ainda, em certos casos, ser convocada por qualquer acionista, quando os administradores retardarem, por mais de 60 dias, a convocação nos casos previstos em lei ou no estatuto. Ou por acionistas que representem 5%, no mínimo, do capital social, quando os administradores não atenderem, no prazo de oito dias, a pedido de convocação que apresentarem, devidamente fundamentado, com indicação das matérias a serem tratadas. Ou, então, por acionistas que representem 5%, no mínimo, do capital votante, ou 5%, no mínimo, dos acionistas sem direito a voto, quando os administradores não atenderem, no prazo de oito dias, a pedido de convocação de assembleia para instalação do Conselho Fiscal.

A convocação será feita mediante anúncio publicado por três vezes, no mínimo, contendo, além do local, data e hora da assembleia, a ordem do dia, e, no caso de reforma do estatuto, a indicação da matéria.

A primeira convocação da AG deverá ser feita:
1. Na companhia fechada, com oito dias de antecedência, no mínimo, contado o prazo da publicação do primeiro anúncio. Não se realizando a assembleia, será publicado novo anúncio, de segunda convocação, com antecedência mínima de cinco dias.
2. Na companhia aberta, o prazo de antecedência da primeira convocação será de quinze dias e o da segunda convocação de oito dias.

Salvo motivo de força maior, a assembleia geral será realizada no edifício em que a companhia tiver a sede. Quando houver de efetuar-se em outro, os anúncios indicarão, com clareza, o lugar da reunião, que em nenhum caso poderá realizar-se fora da localidade da sede.

Nas companhias fechadas, o acionista que representar 5%, ou mais, do capital social, será convocado por telegrama ou carta registrada, expedidos com antecedência mínima de oito dias, desde que o tenha solicitado por escrito, à companhia, com a indicação do endereço completo e do prazo de vigência do pedido, não superior a dois exercícios sociais, e renovável. Essa convocação não dispensa a publicação do aviso, e sua inobservância dará ao acionista direito de haver, dos administradores da companhia, indenização pelos prejuízos. Independentemente das formalidades de que estamos falando, será considerada regular a Assembleia Geral a que comparecerem todos os acionistas.

A CVM – Comissão de Valores Mobiliários, poderá, a seu exclusivo critério, mediante decisão fundamentada de seu Colegiado, a pedido de qualquer acionista, e ouvida a companhia:

1. Aumentar, para até trinta dias, a contar da data em que os documentos relativos às matérias a serem deliberadas forem colocados à disposição dos acionistas, o prazo de antecedência de publicação do primeiro anúncio de convocação da Assembleia Geral de companhia aberta, quando ela tiver por objeto operações que, por sua complexidade, exijam maior prazo para que possam ser conhecidas e analisadas pelos acionistas.
2. Interromper, por até quinze dias, o curso do prazo de antecedência da convocação de AGE de companhia aberta, a fim de conhecer e analisar as propostas a serem submetidas à assembleia e, se for o caso, informar à companhia, até o término da interrupção, as razões pelas quais entende que a deliberação proposta à assembleia viola dispositivos legais ou regulamentares.

As companhias abertas com ações admitidas à negociação em bolsa de valores deverão remeter, na data da publicação do anúncio de convocação da assembleia, à bolsa de valores em que suas ações forem mais negociadas, os documentos postos à disposição dos acionistas para deliberação na AG.

8.2.8. Quorum *de instalação*

Ressalvadas as exceções previstas em lei, a assembleia geral será instalada, em primeira convocação, com a presença de acionistas que representem, no mínimo, um quarto do capital social com direito a voto. Em segunda convocação, será instalada com qualquer número. Os acionistas sem direito a voto podem comparecer à Assembleia Geral – AG, e discutir a matéria submetida à deliberação.

8.2.9. *Legitimação e representação*

As pessoas presentes à assembleia deverão provar a sua qualidade de acionista, observadas as seguintes normas:
1. Os titulares de ações nominativas exibirão, se exigido, documento hábil de sua identidade.
2. Os titulares de ações escriturais ou em custódia, além do documento de identidade, exibirão, ou depositarão na companhia, se o estatuto o exigir, comprovante expedido pela instituição financeira depositária.

O acionista pode ser representado na AG por procurador constituído há menos de um ano, que seja acionista, administrador da companhia ou advogado. Na companhia aberta, o procurador pode, ainda, ser instituição financeira, cabendo ao administrador de fundos de investimento representar os condôminos.

O pedido de procuração mediante correspondência ou anúncio publicado, sem prejuízo da regulamentação que sobre o assunto vier a baixar a CVM, deverá satisfazer a vários requisitos. Deverá conter todos os elementos informativos necessários ao exercício do voto pedido, e facultar ao acionista o exercício de voto contrário à decisão com indicação de outro procurador para o exercício desse voto. Deve ser dirigido a todos os titulares de ações cujos endereços constem da companhia. É facultado a qualquer acionista detentor de ações, com ou sem voto, que represente 0,5%, no mínimo, do capital social, solicitar relação de endereços dos acionistas.

8.2.10. *Livro de Presença e mesa dos trabalhos*

Antes de abrir-se a AG, os acionistas assinarão o *Livro de Presença*, indicando o seu nome, nacionalidade e residência, bem como a quantidade, espécie e classe das ações de que forem titulares.

Os trabalhos da assembleia serão dirigidos por mesa composta, salvo disposição diversa do estatuto, de presidente e secretário, escolhidos pelos acionistas presentes.

8.2.11. Quorum *da deliberação*

As deliberações da AG, ressalvadas as exceções previstas em lei, serão tomadas por maioria absoluta de votos, não se computando os votos em branco. O estatuto da companhia fechada pode aumentar o *quorum* exigido para certas deliberações, desde que especifique as matérias.

No caso de empate, se o estatuto não estabelecer procedimento de arbitragem e não contiver norma diferente, a assembleia será convocada, com intervalo mínimo de dois meses, para votar a deliberação, se permanecer o empate e os acionistas não concordarem em cometer a decisão a um terceiro, caberá ao Poder Judiciário decidir, no interesse da companhia.

Pelo exposto acima, renovamos nossa recomendação no sentido de que as divergências societárias sejam resolvidas de acordo com cláusula compromissória de submeter a decisão à arbitragem, sendo imprescindível que no estatuto da companhia haja sempre essa cláusula. Deve-se evitar, tanto quanto possível, recorrer-se ao Poder Judiciário.

8.2.12. *Ata da assembleia*

Dos trabalhos e deliberações da assembleia será lavrada, em livro próprio, ata assinada pelos membros da mesa e pelos acionistas presentes. Para validade da ata é suficiente a assinatura de quantos bastem para constituir a maioria necessária para as deliberações tomadas na assembleia. Da ata, serão tiradas certidões ou cópias autênticas para os fins legais.

A ata poderá ser lavrada na forma de sumário dos fatos ocorridos, inclusive dissidências e protestos, e conter a transcrição apenas das deliberações tomadas, desde que os documentos ou propostas submetidos à assembleia, assim como as declarações de voto ou dissidências, referidos na ata, sejam numerados seguidamente, autenticados pela mesa e por qualquer acionista que o solicitar, e arquivados na companhia. Ou então a mesa, a pedido de acionista interessado, autentique exemplar ou cópia de proposta, declaração de voto ou dissidência, ou protesto apresentado.

A AG da companhia aberta pode autorizar a publicação de ata com omissão das assinaturas dos acionistas. Se a ata não for lavrada na forma permitida, poderá ser publicado apenas o seu extrato, com o sumário dos fatos ocorridos e a transcrição das deliberações tomadas.

8.3. Diretoria

A Diretoria é órgão executivo; nela está a gerência da empresa. Os diretores acionam as atividades operacionais, com a administração direta os negócios sociais. São eles eleitos pelo Conselho de Administração e devem ser pessoas naturais. Uma pessoa jurídica pode ser acionista, mas não pode fazer parte dela. É possível, entretanto, que uma pessoa natural, componente de uma pessoa jurídica, seja eleita, porquanto não há necessidade de o diretor ser acionista. O diretor deve residir no Brasil.

Os diretores representam a companhia perante a comunidade; assumem obrigações e assinam por ela. Por isso, a eleição dos diretores deverá ser feita em reunião do Conselho de Administração, da qual se lavrará ata que deverá conter o nome completo e a qualificação dos diretores. A ata deverá ser registrada na Junta Comercial, e, após esse registro, a companhia regularizará a situação dos novos representantes legais junto aos bancos, órgãos públicos e demais entidades com que se relaciona. O número de diretores é fixado no estatuto, devendo haver no mínimo dois, com prazo de gestão fixado no estatuto, o qual não será superior a três anos.

Consoante o que fora analisado, é possível que uma companhia não tenha Conselho de Administração, mas sempre terá diretoria. Se houver Conselho de Administração, ele deverá eleger ou destituir os diretores; a diretoria é, portanto, um órgão ligado a ele. Se não houver Conselho de Administração, os diretores serão eleitos ou destituídos diretamente pela assembleia geral; serão os diretores subordinados então a ela. Como é permitida reeleição dos diretores, eles deverão fazer jus à confiança que lhes fora depositada.

O estatuto pode estabelecer que determinadas decisões, de competência dos diretores, sejam tomadas em reunião da Diretoria. Conforme vimos no Capítulo 9, referente aos livros societários, entre eles consta o *Livro de Atas das Reuniões da Diretoria*. As decisões colegiadas da Diretoria deverão constar desse livro.

No silêncio do estatuto e inexistindo deliberação do Conselho de Administração, competirão a qualquer Diretor a representação da companhia e a prática dos atos necessários ao seu funcionamento. Ele é assim o representante legal da empresa; ela fala por intermédio dele; assina documentos por meio dele. Nos limites de suas atribuições e poderes, é lícito aos diretores constituir mandatários da companhia, devendo ser especificados no instrumento os atos ou operações que poderão praticar e a duração do mandato, que, no caso de mandato judicial, poderá ser por prazo indeterminado.

É conveniente citar que a designação de diretor só cabe nas sociedades por ações, ou seja, a sociedade anônima e a sociedade de economia mista, não podendo existir nas outras. É realmente muito comum essa designação, até mesmo usada de forma inadequada na própria S.A. É o exercício e a faculdade de votar e ser votado. Quem investe fortemente seu dinheiro em ações de uma companhia é porque deseja ser seu diretor ou membro do Conselho de Administração.

Considera-se então diretor aquele que é eleito pela AG ou pelo Conselho de Administração, se a companhia tiver. Trata-se de cargo previsto no estatuto da companhia. Sua destituição se faz pela mesma forma, por AG ou pelo CA.

Se regime jurídico é, pois, estatutário, sendo elemento de confiança dos acionistas, tanto que é eleito por eles. Ele não é um empregado e não está submetido ao regime trabalhista da CLT, pois não é contratado, mas eleito. Não há contrato de trabalho. Além do mais, o empregado trabalha de acordo com as ordens do empregador; não é isto o que ocorre com o Diretor da S.A.

É possível, porém, que a companhia contrate um profissional assalariado, registrando-o como diretor; é um diretor convencional, não estatutário; ele é um contratado não eleito; é um tipo de gerentão. Apesar da homonímia, não se confundem esses dois tipos de diretores.

8.4. Conselho de Administração

8.4.1. *Constituição e funcionamento do Conselho de Administração*

O poder executivo na S.A. brasileira baseia-se em dois critérios: o unitário e o binário. As companhias que adotam o sistema unitário tem um só órgão executivo: a diretoria. As que adotam o sistema binário adotam dois órgãos: o Conselho de Administração e a Diretoria. As companhias abertas e as de capital autorizado terão, obrigatoriamente, os dois órgãos. As companhias fechadas poderão adotar o sistema binário, se assim dispuserem no estatuto. Assim sendo, a administração da companhia competirá, conforme dispuser o estatuto, ao conselho de administração e à diretoria, ou somente à diretoria (art. 138).

O Conselho de Administração é um órgão executivo, mas com alguma conotação política, tanto que são eleitos pelos acionistas e só pode fazer parte dele quem for acionista. O número de conselheiros será fixado pelo estatuto, com o mínimo de três, eleitos pela Assembleia Geral, com prazo de gestão inferior a três anos. São destituíveis a qualquer tempo. O estatuto estabelecerá o número de conselheiros, ou o mínimo e o máximo permitidos, e o processo de escolha e substituição do presidente do conselho pela assembleia ou pelo próprio conselho, e também o modo de substituição, o prazo de gestão, que não poderá ser superior a três anos.

É órgão de deliberação colegiada, ou seja, as decisões são tomadas por votação; por isso deverá ter número ímpar de membros. As atas das reuniões do Conselho de Administração devem ser registradas no livro próprio e na Junta Comercial.

8.4.2. Competência do Conselho de Administração

A principal função do Conselho de Administração é a de fixar a orientação geral dos negócios da companhia e exercer supervisão sobre a Diretoria. Elege e destitui os diretores, fiscaliza sua atuação, examinando e aprovando as contas e o relatório da administração e as contas da Diretoria, e os atos e contratos mais importantes, quando o estatuto assim o exigir. Delibera sobre a emissão de ações ou de bônus de subscrição. Convoca a AG quando julgar conveniente. Autoriza, se o estatuto não dispuser em contrário, a alienação de bens do ativo permanente, a constituição de ônus reais e a prestação de garantias a obrigações de terceiros. Escolhe e destitui os auditores independentes, se houver. A escolha ou destituição do auditor independente ficará sujeita a veto, devidamente fundamentado, dos conselheiros eleitos.

Serão arquivadas na Junta Comercial e publicadas as atas das reuniões do CA que contiverem deliberação destinada a produzir efeitos perante terceiros.

As atribuições e poderes conferidos por lei aos órgãos de administração não podem ser outorgados a outro órgão, criado por lei ou pelo estatuto. O estatuto definirá também as normas sobre convocação, instalação e funcionamento do conselho, que deliberará por maioria de votos, podendo o estatuto estabelecer *quorum* qualificado para certas deliberações, desde que especifique as matérias. O estatuto pode prever a participação no conselho de representantes dos empregados, escolhidos pelo voto destes, em eleição direta, organizada pela empresa, em conjunto com as entidades sindicais que os representem.

8.4.3. Voto múltiplo

Uma das mais importantes medidas de proteção aos minoritários foi a modificação do art. 141, dando novos contornos ao voto múltiplo, uma faculdade dada a eles para as eleições dos membros do CA. Pelo voto múltiplo são atribuídos a cada ação tantos votos quantos forem os cargos a serem preenchidos no CA. Por exemplo, se o acionista tiver 50 ações e a eleição for para três cargos, cada ação valerá 150 votos. Os acionistas poderão distribuir seus votos como lhes aprouver: poderá concentrar todos os votos em um só candidato ou distribuí-los entre vários candidatos.

É uma faculdade concedida aos minoritários, desde que representem no mínimo 10% do capital votante, de tal forma que eles devem se servir desse dispositivo, requerendo a adoção do voto múltiplo até 48 horas antes da AG. Essa é, em linhas gerais, o sistema de voto múltiplo, do qual daremos alguns exemplos, e depois iremos expor os pormenores que a própria lei nos traz.

> *1º exemplo:*
> - *Gama S.A. tem seu capital de R$ 100.000,00 dividido em 100 ações de R$ 1.000,00 cada.*
> - *Modestino é portador de 60 ações. Ulpiano é portador de 40 ações.*
> - *A eleição é para 5 membros do CA e, portanto, cada terá o seguinte número de ações:*
> - *As ações de Modestino valem 300 votos. As ações de Ulpiano valem 200 votos.*
> - *Há cinco cargos a serem preenchidos e Modestino distribui seus 300 votos entre os cinco, ficando cada um com 60 votos.*
> - *Ulpiano concentra todos os seus 200 votos em dois candidatos, cada um com 100 votos, o que lhes garante a eleição.*
> - *Haverá, então, um número proporcional de conselheiros, 3 de Modestino e 2 de Ulpiano.*
> - *Assim, Modestino pretendia eleger seus cinco candidatos e não conseguiu.*
>
> *2º exemplo:*
> - *Modestino concentra seus 300 votos em três candidatos: cada um tem 100 votos.*
> - *Ulpiano concentra seus 200 votos em dois candidatos, cada um ficando com 100 votos.*
> - *Assim, as duas partes ficaram satisfeitas.*

3º exemplo:
O capital de R$ 100.000,00 de Gama S.A. é dividido em partes desiguais:
- *Modestino tem 55 ações;*
- *Ulpiano tem 15 ações;*
- *Papiniano tem 20 ações;*
- *Gaio tem 10 ações;*
- *Haverá a eleição dos cinco membros do CA, ficando então os votos assim distribuídos: 275 para Modestino, 75 para Ulpiano, 100 para Papiniano e 50 para Gaio, ao todo 500.*

Modestino, mais prudente, vota só em três candidatos, conseguindo cada um 91,66 votos.
Ulpiano, Papiniano e Gaio votam em só dois, conseguindo cada um 116,66.

Destarte, o CA ficou constituído por três conselheiros de Modestino e dois dos outros. Se Modestino quisesse conseguir quatro conselheiros e os outros três também quatro, eles poderiam se dar mal, pois cada conselheiro de Modestino teria 68,6 e os outros quatro 56.

Na eleição dos conselheiros, é facultado aos acionistas que representem, no mínimo, um décimo do capital social com direito a voto, esteja ou não previsto no estatuto, requerer a adoção do processo de voto múltiplo, atribuindo-se a cada ação tantos votos quantos sejam os membros do Conselho, e reconhecido ao acionista o direito de cumular os votos num só candidato ou distribuí-los entre vários.

Essa faculdade deverá ser exercida pelos acionistas até 48 horas antes da AG, cabendo à mesa que dirigir os trabalhos da assembleia informar previamente aos acionistas, à vista do Livro de Presença, o número de votos necessários para a eleição de cada membro do Conselho.

Sempre que a eleição tiver sido realizada por esse processo, a destituição de qualquer membro do CA pela AG importará a destituição dos demais membros, procedendo-se a nova eleição. Nos demais casos de vaga, não havendo suplente, a primeira AG procederá à nova eleição de todo o Conselho. Somente poderão exercer esse direito os acionistas que comprovarem a sua titularidade ininterrupta da participação acionária ali exigida durante o período de três meses, no mínimo, imediatamente anterior à realização da AG. Em outras palavras, a eleição pelo sistema de voto múltiplo só é aplicada para a eleição de todo o Conselho; se houver, por exemplo, falecimento de um membro, não haverá voto múltiplo para a escolha de seu substituto.

Terão direito de eleger ou destituir um membro e seu suplente do CA, em votação em separado na AG, excluído o acionista controlador, a maioria dos titulares, respectivamente, de ações de emissão de companhia aberta com direito a voto, que representem, pelo menos, 15% do total das ações com direito a voto, e de ações preferenciais sem direito a voto ou com voto restrito de emissão de companhia aberta, que representem, no mínimo, 10% do capital social, que houverem exercido o direito previsto no estatuto. A companhia deverá manter registro com a identificação dos acionistas que exercerem essa prerrogativa.

Verificando-se que nem os titulares de ações com direito a voto, nem os titulares de ações preferenciais sem direito a voto ou com voto restrito perfizerem, respectivamente, o *quorum* exigido, será facultado a eles agregar suas ações para elegerem em conjunto um membro e seu suplente para o CA, observando-se o *quorum* exigido.

Sempre que, cumulativamente, a eleição do CA se der pelo sistema de voto múltiplo e os titulares de ações ordinárias ou preferenciais exercerem a prerrogativa de eleger conselheiro, será assegurado a acionista ou grupo de acionistas vinculados por acordo de votos que detenham mais do que 50% das ações com direito de voto o direito de eleger conselheiros em número igual ao dos eleitos pelos demais acionistas, mais um, independentemente do número de conselheiros que, segundo o estatuto, componha o órgão.

8.5. Conselho Fiscal

8.5.1. *Funcionamento*

O Conselho Fiscal – CF é um órgão de fiscalização, por conseguinte de controle, principalmente dos atos da diretoria sob o aspecto legal, fiscal e contábil. É um órgão de controle, como o Conselho de Administração, mas com funções mais restritas ao aspecto acima referido. Às vezes exerce seu poder de controle em conexão com o Conselho de Administração, elaborando pareceres que serão submetidos ao Conselho de Administração e tomará as medidas necessárias. Seus membros são eleitos pela assembleia geral, em número de três e máximo de cinco; estabelece-se assim a independência desse órgão face à diretoria e ao conselho de administração. Da mesma forma dos diretores, os membros do Conselho Fiscal devem ser pessoas naturais e residentes no Brasil.

A companhia terá um Conselho Fiscal e o estatuto disporá sobre seu funcionamento, de modo permanente ou nos exercícios sociais em que for instalado a pedido dos acionistas. É um órgão obrigatório, seja na companhia aberta seja na fechada. O CF, quando o funcionamento não for permanente, será instalado pela Assembleia Geral – AG, a pedido dos acionistas que representem, no mínimo, um décimo das ações com direito a voto, ou 5% das ações sem direito a voto. Cada período de funcionamento terminará na primeira AG ordinária após sua instalação. Vê-se que é um órgão obrigatório, mas de funcionamento facultativo; pode ser permanente, porém, pode ser instalado para um exercício, retraindo-se depois.

Trata-se de órgão auxiliar da AG, dando-lhe assessoria para facilitar a ela o julgamento da gestão da empresa. Sendo órgão obrigatório nem sequer precisa ser previsto no estatuto, mas este pode dispor sobre seu funcionamento. O estatuto dirá se é permanente ou temporário. Há, porém, um caso em que o CF terá funcionamento permanente de forma obrigatória: é na Sociedade de Economia Mista; nela um de seus membros será eleito pelas ações ordinárias minoritárias, e outro pelas ações preferenciais, se houver. A função de membro do CF é indelegável.

O pedido de funcionamento do CF, ainda que a matéria não conste do anúncio de convocação, poderá ser formulado em qualquer AG, que elegerá seus membros. O CF examinará os aspectos formais da administração da companhia, não os aspectos operacionais. Por exemplo: uma estratégia mercadológica não merecerá sua análise, mas apenas se essa estratégia se realizou dentro das normas da companhia: olha o aspecto disciplinar da questão.

8.5.2. *Composição*

O CF será composto de, no mínimo três e, no máximo cinco membros e suplentes em igual número, acionistas ou não, eleitos pela AG. Os titulares de ações preferenciais sem direito a voto, ou com voto restrito, terão direito de eleger, em votação separada, um membro e respectivo suplente. Direito igual terão os acionistas minoritários, desde que representem em conjunto 10% ou mais das ações com direito a voto. Os demais acionistas com direito a voto poderão eleger os membros efetivos e suplentes que, em qualquer caso, serão em número igual ao dos eleitos pelas ações preferenciais sem direito a voto.

Por exemplo, se o CF tiver cinco membros, serão eleitos:
- 1 pelas ações preferenciais sem direito a voto ou com voto restrito;
- 1 pelos acionistas minoritários;
- 2 pelas ações com direito a voto (se o CF tiver cinco membros seriam eleitos 3 pelas ações com direito a voto).

Vejamos uma situação diferente. Os acionistas com direito a voto tem 70% do capital; os acionistas preferenciais tem 25%, o que soma 95%. Os acionistas minoritários são apenas 5% do capital votante, portanto, inferior ao mínimo de 10% exigido para ter o direito de eleger um conselheiro. Assim sendo, a constituição do CF que deverá ser de três membros será assim:
- 2 eleitos pelos acionistas com direito a voto;
- 1 eleito pelos acionistas preferenciais.

Os membros do CF e seus suplentes exercerão seus cargos até a primeira AG que se realizar após a sua eleição, e poderão ser reeleitos.

8.5.3. *Perfil do conselheiro fiscal*

Somente podem ser eleitos para o CF pessoas naturais, residentes no País, diplomadas em curso de nível universitário, ou que tenham exercido, por prazo mínimo de três anos, cargo de administrador de empresas ou de conselheiro fiscal. Nas localidades em que não houver pessoas habilitadas, em número suficiente, para o exercício da função, caberá ao juiz dispensar a companhia da satisfação dos requisitos estabelecidos na LSA.

Como exercem funções de análise crítica das operações sociais, há necessidade de que possuam nível intelectual ou experiência empresarial. Por essa razão, a lei exige diploma universitário (não há essa exigência para membros da Diretoria ou do Conselho de Administração).

Há certos impedimentos para o exercício dessa função. Em linhas gerais são os mesmos para o de membros do Conselho de Administração: as pessoas impedidas por crime falimentar, de prevaricação, peita ou suborno, concussão, peculato, contra a economia popular, a fé pública ou a propriedade ou a pena criminal que vede, ainda que temporariamente, acesso a cargos públicos. São ainda inelegíveis para o cargo de conselheiro fiscal as pessoas inabilitadas por ato da CVM – Comissão de Valores Mobiliários.

A remuneração dos membros do CF, além do reembolso obrigatório, das despesas de locomoção e estada necessários ao desempenho da função, será fixada pela AG que os eleger, e não poderá ser inferior, para cada membro em exercício, a 10% da que, em média, for atribuída a cada diretor. Não se computam benefícios, verbas de representação e participação nos lucros.

Não podem ser empregados da companhia, pois não teriam independência; igualmente parentes de algum administrador. Na assembleia geral, quando forem julgadas as contas da administração, com o parecer do conselho fiscal, deverá comparecer a ela um representante do conselho fiscal, a fim de prestar esclarecimento sobre o parecer. O exame das funções e competência do Conselho Fiscal, previstas no art. 163, nos fará imaginar o grau de discernimento que deverá ser exigido do conselheiro fiscal.

8.5.4. *Competência do Conselho Fiscal*

As funções que competem ao conselho fiscal são bem amplas e foram descritas pelo art. 163, em oito incisos e sete parágrafos. Seu escopo primordial é o de fiscalizar a administração da companhia e se os administradores estão cumprindo fielmente seus deveres. Caso note alguma irregularidade, deverá o conselho fiscal apontá-la aos órgãos de administração e pedir sua correção. Se não for atendido, poderá convocar a assembleia geral para expor a questão. O relatório anual da administração, as demonstrações financeiras e outros documentos importantes a serem apresentados à assembleia geral passarão antes pelo crivo do Conselho Fiscal, que dará parecer sobre eles, incorporando-se o parecer à documentação entregue à assembleia. Vamos esquematizar melhor as funções que integram a competência do CF.

1. É sua primeira função fiscalizar, por qualquer de seus membros, os atos dos administradores e verificar o cumprimento dos seus deveres legais e estatutários. O nome de Conselho Fiscal já sugere a fiscalização, executando um tipo de auditoria. Examina, não a gestão em si da Diretoria, mas a legalidade dos atos de gestão.
2. Deve opinar sobre as propostas dos órgãos da administração, a serem submetidos à AG, relativas à modificação do capital social, emissão de debêntures ou bônus de subscrição, planos de investimento ou orçamentos de capitalização, distribuição de dividendos, transformação, incorporação, fusão ou cisão.
3. Opina também sobre o relatório anual da administração, fazendo constar do seu parecer as informações complementares que julgar necessárias ou úteis à deliberação da AG. O parecer do CF é então remetido, junto com o relatório da Diretoria e as demonstrações financeiras, para o exame conjunto da AG.

4. Vai denunciar, por qualquer dos seus membros, aos órgãos de administração e, se eles não tomarem as providências necessárias para a proteção dos interesses da companhia, denunciará diretamente à AG os erros, fraudes ou crimes que descobrirem, e sugerir providências úteis à companhia.
5. Se denunciar motivos graves e urgentes para que os órgãos de administração convoquem a AG extraordinária para examinar as denúncias e eles retardarem a convocação por mais de um mês, o CF convocará a AG. Se o parecer com denúncia de erro grave deveria ser examinado na AG ordinária, e os órgãos de administração retardarem a convocação por mais de um mês, o CF tem competência para fazer a convocação.
6. Analisará, ao menos trimestralmente, o balancete e demais demonstrações financeiras elaboradas periodicamente pela companhia. Faz, assim, o acompanhamento permanente das demonstrações financeiras da companhia e não apenas no final do exercício.
7. Examinará as demonstrações financeiras do exercício social e opinará sobre elas, dando o parecer que será encaminhado em apenso à AG.
8. Exercerá todas essas atribuições, durante a liquidação, caso a companhia entre nessa fase, tendo em vista as disposições especiais que a regulam.

Os órgãos de administração obrigam-se a colocar à disposição dos membros em exercício do CF, dentro de dez dias, cópias das atas de suas reuniões. Deverá fazer essa colocação por escrito. E no prazo de quinze dias, cópias dos balancetes e demais demonstrações financeiras elaboradas periodicamente e, quando houver, dos relatórios de execução de orçamento.

O CF, a pedido de qualquer dos seus membros, solicitará aos órgãos de administração esclarecimentos ou informações, desde que relativas à sua função fiscalizadora, assim como a elaboração de demonstrações financeiras ou contábeis especiais.

Os membros do CF assistirão às reuniões do Conselho de Administração se houver, ou da Diretoria, em que se deliberar sobre os assuntos em que devam opinar. É mais obrigação do que direito, pois é um órgão de assessoramento e, às vezes, ele se faz necessário na ocasião das reuniões.

Se a companhia tiver auditores independentes, o CF poderá, para melhor desempenho das duas funções, escolher contador ou empresa de auditoria e fixar-lhes os honorários, dentro de níveis razoáveis, vigentes na praça e compatíveis com a dimensão econômica da companhia, os quais serão pagos por ela. Embora o CF e a empresa de administração executem funções parecidas, é de toda utilidade a presença dos dois. Ainda que a companhia seja assessorada por empresa de auditoria, a presença do CF é obrigatória e o exercício de suas funções.

O CF deverá fornecer ao acionista, ou grupo de acionistas que representem, no mínimo, 5% do capital social, sempre que solicitadas, informações sobre matérias de sua competência.

O CF poderá, para apurar fato cujo esclarecimento seja necessário ao desempenho de suas funções, formular com justificativa questões a serem respondidas por peritos. Poderá solicitar à Diretoria que indique, para esse fim, no prazo máximo de trinta dias, três peritos, que podem ser pessoas físicas ou jurídicas, de notório conhecimento na área em questão, entre os quais o CF escolherá um, cujos honorários serão pagos pela companhia. Poderia ser um contador, um avaliador, um mercadólogo, um pesquisador de mercado, um operador da Bolsa ou outro especialista.

8.5.5. *Responsabilidade do Conselho Fiscal*

A princípio, os membros do CF estão sujeitos ao mesmo sistema de ética, deveres e responsabilidades que os membros do Conselho de Administração. Respondem pelos danos resultantes de omissão no cumprimento de seus deveres e de atos praticados com culpa ou dolo, ou com violação da lei e do estatuto.

Eles deverão exercer suas funções no exclusivo interesse da companhia. Será considerado abusivo o exercício de função com o fim de causar dano à companhia ou aos seus acionistas ou administradores, ou de obter, para si ou para outrem, vantagem a que não faz jus e de que resulte, ou possa resultar, prejuízo para a companhia, seus acionistas ou administradores.

O membro do CF não é responsável pelos atos ilícitos de outros membros, salvo se com eles foi conivente, ou se concorrer para a prática do ato.

A responsabilidade dos membros do CF por omissão no cumprimento de seus deveres é solidária, mas dela se exime o membro dissidente que fizer consignar sua divergência em ata de reunião do órgão e comunicar aos órgãos de administração e à AG.

Os membros do CF da companhia aberta deverão informar imediatamente as modificações em suas posições acionárias na companhia à Comissão de Valores Mobiliários e à Bolsa de Valores ou entidade do mercado de balcão organizado nas quais estejam admitidos à negociação, nas condições e na forma determinadas pela CVM.

9. OS ADMINISTRADORES DA COMPANHIA

9.1. O papel do administrador
9.2. Requisitos e impedimentos para essa função
9.3. Garantia de gestão
9.4. Investidura e renúncia
9.5. Remuneração do administrador
9.6. Deveres do administrador
    9.6.1. Dever de diligência
    9.6.2. Dever de apego aos objetivos da companhia
    9.6.3. Abuso do poder
    9.6.4. Dever de lealdade
    9.6.5. Dever de informar
    9.6.6. O *insider trading*
9.7. Responsabilidade dos administradores
9.8. Ação de responsabilidade

9.1. O papel do administrador

O administrador é quem administra a S.A. e a representa perante terceiros. Henry Fayol, criador da moderna ciência da administração, disse que a administração consta de várias fases, sendo as principais a de planejar, organizar, executar, controlar. O administrador da companhia planeja suas atividades, organiza-as coordenando os diversos fatores de produção, executa as tarefas da gestão administrativa, e controla tudo o que ele faz, ou seja, avalia o que foi feito. O Conselho Fiscal é também um órgão de controle, mas controla a administração da companhia, não as atividades empresariais, vale dizer, controla o administrador.

Afora essas funções, o administrador é o representante legal da empresa perante terceiros: ele atende às pessoas, estabelece contatos em nome da empresa, assina cheques e contratos e assume compromissos pela empresa. Por isso é chamado de seu representante legal. O administrador é a empresa que fala.

Perante o Direito do Trabalho ele admite, assalaria e dispensa empregados para a empresa e deve ser seu preposto perante a Justiça do Trabalho, embora possa delegar essa função. Ele dirige a prestação pessoal de serviços executados pelos empregados e distribui as tarefas. Ele gere a empresa, faz os fatos acontecerem e assume a responsabilidade perante a empresa pelos atos que praticar. É comum o administrador de empresas, inclusive S.A., ter mandado de prisão e ter seus bens penhorados por atos que praticaram como administradores de sua empresa. Em março de 2009, vários administradores de uma grande construtora foram presos, por serem responsabilizados por atos de gestão. A administradora de um grande magazine foi presa e condenada a 94 anos de prisão por atos praticados na administração de sua empresa.

Quem exerce essas funções são os membros da Diretoria e do Conselho de Administração: quanto a esses últimos, o próprio nome do órgão sugere: Conselho de Administração. Os membros dos outros órgãos não podem ser considerados administradores, pois não praticam os atos acima descritos: não exercem a gestão administrativa da empresa.

9.2. Requisitos e impedimentos para essa função

As normas relativas a requisitos, impedimentos, investidura, remuneração, deveres e responsabilidades dos administradores aplicam-se a conselheiros e diretores.

Poderão ser eleitos para membros dos órgãos de administração pessoas naturais, devendo os membros do Conselho de Administração ser acionistas e os diretores acionistas ou não. Órgãos de administração, conforme acabamos de ver, são a Diretoria e o Conselho de Administração. O diretor, por exercer função mais de ordem técnica, não precisa ser acionista. É o caso de um engenheiro químico, especializado na atividade da empresa e será o diretor-industrial, para dirigir as atividades operacionais. Não seria problema de difícil solução, pois basta dar a ele uma ação e ele já seria enquadrado na posição de acionista; esta ação poderia, por exemplo, custar R$ 1,00.

Só poderá ser eleito administrador uma pessoa natural, o que não impede que uma empresa participe da administração da companhia. É o caso, por exemplo, de SIGMA S.A. acionista de ZETA S.A. em 30% das ações; com esse poder de voto SIGMA S.A. poderá eleger alguém de sua confiança em algum órgão de administração de ZETA S.A. Entretanto, o eleito não poderá fazer parte da administração de SIGMA S.A. por estar em impedimento.

É interessante notar que os diretores precisam residir no País, mas não há essa exigência para os conselheiros. Justifica-se pelo fato de o diretor ser elemento de execução, de linha de frente; necessita estar à testa de todas as ocorrências da atividade de gestão. O conselheiro é mais um homem de retaguarda, não sendo exigido na vida cotidiana, razão pela qual sua presença diária na empresa não é imprescindível.

A ata da Assembleia Geral – AG, ou da reunião do Conselho de Administração que eleger administradores deverá conter a qualificação e o prazo de gestão de cada um dos eleitos, devendo ser arquivada na Junta Comercial e publicada. A posse do conselheiro residente ou domiciliado no exterior fica condicionada à constituição do representante legal residente no País; esse representante deverá ter poderes para receber citação em ações contra ele propostas com base na legislação societária, mediante procuração com prazo de validade que deverá estender-se por, no mínimo, três anos após o término do prazo de gestão do conselheiro. Quando a lei exigir certos requisitos para a investidura em cargo de administrador da companhia, a AG somente poderá eleger quem tiver exibido os necessários comprovantes, dos quais se arquivará cópia autêntica na sede social.

São inelegíveis para os cargos de administração da companhia as pessoas impedidas por lei especial, ou condenadas por crime falimentar, de prevaricação, peita ou suborno, concussão, peculato, contra a economia popular, a fé pública ou a propriedade ou a pena que vede, ainda que temporariamente, o acesso a cargos públicos. São ainda inelegíveis para os cargos de administração de companhia aberta as pessoas declaradas inabilitadas por ato da CVM.

O conselheiro deve ter reputação ilibada, não podendo ser eleito, salvo dispensa da assembleia, aquele que ocupar cargos em sociedades que possam ser consideradas concorrentes no mercado, em especial, em conselhos consultivos, de administração ou fiscal; e também aquele que tiver interesse conflitante com a sociedade. Neste critério, não poderá o Diretor de uma companhia ser membro do Conselho Fiscal de outra que possa exercer atividades semelhantes, pois poderia surgir conflito de interesses por parte do administrador que quisesse favorecer uma delas.

A comprovação do cumprimento dessas isenções de interesses será efetuada por meio de declaração firmada pelo conselheiro eleito, de acordo com as instruções baixadas pela CVM.

9.3. Garantia de gestão

O estatuto pode estabelecer que o exercício do cargo de administrador deve ser assegurado pelo titular ou por terceiro, mediante penhor de ações da companhia ou outra garantia. A garantia só será levantada após aprovação das últimas contas apresentadas pelo administrador que houver deixado o cargo.

Ao assumir o cargo, o administrador deverá entregar à companhia em caução as ações que possuir ou, pelo menos, determinado número de ações que constitua uma garantia pela lisura de seus atos ou que possa cobrir os possíveis prejuízos que ele possa causar por atos temerários ou praticados por abuso de poder. Poderá, entretanto, outro acionista oferecer ações por ele.

9.4. Investidura e renúncia

Os administradores, isto é, conselheiros e diretores, serão investidos nos seus cargos mediante assinatura de termo de posse no livro de atas do Conselho de Administração ou da Diretoria, conforme o caso. Vamos recordar um pouco essa questão; a companhia poderá ter um sistema de administração binário ou unitário. O sistema unitário é o formado por um só órgão: a Diretoria, que é órgão obrigatório. O sistema binário é formado pelos dois órgãos de administração: A Diretoria e o Conselho de Administração – CA.

Assim sendo, se houver um só órgão, ou seja, a Diretoria, os diretores deverão ser eleitos pela AG e sua posse se dá por termo lavrado no *Livro de Atas da Diretoria*. Se o sistema adotado pela companhia for o binário, os administradores, tanto os diretores como os membros do CA serão empossados por termo lavrado no *Livro de Atas do Conselho de Administração*. No sistema binário os diretores são eleitos pelo CA e os membros do CA pela AG. Se o termo não for assinado nos trinta dias seguintes à nomeação, ela não terá efeito, salvo justificação aceita pelo órgão da administração para o qual tiver sido eleito.

O termo de posse deverá conter, sob pena de nulidade, a indicação de pelo menos um domicílio no qual o administrador receberá as citações e intimações em processos administrativos e judiciais relativos a atos de sua gestão, as quais serão reputadas cumpridas, mediante entrega no domicílio indicado, o qual somente poderá ser alterado mediante comunicação por escrito à companhia.

A renúncia do administrador se tornará ineficaz, em relação à companhia, desde o momento em que lhe for entregue a comunicação escrita do renunciante, e em relação a terceiros de boa-fé, após arquivamento na Junta Comercial e publicação, que poderão ser promovidos pelo renunciante.

Se um administrador renunciar provocará a vacância de um cargo no órgão a que pertencia. A morte de um administrador poderá igualmente causar a vacância de seu cargo, que precisará ser preenchido. Essa vacância será sanada de acordo com o órgão.

No Conselho de Administração

No caso de vacância do cargo de conselheiro, salvo disposição em contrário no estatuto, o substituto será nomeado pelos conselhos remanescentes e servirá até a primeira AG. Se ocorrer a vacância da maioria dos cargos, a AG será convocada para proceder a nova eleição. No caso de vacância de todos os cargos do CA, compete à Diretoria convocar a AG. O prazo de gestão do CA ou da Diretoria se estende até a investidura dos novos administradores eleitos.

Na Diretoria

No caso de vacância de todos os cargos da Diretoria, se a companhia não tiver CA, compete ao Conselho Fiscal, se em funcionamento, ou a qualquer acionista, convocar a AG, devendo o representante de maior número de ações praticar, até a realização da assembleia, os atos urgentes de administração da companhia. Em ambos os órgãos, o substituto eleito para preencher cargo vago completará o prazo de gestão do substituto.

9.5. Remuneração do administrador

A AG fixará o montante global ou individual da remuneração dos administradores, inclusive benefícios de qualquer natureza e verbas de representação, tendo em conta suas responsabilidades, o tempo dedicado às suas funções, sua competência e reputação profissional e o valor de seus serviços no mercado de trabalho. O sistema de remuneração caberá assim à AG, podendo ela estabelecer, por exemplo, uma remuneração fixa para cada membro dos órgãos de administração. Ou, então, para evitar divulgação, já que a ata deverá ser publicada, fixar só o montante da remuneração de cada órgão, como, por exemplo, R$ 20.000,00 para a Diretoria e R$ 30.000,00 para o C.A. Se assim for, a própria Diretoria poderá decidir qual a remuneração de cada diretor, e o C.A. qual a remuneração de cada conselheiro.

Não é necessário que haja remuneração uniforme para os administradores, podendo variar de acordo com o tempo dedicado ao trabalho na empresa, as responsabilidades, capacidade profissional e outros fatores, a serem analisados pela AG. Dependerá ainda da análise do cargo de cada administrador, pois as funções são variadas e de valor próprio da época, da empresa e do ramo a que ela se dedica. A área mercadológica, por exemplo, costuma ser mais bem remunerada que as outras áreas.

E o estatuto da companhia que fixar o dividendo obrigatório em 25% ou mais do lucro líquido pode atribuir aos administradores uma participação no lucro da companhia, desde que o seu total não ultrapasse a remuneração anual dos administradores nem um décimo dos lucros, prevalecendo o limite que for menor. Os administradores somente farão jus à participação nos lucros do exercício social em relação ao qual for atribuído aos acionistas o dividendo obrigatório. Como a AG decide sobre a remuneração dos administradores, poderá conceder a eles, além da remuneração, uma parcela de participação nos lucros da companhia, dentro das condições acima descritas.

Se a companhia for empresa pública ou sociedade de economia mista, vale dizer, quando o poder de controle está nas mãos do Governo, a remuneração dos administradores está submetida a um regime especial, estabelecido pela Lei 9.292/96. Como julgamos mais se tratar de problema de Direito Administrativo, por tocar à administração pública, preferimos não entrar nesses pormenores.

O administrador não é empregado da empresa e não recebe salário, mas um tipo de pró-labore. Sua remuneração não está regida pela CLT, mas pelo Direito Societário; igualmente seu regime de trabalho. Já houve casos de um funcionário tornar-se diretor de uma companhia, mas seu contrato de trabalho ficou suspenso no momento em que ele foi eleito pela AG e empossado como administrador da companhia. Se ele fosse demitido do cargo de funcionário, haveria rescisão do contrato de trabalho e ele receberia suas verbas rescisórias, mas não afetaria o cargo de diretor; para a demissão desse cargo haveria necessidade de assembleia geral de acionistas.

9.6. Deveres do administrador

9.6.1. *Dever de diligência*

O administrador da companhia deve empregar, no exercício de suas funções, o cuidado e *diligência* que todo homem ativo e probo costuma empregar na administração dos seus próprios negócios. O termo diligência é bastante empregado no direito e na advocacia. Advogado diligente é considerado aquele que acompanha o processo em cima, que o aciona, e luta para que haja o deslinde da demanda de forma satisfatória em tempo breve. Em sentido contrário, o administrador pode ser relapso, omisso, relaxado; acompanha o processo só quando é intimado por publicação.

Nesse mesmo sentido a diligência se aplica ao administrador. Diligente é o administrador aplicado, presente, zeloso no cumprimento de seus deveres, vigoroso no exercício de suas funções, cuidadoso na prática dos atos de gestão. Subjetivamente, podemos dizer que o administrador deve trabalhar com *carinho*.

Deve ser incluída na concepção de diligência o esforço do administrador em aprimorar-se no exercício de suas funções, melhorar constantemente seu desempenho, aprender e assimilar novas técnicas de trabalho, aprofundar-se no conhecimento de seu ramo de trabalho. Evitará, assim, cair na rotina, o que, em termos de administração de empresas, equivale ao retrocesso e à morte.

Visto que o administrador não é empregado e não está enquadrado no regime trabalhista, seu regime jurídico é então de mandatário; ele recebe um mandato da AG ou do CA, conforme o caso, para praticar atos em nome da sociedade. O dever de diligência está previsto no art. 153 da LSA, de que *todo homem ativo e probo costuma empregar na administração de seus próprios negócios*. O dever de diligência também está expresso no mandato, como se vê no art. 667 do Código Civil:

> *O mandatário é obrigado a aplicar toda sua diligência na execução do mandato.*

Portanto, a diligência exigida do administrador é a de que ele exerça suas funções, como se a empresa que ele administra fosse sua. Ele não se comportaria em sua empresa de forma a causar prejuízos a ele próprio; assim também fará com a sociedade que dirige.

A concepção do administrador como mandatário está explícita também no direito italiano, pelo que se nota no art. 2.392:

> *Gli amministratori devono adempiere i doveri ad essi imposti dalla legge e dall'atto constitutivo con la diligenza del mandatario.*
>
> Os administradores devem cumprir os deveres a ele impostos pela lei ou pelo ato constitutivo com a diligência do mandatário.

Sugestiva é a concepção de diligência do administrador como mandatário, expressa no art. 710 do Código Civil:

Io mandatário è tenuto a eseguire il mandato com la diligência del buono padre di famiiglia.
O mandatário está obrigado a exercer o mandato com a diligência do bom pai de família.

9.6.2. *Dever de apego aos objetivos da companhia*

Ele deve exercer as atribuições que a lei e o estatuto lhe conferem para lograr os fins e no interesse da companhia, satisfeitas as exigências do bem público e da função social da empresa. Princípios mais elevados do que os deveres imediatos do administrador irão nortear sua atuação. Sua ação é orientada para os objetivos da empresa, agindo sempre no interesse dela. O objetivo primordial da empresa é o lucro, como está previsto do art. 2º da LSA: *Pode ser objeto da companhia qualquer empreendimento de fim lucrativo, não contrário à lei, à ordem pública e aos bons costumes.* É um princípio do Direito Empresarial: a S.A., como toda sociedade, objetiva o lucro e luta por ele. A Junta Comercial não pode registrar uma sociedade, se no seu estatuto constar que ela não tem intento lucrativo.

Cabe ao administrador levar sua companhia a atingir seus objetivos, no profissionalismo que a caracteriza. Não é ganância nem mercenarismo; é o destino da empresa. Todavia, o objetivo da sociedade sofre certas limitações e está sujeito a certas condições. Alguns estão na própria LSA, no art. 2º, de não ser contrário à lei, à ordem pública e aos bons costumes. Outros são encontrados no art. 154, que diz que o administrador deve exercer as atribuições que a lei e o estatuto lhe conferem para lograr os fins e no interesse da companhia, **satisfeitas as exigências do bem público e da função social da empresa.**

A lei não estabelece parâmetros para a satisfação das exigências do bem público, de tal maneira que fica a cargo do intérprete da lei averiguar quando a empresa atenta contra o bem público. Entre as diversas teorias elaboradas, podemos adotar a que diz que a empresa atende ao bem público quando cumpre fielmente as leis do País. Um campo em que se revela, em nossos dias, com muito vigor, o cumprimento da lei é a questão coberta pelo recém--criado Direito Ambiental. A empresa cumprirá seu papel social se suas atividades não afrontarem o meio ambiente em que estiver funcionando. Naturalmente, se ela agredir o meio ambiente, estará transgredindo a lei. Vamos citar como exemplo uma empresa que, há anos, lançou num rio os resíduos de fabricação com bases na soda cáustica, matando os peixes e prejudicando muitos pescadores que viviam da pesca. Ela não cumpriu sua função social, prejudicando a coletividade, mas assim fez porque transgrediu a Lei 9.605/98, chamada a Lei da Natureza. Esses deveres têm previsão até constitucional, no art. 170 da CF.

A companhia atingirá seu fim social igualmente se observar a legislação trabalhista. A empresa e suas atividades têm abrangentes reflexos no meio social em que ela atua. Vamos citar como exemplo a cidade de Volta Redonda, que vive em função da metalúrgica que ali se instalou. Em sua maior parte, seus habitantes são funcionários da empresa e os demais vivem sob a dependência deles, como os bares, farmácias, médicos, etc. Possível comportamento delituoso da empresa, como deixar de pagar o 13º salário, atentará contra o bem comum e a companhia não estará cumprindo sua função social.

9.6.3. *Abuso do poder*

O administrador eleito por grupo ou classe de acionistas tem, para com a companhia, os mesmos deveres que os demais, não podendo, ainda que para defesa do interesse dos que o elegeram, faltar a esses deveres. Normalmente o administrador é eleito graças à formação de grupo de acionistas e cada um representa seu grupo. Sua atuação, porém, deve visar aos interesses da empresa e não particularmente dos acionistas de seu grupo. Se ele priorizar os interesses particulares, estará agindo contra a coletividade dos acionistas, o que fatalmente afetará o interesse da empresa.

É vedado ao administrador praticar ato de liberalidade à custa da companhia, sem prévia autorização da AG ou do CA, tomar por empréstimo recursos ou bens da companhia, ou usar, em proveito próprio, de sociedade em que tenha interesse, ou de terceiros, os seus bens, serviços ou crédito. Ou então receber de terceiros, sem autorização estatutária ou da assembleia geral, qualquer modalidade de vantagem pessoal, direta ou indireta, em razão do exercício de seu cargo. Se receber algum valor nessas condições, pertencerá então à companhia.

O Conselho de Administração – CA, ou a Diretoria podem autorizar a prática de atos gratuitos razoáveis em benefício de empregados ou da comunidade de que participe a empresa, tendo em vista suas responsabilidades sociais.

9.6.4. *Dever de lealdade*

O administrador deve servir com lealdade à companhia e manter reserva sobre os negócios dela. É vedado a ele usar, em beneficio próprio ou de outrem, com ou sem prejuízo para a companhia, as oportunidades comerciais de que tenha conhecimento em razão do exercício de seu cargo. Além disso, não pode omitir-se no exercício ou proteção de direitos da companhia ou visando à obtenção de vantagens, para si ou para outrem, deixar de aproveitar oportunidades de negócio de interesse da companhia. Nem pode adquirir, para revender com lucro, bem ou direito que sabe necessário à companhia, ou que esta tencione adquirir.

Cumpre, ademais, ao administrador de companhia aberta, guardar sigilo sobre qualquer informação que ainda não tenha sido divulgada para conhecimento do mercado, obtida em razão do cargo e capaz de influir de modo ponderável na cotação de valores mobiliários, sendo-lhe vedado valer-se de informação para obter, para si ou para outrem, vantagem mediante compra ou venda de valores mobiliários. Deve zelar para que a violação desses segredos não possa ocorrer por meio de subordinados ou terceiros de sua confiança.

É vedada a utilização de informação relevante ainda não divulgada, por qualquer pessoa que a ela tenha tido acesso, com a finalidade de auferir vantagem, para si ou para outrem, no mercado de valores mobiliários. A pessoa prejudicada em compra e venda de valores mobiliários, contratada sob os efeitos desses atos desleais, tem direito de haver do infrator indenização por perdas e danos, a menos que ao contratar já conhecesse a informação.

O administrador está proibido de intervir em qualquer operação social em que tiver interesse conflitante com o da companhia, bem como na deliberação que a respeito tomarem os demais administradores, cumprindo-lhe cientificá-los de seu impedimento e fazer consignar, em ata de reunião do CA ou da Diretoria, a natureza e extensão do seu interesse. Ainda que o administrador tenha agido dessa forma, ele somente pode contratar com a companhia em condições razoáveis ou equitativas, idênticas às que prevalecem no mercado em que a companhia contrataria com terceiros. O negócio contratado com infração dos requisitos antes citados é anulável, e o administrador interessado será obrigado a transferir para a companhia as vantagens que dele tiver auferido. Essas revelações fazem parte do *dever de informar*, próprio do administrador.

Esse procedimento seria um ato de sabotagem à companhia e abuso do poder detido em vista do cargo que ocupa na empresa. Assim, por exemplo, a companhia tem oportunidade de participar de concorrência pública e o administrador sabe as condições oferecidas pela empresa que dirige. Entretanto, orienta um concorrente para apresentar condições mais favoráveis, o que lhe dará preferência para ganhar a licitação. Ou, então, sabendo da abertura de uma concorrência, omite-se e não participa dela, o que virá em benefício de outrem.

Outra atitude desleal do administrador com a companhia será a de participar de transações entre sua empresa e outra com a qual ele mantenha alguma conexão. Haverá uma tendência de favorecimento a uma delas. É o caso de administrador de uma companhia, que é, ao mesmo tempo, gerente ou diretor de um banco: padecem de suspeição as transações entre esse banco e essa empresa; há uma tendência de favorecimento a uma das partes. Há um conflito de interesses para o administrador. É possível que uma transação seja cuidadosa e equitativa, mas há sempre tendência para a deslealdade.

Outra observação sobre a lealdade consiste em guardar sigilo sobre as atividades da empresa. Muitas são as possibilidades de planejamento de atividades que devam permanecer em segredo: a companhia promover o lançamento de um produto ou então levantar empréstimos; retirar produtos do mercado; mudança de administradores. Todas são notícias delicadas e devem ser mantidas em sigilo.

Problemas mais delicados exigem e são previstos no Código de Propriedade Industrial. São os chamados segredos de fábrica: tecnologia de ponta, invenções, planos, pesquisas, fórmulas, protótipos de produtos, marcas, patentes, fórmulas químicas ou farmacêuticas. São valores intelectuais que valem milhões e são de fácil acesso ao administrador. A revelação desses segredos causaria imensos prejuízos aos titulares desses direitos.

9.6.5. *Dever de informar*

Sendo companhia aberta, o administrador deve declarar, ao firmar o termo de posse, o número de ações, bônus de subscrição, opções de compra de ações e debêntures conversíveis em ações, de emissão da companhia e de sociedades controladas ou do mesmo grupo, de que seja titular.

Está obrigado a revelar à AGO, a pedido de acionistas que representem 5% ou mais do capital social, o número dos valores mobiliários de emissão da companhia ou de sociedades controladas, ou do mesmo grupo, que tiver adquirido ou alienado, diretamente ou por meio de outras pessoas; as opções que tiver contratado no exercício ou no exercício anterior; os benefícios ou vantagens, indiretas ou complementares, que tenha recebido ou esteja recebendo da companhia e de sociedades coligadas, controladas ou do mesmo grupo; as condições dos contratos de trabalho que tenham sido firmados pela companhia com os diretores e empregados de alto nível; e quaisquer atos ou fatos relevantes nas atividades da companhia.

Os esclarecimentos prestados pelo administrador poderão, a pedido de qualquer acionista, ser reduzidos a escrito, autenticados pela mesa da assembleia, e fornecidos por cópia aos solicitantes. A revelação dos atos ou fatos de que estamos tratando só poderá ser utilizada no legítimo interesse da companhia ou do acionista, respondendo os solicitantes pelos abusos que praticarem.

Os administradores da companhia aberta são obrigados a comunicar imediatamente à bolsa de valores e a divulgar pela imprensa qualquer deliberação da AG ou dos órgãos de administração da companhia, ou fato relevante ocorrido nos seus negócios, que possam influir, de modo ponderável, na decisão dos investidores do mercado em vender ou comprar valores mobiliários emitidos pela companhia.

Poderão, todavia, recusar-se a prestar as informações, ou deixar de divulgá-las, se entenderem que sua revelação porá em risco interesse legítimo da companhia, cabendo à CVM, a pedido dos administradores, de qualquer acionista, ou por iniciativa própria, decidir sobre a prestação de informação e responsabilizar os administradores, se for o caso.

Os administradores da companhia aberta deverão informar imediatamente, nos termos e na forma determinados pela CVM, a esta e às bolsas de valores ou entidades do mercado de balcão organizado nas quais os valores mobiliários de emissão da companhia estejam admitidos à negociação, as modificações em suas posições acionárias na companhia.

9.6.6. *O insider trading*

Fato indicativo de falta de lealdade, abuso de poder, conflito de interesses, e atingindo diretamente a política da empresa será o do administrador que não guardar sigilo sobre o mercado de ações da companhia. Pior ainda será se ele se aproveitar dos conhecimentos adquiridos no seu cargo para realizar transações e operações que envolvam as ações da companhia. Tão importante e delicada é a questão, que a LSA levantou seus problemas, como também a Lei do Mercado de Capitais (Lei 6.385/76). A CVM acompanha com muito cuidado esse problema, regulamentando-o em diversas instruções normativas, que foram se aperfeiçoando, tendo sido a última a Instrução Normativa 358/2002, estando atualmente em vigor.

Vejamos, antes de tudo, do que se trata! Do que se quer guardar segredo! Trata-se, neste caso, da divulgação e uso de informações sobre ato ou fato relevante, a divulgação de informações de uma negociação de valores mobiliários (principalmente ações) de companhia aberta, por administrador ou outra pessoa a ele chegada, na aquisição de lote significativo de ações da companhia, e a negociação de ações da empresa na pendência de fato relevante não divulgado ao mercado.

Considera-se fato relevante qualquer decisão de acionista controlador, deliberação da AG ou dos órgãos de administração de companhia aberta, ou qualquer outro ato ou fato de caráter político, técnico, negocial ou econômico-financeiro ocorrido ou relacionado aos seus negócios que possam influir de modo ponderável no mercado de capitais. Essa influência pode recair sobre cotação das ações e outros valores mobiliários da companhia, ou na decisão dos investidores de comprar, vender ou manter esses valores mobiliários ou exercer direitos sobre eles.

Como exemplo desses fatos relevantes podemos citar a transferência de controle acionário da companhia, ainda que por condição suspensiva ou resolutiva; mudança de controle devido a acordo de acionistas; saída de acionistas; incorporação, fusão ou cisão da empresa; mudança no patrimônio; renegociação de dívidas; lucros ou prejuízos previstos no exercício; modificações na estrutura da companhia. São fatos que, se forem divulgados, influem na movimentação das ações.

Quem divulgar tais fatos ou se prevalecer deles, recebe o nome de *insider trading*, que é uma pessoa que, devido a fatos circunstanciais, toma conhecimento de informações relevantes da empresa, quanto aos negócios que realiza ou à situação em que se encontra. Além disso, faz uso dessas informações antes que ela caia no conhecimento do mercado. Qualquer pessoa pode ser *insider trading*, mas ele é, essencialmente, o administrador, pois ninguém melhor do que ele pode chegar à intimidade da empresa. Poderia ser um empregado, mas ele trabalha sob a supervisão do administrador e deve zelar para que a violação dos segredos não ocorra em função de subordinados ou terceiros de sua confiança. Pode ser um acionista, mas normalmente ele sabe do que se passa na sociedade graças a algum informe do administrador. E se alguém soube de segredos da companhia é porque o administrador o deixou vazar.

Essas informações causam fatalmente prejuízos à companhia, aos acionistas ou aos investidores, ao influir no preço das ações que ainda não está refletindo o impacto de determinadas informações, que, naquela ocasião, somente era conhecida pelo *insider trading*. Por isso, nossa legislação procura reprimir o uso privilegiado de informações, que abalam a confiança e a eficiência do mercado de capitais. Pelo art. 155 §4º, é vedada a utilização de informação relevante ainda não divulgada, por qualquer pessoa que a ela tenha acesso, com a finalidade de auferir vantagem, para si ou para outrem, no mercado de capitais.

E ainda prevê esse artigo que a pessoa prejudicada em compra e venda de valores mobiliários tem o direito de haver dos infratores indenização por perdas e danos. Por seu turno, a Lei do Mercado de Capitais (Lei 6.386/76) capitula como crime essa prática, prevendo pena de reclusão de 1 a 5 anos e multa de até três vezes o montante da vantagem ilícita obtida em decorrência do crime.

Entretanto, foi criado o cargo de *Diretor de Relações com Investidores*, com o encargo de dar essas informações à CVM, aos acionistas e ao público. Os demais diretores poderão revelar informações sobre fatos relevantes somente por intermédio dele. Este dever de informar é medida de ordem preventiva contra a ação do *insider trading*. Ao revelar-se, ou fornecer informações válidas e autênticas, o administrador evita a exclusividade do *insider trading* sobre elas e não concedem margem a boatos. É sabido que os boatos surgem para suprir o vácuo causado pela ausência de notícias autênticas. O dever de informar é dos administradores, que cumprem seu papel por meio do *Diretor de Relações com Investidores*. Esse princípio de visibilidade é chamado de *disclosure*, significando transparência de informações.

9.7. Responsabilidade dos administradores

O administrador não é pessoalmente responsável pelas obrigações que contrair em nome da sociedade e em virtude de ato regular de gestão; responde, porém, civilmente pelos prejuízos que causar, quando proceder com culpa e dolo, ainda que dentro de suas atribuições ou poderes; ou quando houver violação da lei ou do estatuto.

Reconhece a LSA a distinção da personalidade jurídica da S.A. com a personalidade jurídica de seus administradores. A personalidade jurídica da sociedade anônima começa no momento em que ela se registra no órgão competente, mais precisamente a Junta Comercial. É o que também prevê o art. 45 do Código Civil:

> *Começa a existência legal das pessoas jurídicas de direito privado com a inscrição do ato constitutivo no respectivo registro, precedida, quando necessário, de autorização ou aprovação do Poder Executivo, averbando-se no registro todas as alterações por que passar o ato constitutivo.*

Assim sendo, ao ser registrada e recebendo a certidão de registro, a sociedade já tem existência legal, o que lhe dá a personalidade jurídica. Ela está apta a adquirir direitos e contrair obrigações. Com o registro quatro aspectos vão-se realçar:
- Capacidade patrimonial, podendo possuir patrimônio próprio, desvinculado do patrimônio das pessoas que a compõem;
- Capacidade de adquirir direitos;
- Capacidade de contrair legalmente obrigações;
- Capacidade de atuar em juízo, ativa e passivamente.

Ao adquirir a personalidade jurídica, terá existência própria e autônoma, o que a capacita ainda a possuir um patrimônio seu. Essa autonomia observa-se ainda ante as pessoas que a compõem. A sociedade é uma pessoa jurídica constituída de duas ou mais pessoas, geralmente físicas, mas há possibilidade de haver pessoas jurídicas como acionistas. Cada uma, contudo, terá sua personalidade jurídica e seu patrimônio, que não se confundem nem se comunicam. Cada uma terá um comportamento particular, não devendo assumir responsabilidade por atos praticados por outra. Os atos praticados pela sociedade são dela e ela assume a responsabilidade por eles; os administradores que praticam atos pela sociedade o fazem como seus representantes legais e não por si. O antigo Código Civil mostrava-nos no *caput* do art. 20:

As pessoas jurídicas têm existência distinta da de seus membros.

Esse artigo foi abolido no novo Código, o que nos leva a crer que a autonomia da sociedade não é mais absoluta.

Vê-se, entretanto, exceção em dois casos: a primeira é se o administrador praticar em nome da sociedade um ato ilegal, em infração à lei, ato esse com culpa ou dolo. Nessas condições, ele responde civilmente com seus bens, que se vinculam ao ato praticado pela sociedade por meio do administrador. Ato praticado com culpa ou dolo está caracterizado como crime. E, por princípio, um crime nunca pode ser fonte de direitos, nem ser invocado como defesa. Assim, responde pessoalmente pelos atos que praticar em nome da empresa, quando agir com dolo ou culpa, auferindo vantagens em prejuízo a outrem, ainda que seja dentro de suas atribuições.

A segunda exceção é quando o administrador age com violação da lei ou do estatuto, caracterizando abuso de poder. É a aplicação da teoria do *ultra vires societatis* (além dos poderes societários). Essa teoria apega-se às disposições legais e estatutárias. Por isso o estatuto deve estabelecer com clareza o objeto social da empresa e ser bem explícito. Atos praticados pelos administradores que não sejam compreendidos no objeto social da empresa, bem como atos que contrariem as demais cláusulas estatutárias são considerados *ultra vires societatis*. Se tais atos derem prejuízos à companhia, ela poderá exigir indenização dos administradores que se exorbitaram; também terceiros que se sintam prejudicados poderão acionar a empresa e seus administradores.

Resumindo, então: os administradores não são responsáveis por atos regulares de gestão, mas responderão civilmente por seus atos ilícitos, pelos prejuízos que causarem com violação da lei ou do estatuto.

Fizemos considerações sobre a responsabilidade do administrador prevista na LSA, mas leis complementares estabelecem outras responsabilidades dos administradores de empresas, como, por exemplo, a tributária. Também a nova lei falimentar, chamada Lei de Recuperação de Empresas (Lei 11.101/2005), responsabiliza civil e criminalmente os administradores por atos praticados em prejuízo da empresa. Como se trata de problemas restritos e específicos, deixamos esses estudos a cargo dos respectivos ramos do direito.

Também não é responsável por atos ilícitos de outros administradores, salvo se com eles for conivente, se negligenciar em descobri-los ou se, deles tendo conhecimento, deixar de agir para impedir a sua prática. Exime-se de responsabilidade o administrador dissidente que faça consignar sua divergência em ata de reunião do órgão de administração ou, não sendo possível, dela dê ciência imediata e por escrito ao órgão de administração, ao Conselho Fiscal, se em funcionamento, ou à AG.

Os administradores são solidariamente responsáveis pelos prejuízos causados em virtude do não cumprimento dos deveres impostos por lei para assegurar o funcionamento normal da companhia, ainda que, pelo estatuto, tais deveres não caibam a todos eles. Nas companhias abertas, a responsabilidade ficará restrita aos administradores que, por disposição do estatuto, tenham atribuição específica de dar cumprimento àqueles deveres.

O administrador que tendo conhecimento do não-cumprimento desses deveres por seu predecessor, ou pelo administrador competente, deixar de comunicar o fato à AG, irá se tornar por ele solidariamente responsável. Responderá solidariamente com o administrador que, com o fim de obter vantagem para si ou para outrem, concorrer para a prática de ato com violação da lei ou do estatuto.

9.8. Ação de responsabilidade

Compete à companhia, mediante prévia deliberação da AG, a ação de responsabilidade contra o administrador, pelos prejuízos causados ao seu patrimônio. A deliberação poderá ser tomada em AGO e, se prevista na ordem do dia, ou for consequência direta de assunto nela incluído, em AGE. O administrador ou administradores contra os quais deva ser proposta a ação ficarão impedidos e deverão ser substituídos na mesma assembleia.

A maior vítima da ação nefasta do administrador é sempre a empresa que ele dirige. Ainda que um terceiro seja prejudicado, ele se voltará contra a empresa. Como o capital da empresa é formado pelos acionistas, serão eles os prejudicados. Por isso, cabe aos acionistas recomporem os danos causados e tomarem providências contra os faltosos. E agirão pela AG, o órgão deles. Impõe-se o afastamento dos administradores faltosos enquanto se apuram as responsabilidades, a menos que a AG julgue conveniente a manutenção deles. Além disso, caberá aos órgãos de administração exercerem a ação de responsabilidade, e o administrador-infrator não poderia acionar ele mesmo, se está sob suspeita.

É possível, porém, que o deslinde da questão seja favorável aos infratores. É possível que a própria AG decida em favor deles, não julgando necessárias medidas contra eles. Ou, então, a AG decide tomar medidas judiciais, encarregando os órgãos de administração de promover a ação de responsabilidade e eles não a promovem, deixando passar o prazo de três meses. Nesse caso, os acionistas poderão promover a ação de responsabilidade de acordo com o caso. Qualquer acionista poderá promover a ação, se não for proposta no prazo de três meses da deliberação da AG. Se a assembleia deliberar não promover a ação, poderá ela ser proposta por acionistas que representem 5%, pelo menos, do capital social.

Se a AG deliberar em favor dos infratores, os acionistas ou acionista, se representarem 5% do capital, poderão empreendê-la. Se a AG decidir pela ação e esta não for empreendida pelos órgãos de administração no prazo de três meses, qualquer acionista individualmente ou em grupo, independentemente do número de ações, poderá empreendê-la. Trata-se aqui de dois casos de substituição processual; os acionistas substituem os responsáveis pela ação em nome da empresa.

Os resultados da ação promovida por acionista deferem-se à companhia, mas ela deverá indenizá-lo, até o limite daqueles resultados, de todas as despesas em que tiver incorrido, inclusive correção monetária e juros dos dispêndios realizados. Neste caso, o autor da ação é a companhia e não os acionistas, que agirão em nome dela, como substitutos. Por isso, a indenização pelos danos causados à companhia ficarão para ela. Por outro lado, os acionistas tiveram trabalho e despesas próprias da ação, inclusive honorários advocatícios. Essas verbas de sucumbência caberão aos acionistas que tiverem proposto a ação, devendo a companhia transferi-las a eles.

O juiz poderá reconhecer a exclusão da responsabilidade do administrador, se estiver convencido de que este agiu de boa-fé e visando ao interesse da companhia. Essa ação não exclui a ação que couber ao acionista ou terceiro diretamente prejudicado por ato do administrador.

10. MODIFICAÇÕES DO CAPITAL SOCIAL

10.1. Aumento e redução de capital
10.2. A redução do capital
10.3. Formas do aumento do capital
10.4. Aumento mediante subscrição de ações
10.5. Aumento do capital por conversão de valores mobiliários
10.6. Aumento do capital por capitalização de lucros e reservas
10.7. Aumento por correção monetária
10.8. Capital autorizado
10.9. Opção de Compra de Ações

10.1. Aumento e redução de capital

A companhia é um organismo vivo em evolução; apresenta em sua existência, sob vários aspectos, mutações íntimas que a fazem acompanhar as mutações da economia. Entre as transformações por que passa, figuram as do capital; se evolui, necessita de aumentá-lo para novos investimentos; se involui, precisa de uma redução no capital. Anualmente o capital deve ser modificado, corrigindo-se seu valor, devido à desvalorização da moeda. Se não aplicada a ele a correção monetária, ficará distorcido seu valor, dando uma visão errônea do patrimônio da companhia. Por essa razão, a atualização do valor do capital pela correção monetária já fora prevista no parágrafo único do artigo 5º e regulada pelos arts. 166-I e 167. O valor das ações aumenta, então, em decorrência do aumento do capital, embora sem a entrada de dinheiro.

É possível, entretanto, que o capital seja aumentado para a entrada de dinheiro, aumentando-se o número de ações. Neste caso, deverá o aumento ser decidido pela assembleia geral, visto que há reforma do estatuto. Emitem-se novas ações, que são colocadas à venda. Conforme fora examinado, um dos direitos dos acionistas é o de preferência para a aquisição de novas ações, na proporção do número de ações que possuir. Assim, se a companhia dobrar seu capital e todos os acionistas exercerem seu ingresso, não haverá ingresso de novos acionistas no quadro acionário. O prazo para o exercício do direito de preferência é fixado no estatuto ou pela assembleia geral, não podendo ser inferior a 30 dias.

Forma tradicional e muito comum de aumento de capital é a da incorporação de lucros suspensos. Do lucro líquido obtido em cada exercício, depois de distribuído o dividendo obrigatório, a companhia poderá deixar parte desse lucro como reserva para futuro aumento de capital. Poderá ser a sobra de um exercício fiscal ou de vários exercícios; quando houver uma importância apreciável, a companhia poderá incorporar essa importância ao capital, optando por uma entre duas fórmulas. A primeira será aumentando o valor nominal de cada ação, conservando o mesmo número de ações; a segunda aumentando o número de ações, conservando o valor nominal de cada ação.

10.2. A redução do capital

Da mesma forma que o capital pode ser aumentado, também pode ser reduzido. Examinemos uma hipótese: uma companhia sente diminuir muito seu movimento, por qualquer razão; vê-se obrigada a diminuir o número de seus empregados, fecha filiais, suspende parte da produção. Sentiu assim um definhamento no seu porte. O capital da empresa tornou-se demasiado pelo seu porte e, em consequência, não é mais rentável. As vendas caíram e caíram também os lucros e a remuneração do capital.

A solução para aumentar os dividendos será a redução do capital da empresa, já que se tornou excessivo e desnecessário. Das diversas formas, a primeira a ser cogitada será a de diminuir 30% no capital, suprimindo as correspondentes ações: o valor delas será devolvido aos portadores das ações cortadas. Poderá também a companhia lançar o valor dessas ações na conta-corrente dos acionistas, utilizando esse valor na concessão de crédito aos seus clientes. Ou, então, em vez de suprimir ações, poderá diminuir o valor delas, devolvendo a diferença aos acionistas.

Outra causa da possível redução do capital será se a companhia tiver sucessivos prejuízos nas suas operações sociais. Os prejuízos vão-se acumulando por vários anos, a ponto de desvalorizar as ações e, portanto, o capital. Foi-se corroendo o capital da empresa e, por isso, impõe-se a adequação à realidade, ou seja, o valor do capital deve ser real e ele tornou-se fictício.

A decisão de reduzir o capital deve-se à assembleia geral, até o montante dos prejuízos acumulados, ou se ele se tornou excessivo. A proposta de redução do capital social, se for da iniciativa dos administradores, não poderá ser submetida à deliberação da assembleia geral sem o parecer do conselho fiscal, se este estiver em funcionamento. A partir da deliberação para reduzir, ficarão suspensos os direitos correspondentes às ações cujos certificados tenham sido emitidos, até que sejam apresentados à companhia para substituição.

Com a publicação da ata da assembleia geral que aprovou a redução, após 60 dias, torna-se efetiva a redução do capital social, com a restituição de parte do valor das ações aos acionistas. Se não estiverem integralizadas, a redução coincide com a parcela que não foi integralizada.

Após decorrer esse prazo de 60 dias, os credores quirografários, por títulos anteriores à data da publicação da ata, poderão opor-se à redução do capital. Deverá ser notificada a companhia, dando-se ciência à Junta Comercial. Se esse direito de oposição deixar de ser exercido nesse prazo, haverá sua decadência. A ata será arquivada, desde que não tenha havido oposição de credores, ou, se houver, tenha sido paga a dívida.

Se houver debêntures emitidas pela companhia, a redução do capital só poderá ser efetivada com a prévia aprovação pela maioria dos debenturistas, em assembleia especial.

10.3. Formas do aumento do capital

Após falarmos genericamente sobre o aumento ou a redução do capital, vamos examinar pormenorizadamente as diversas formas de aumento. Há uma divisão em dois grupos de formas: com injeção de novo capital e sem ingresso de capital, pois ele já se encontra na companhia. Há quatro maneiras de se aumentar:

Com injeção de capital
1. Pela subscrição de ações.

Sem injeção de capital
2. Pela correção monetária.
3. Pela capitalização de lucros.
4. Pela conversão de debêntures ou partes beneficiárias.

10.4. Aumento mediante subscrição de ações

A S.A., sentindo necessidade de recursos financeiros, busca no mercado de capitais o dinheiro necessário para novos investimentos, com aumento do número de acionistas ou aumento da participação dos atuais. Emite então novas ações para serem subscritas pelos atuais acionistas ou por outros, por meio da subscrição de novas ações. A subscrição pode ser pública ou privada. Se a companhia for aumentar seu capital, é necessário que ele já esteja integralizado, ou, pelo menos, três quartos no mínimo.

As ações são normalmente dirigidas a um público massivo, indiscriminado, generalizado. Todavia, os atuais acionistas têm preferência na aquisição de novas ações, na proporção de ações que possuírem. Por exemplo: uma companhia tem capital de R$ 100.000,00 e quer dobrá-lo, ou seja, aumentá-lo para R$ 200.000,00, lançando 100 novas ações de R$ 1.000,00 cada. Se todos os acionistas exercerem seu direito de opção, ninguém mais entrará no quadro acionário. Aumentará então o capital para R$ 300.000,00, ficando R$ 100.000,00 à disposição do público.

É possível que o capital esteja dividido em ações de diversas espécies ou classes e o aumento é feito por emissão de mais de uma espécie ou classe. Conforme foi tratado neste compêndio, no Capítulo 4, item 4.4, as ações podem ser classificadas de várias formas:

a) Quanto às vantagens que proporcionam: ordinárias, preferenciais, de fruição;
b) Quanto à forma de circulação: nominativas – escriturais.

Digamos que o aumento do capital seja de 100 ações, a preço de R$ 1.000,00 cada, formando R$ 100.000,00, assim distribuído:
- 60 ações ordinárias;
- 20 ações preferenciais;
- 10 ações nominativas;
- 10 ações escriturais.

Para esse aumento, o acionista só terá preferência sobre as ações que possuir, como, por exemplo: um acionista tem 5 ações ordinárias e 5 nominativas. Ele terá preferência na subscrição de 5 ordinárias e 5 nominativas, ou seja, sobre ações idênticas às que possuir.

Há outra situação: a companhia só tem ações ordinárias, e lança aumento com 50 ações preferenciais, ou seja, ações inexistentes no capital da empresa. Neste caso, cada acionista exercerá a preferência na proporção do número de ações que possuir, sobre ações de todas as espécies e classes do aumento.

No aumento mediante capitalização de créditos ou subscrição em bens, será sempre assegurado aos acionistas o direito de preferência e, se for o caso, as importâncias por eles pagas serão entregues ao titular do crédito a ser capitalizado ou do bem a ser incorporado.

Os acionistas terão direito de preferência para subscrição das emissões de debêntures conversíveis em ações, bônus de subscrição e partes beneficiárias conversíveis em ações emitidas para alienação onerosa. Todavia, na conversão desses títulos em ações, ou na outorga e no exercício de opção de compra de ações, não haverá direito de preferência. Como vimos no capítulo 6, referente aos valores mobiliários, esses três títulos, debêntures, *commercial papers* e partes beneficiárias são valores mobiliários, que podem dar ao portador direito de crédito perante a companhia. Porém, dão a ele a preferência em transformar esses valores mobiliários em ações. Assim sendo, essa preferência concorre com a dos acionistas, podendo passar na frente. Por isso, a lei dá esse direito aos acionistas já na emissão dos valores mobiliários, assegurando a eles a preferência no aumento do capital.

O exercício do direito de preferência tem prazo de decadência, que será fixado no estatuto da companhia, não podendo ser inferior a 30 dias. Porém, o acionista poderá ceder a outrem o direito de preferência. Se o acionista não exercer a preferência, as ações reservadas ficam liberadas e a companhia, pelo órgão que tiver deliberado pela emissão mediante subscrição particular, poderá dispor sobre as sobras. Poderá colocar as ações à venda na Bolsa, ou então aguardar nova decisão dos acionistas, deixando-lhes aberta a subscrição.

O estatuto da companhia aberta pode prever a emissão de ações, sem a preferência dos acionistas, ou com redução do prazo.

10.5. Aumento do capital por conversão de valores mobiliários

Vamos, agora, examinar uma forma de aumento de capital sem que haja ingresso de dinheiro na companhia, pois já havia entrado anteriormente. O aumento é feito por conversão de debêntures ou partes beneficiárias e pelo exercício de direitos conferidos por bônus de subscrição, ou de opção de compra de ações. Esse valor mobiliário contém normalmente cláusula de conversibilidade de seu valor em ações; na hora do aumento de capital o portador deles paga a subscrição com eles. É uma operação interna na empresa, em que se opera a troca de debêntures por ações; é uma simples transformação de títulos.

Na realidade, houve inversão de novos recursos financeiros na companhia quando ele emitiu debêntures ou *commercial papers* e recebeu o pagamento delas. Depois, no aumento de capital, esses valores mobiliários são transformados em ações. A essa transformação de títulos, dá-se o nome de *securitização*. Esse termo, no idioma inglês, designa valores mobiliários, sendo uma forma de autofinanciamento da S.A. Ao entregar a debênture à companhia para transformá-la em ações dá-se uma forma de capitalização. Modificou-se a natureza jurídica do crédito do portador das debêntures ante a companhia: ele era um mutuante e passou a ser um capitalista.

10.6. Aumento do capital por capitalização de lucros e reservas

Quem puder examinar o balanço de companhia publicado nos jornais notará a existência, no passivo, de uma verba denominada *Capital e Reservas*. Lá consta o capital estatutário e várias reservas, entre as quais uma denominada: *Lucros Suspensos*. Essa reserva é formada por lucros que a companhia vai obtendo e acumulando. Numa determinada ocasião, a companhia passa uma parcela dos lucros suspensos para o capital: é uma operação contábil, saindo um valor de *Lucros Suspensos*, indo para o de *Capital*. Assim se opera o aumento de capital pela capitalização de lucros e reservas acumulados.

A companhia agora se sente mais segura; enquanto o valor estava contabilizado em reservas poderia ser reclamado pelos acionistas como pagamento de dividendos. Tendo sido incorporado ao capital tornou-se intangível e não pode mais ser reclamado. Se os acionistas perderam a possibilidade de receber esse valor, em compensação, tiveram suas ações valorizadas.

O aumento do capital mediante capitalização de lucros ou de reservas importará alteração do valor nominal das ações. Ou, então, distribuição das ações novas, correspondentes ao aumento, entre acionistas, na proporção do número de ações que possuírem.

Na companhia com ações sem valor nominal, a capitalização de lucros ou de reservas poderá ser efetivada sem modificação do número de ações. As ações que não puderem ser atribuídas por inteiro a cada acionista serão vendidas em Bolsa; o produto da venda será dividido, proporcionalmente, pelos titulares das frações. Antes da venda, a companhia fixará o prazo, não inferior a 30 dias, durante o qual os acionistas poderão transferir as frações de ação.

A essas ações, distribuídas graças à capitalização de lucros e reservas, se estenderão o usufruto, o fideicomisso, a inalienabilidade e incomunicabilidade que porventura gravarem as ações de que elas forem derivadas.

10.7. Aumento por correção monetária

O capital tem um valor fixo, expresso em moeda nacional e consta do balanço e do estatuto da empresa. A cada ano, porém, o valor do capital vai sendo corroído pela inflação. Digamos que a inflação ocorra numa base de 8% ao ano; ao final de três anos, o capital estará desvalorizado em 24%. Urge, por isso, a reposição do valor do capital para restabelecer seu real valor; ele é aumentado, mas sem injeção de novos recursos financeiros. A correção monetária do capital realizado será capitalizado por deliberação da assembleia geral ordinária que aprovar o balanço. É operação equivalente ao aumento de capital mediante capitalização de reservas: o valor sai da reserva e vai para o capital.

Na companhia aberta, essa capitalização será feita sem modificação do número de ações emitidas e com aumento do valor nominal das ações, se for o caso. Se a companhia tiver ações com ou sem valor nominal, a correção do capital correspondente às ações com valor nominal será feita separadamente, sendo a reserva resultante capitalizada em benefício dessas ações.

10.8. Capital autorizado

O estatuto pode conter autorização para aumento do capital social independente de reforma estatutária. É a questão prevista no art. 168 da LSA, mas esta prática ficou mais bem regulamentada pela Lei do Mercado de Capitais (Lei 4.728/65). Vejamos como acontece com a companhia com capital autorizado: uma S.A. é constituída com o capital de R$ 100.000,00, mas só são subscritos e integralizados R$ 80.000,00. Ficou uma parcela de R$ 20.000,00 em aberto. Isto é possível: a S.A., cujas ações sejam nominativas, poderá ser constituída com capital subscrito inferior ao autorizado pelo estatuto; é o caso há pouco referido.

A S.A. de capital autorizado poderá aumentá-lo, independentemente de subscrição e de alteração do estatuto. Essa operação dispensa as formalidades costumeiras, como a realização da assembleia geral, e outros trâmites que retardam e dificultam o aumento do capital.

A autorização deverá especificar o limite de aumento do capital em numero de ações, e as espécies e classes das ações que poderão ser emitidas. Indicará o órgão competente para deliberar sobre as emissões, que poderá ser a assembleia geral ou o conselho de administração, e também as condições a que estiverem sujeitas as emissões.

Devem ser respeitados os direitos dos acionistas, como o da preferência à subscrição das ações emitidas que se destinem à colocação por valor inferior ao de sua cotação em Bolsa de Valores, ou então inferior ao do patrimônio líquido, se as ações não tiverem cotação na Bolsa.

O estatuto deverá prever os casos ou as condições em que os acionistas terão direito de preferência para subscrição. Pode também prever que a companhia, dentro do limite do capital autorizado e de acordo com o plano aprovado pela assembleia geral, outorgue a Opção de Compra de Ações a seus administradores e empregados, ou a pessoas naturais que prestem serviços à companhia ou à sociedade sob seu controle.

10.9. Opção de Compra de Ações

Por diversas vezes a lei fala na OCA, que ficou colocada junto ao bônus de subscrição, ao *commercial paper* e às partes beneficiárias. Embora seja parecido com Bônus de Subscrição e Partes Beneficiárias, não é propriamente um valor mobiliário, mas uma expectativa de direito. É uma faculdade concedida pela companhia a seus administradores e funcionários categorizados para subscrever ações por ocasião do aumento do capital.

Essa prática foi introduzida pelas empresas multinacionais para motivar seus funcionários categorizados e colaboradores mais preciosos, dando-lhes a possibilidade de se tornarem acionistas da empresa a que serviam. Era uma prática já adotada no exterior, com o nome de *STOCK OPTION PLAN*.

O colaborador categorizado recebe um documento, dando-lhe um tipo de prioridade para subscrever ações num determinado prazo, que fica a seu cargo aproveitar. É uma forma de arrebanhar mais dinheiro para a empresa, mas não é o objetivo principal; que é o de fixar o colaborador na empresa, tornando-o um codono.

11. LUCROS, RESERVAS E DIVIDENDOS

11.1. A busca do lucro
11.2. Lucro bruto e lucro líquido
11.3. Exercício social
11.4. A destinação do lucro à reserva legal
11.5. A destinação do lucro a outras reservas
11.6. Reserva de Incentivos Fiscais
11.7. Os dividendos
11.8. Dividendos obrigatórios
11.9. Dividendos de ações preferenciais
11.10. Dividendos intermediários
11.11. Pagamento de dividendos

11.1. A busca do lucro

Vamos partir de um princípio que se expressa pela lei em muitas de suas disposições e vamos encontrá-lo no conceito que o Código Civil nos dá de sociedade, no art. 981:

> *Celebram contrato de sociedade as pessoas que reciprocamente se obrigam a contribuir com bens ou serviços, para o exercício de atividade econômica e a partilha, entre si, dos resultados.*

Toda sociedade, civil ou mercantil, tem seu objeto e seu objetivo: o objeto é o *exercício de atividade econômica* e o objetivo é a *partilha dos resultados*. Os resultados são os lucros, o objetivo primordial. Quem entra numa sociedade está convicto de uma realidade: deve conferir a ela a contribuição financeira para formar seu capital e fazer com que ela produza lucros, para serem distribuídos proporcionalmente entre aqueles que contribuíram financeiramente para a formação do capital.

Ninguém entra numa sociedade por diletantismo, nem tampouco para dar emprego aos desempregados ou para impulsionar uma cidade ou uma região. Para tudo isso existem entidades gregárias especializadas, previstas pela própria lei. Quem entra numa sociedade é para ganhar dinheiro e este é o seu objetivo:

ganhar dinheiro e distribuí-lo entre seus donos. O lucro é, portanto, a alma da sociedade, a força que a mantém e a impulsiona; sem o lucro ela estaria fadada à extinção.

Como poderemos interpretar e conceituar o lucro? Será de múltiplas formas. Pode-se dizer que o lucro é a remuneração do capital aplicado numa sociedade. Contabilmente se diz que o lucro é o resultado do exercício social, ou seja, o resultado das atividades econômicas num determinado período. Do lado humano, o lucro é a compensação do esforço do acionista em aportar dinheiro à sociedade e lutar por ela; por isso, lucro é expressão oriunda do termo latino *lucrum*, que significa ganho, vantagem, retribuição, proveito.

Em italiano lucro é interesse; também em francês e inglês tem esse significado; diremos que o lucro é o interesse do acionista na sociedade. Em sentido vulgar, o lucro é o proveito, o ganho, o benefício que se pode auferir de um trabalho, um investimento, um esforço; é o benefício colhido pela ação desenvolvida por uma pessoa.

O sugestivo art. 981, há pouco transcrito, dá seu conceito de lucro como resultado da contribuição dos acionistas na formação da sociedade. Na linguagem do Direito Societário, mais restrita, o lucro é o resultado pecuniário da aplicação de dinheiro numa operação econômica; é o fruto do capital investido na economia. Perante a economia, é a diferença entre o capital aplicado e o ganho que ele produziu em determinado período.

Após essas considerações, chegamos ao aspecto restrito de nosso tema: o lucro é o ganho financeiro que proporciona a aplicação de dinheiro em ações de uma companhia. Embora pareça uma consideração simplista, é a alma da sociedade, da economia; é a alavanca que move o mundo; é a causa das navegações, do imperialismo, da política nacional e internacional, das guerras, das revoluções. Sem, a profunda análise dos lucros, Carlos Marx não teria escrito *O Capital*.

Para que os lucros? A própria lei nos indica as respostas; é para distribuí-los àqueles que investiram na operação. Surgiu assim o problema que estamos discutindo: o que fazer com os lucros e como fazer! O lucro pertence ao acionista; é propriedade dele;

foi o ganho que ele obteve sobre seu capital. É o acionista quem vai escolher o destino dos lucros, exercendo assim os direitos de propriedade. Os antigos romanos definiram a propriedade como *jus utendi, fruendi et abutendi*, vale dizer, o direito de usar, gozar e dispor de sua propriedade.

Todavia, tratando-se de lucros, não é tão radical esse conceito. Não há plena autonomia da vontade para os acionistas. Eles são realmente donos dos lucros e, cedo ou tarde, poderá ser totalmente deles. Todavia, a distribuição dos lucros deve obedecer a certas normas; há algumas reservas, ou por imposição legal, ou por disposições estatutárias, ou por convenção entre os próprios acionistas, ou por deliberação da assembleia geral. Não se discute o direito dos acionistas, mas o *modus faciendi* de exercer esse direito.

11.2. Lucro bruto e lucro líquido

Os lucros são vistos sob diversos aspectos e podem ser, numa classificação mais geral, divididos em brutos e líquidos. Lucro bruto é mais ou menos o faturamento da empresa, tudo que ela arrecadou nas operações empresariais num determinado período, chamado de exercício social. É a soma de resultados pecuniários desse período; soma total, bruto, sem dedução de gastos. É chamado resultado do exercício.

Os lucros líquidos surgem a partir dos lucros brutos, mas deduzindo-se as despesas feitas para as operações, as amortizações, os encargos, e outras verbas destinadas a outros setores. Do lucro bruto, isto é, de resultado do exercício serão deduzidos, antes de qualquer participação, os prejuízos acumulados e a provisão do imposto de renda. O prejuízo do exercício social será obrigatoriamente absorvido pelos lucros acumulados, pela reserva de lucros e pela reserva legal, nessa ordem.

Há, neste caso, duas situações: uma delas é a de haver acontecido no exercício anterior um prejuízo, vale dizer, um *deficit*, ficando a companhia no vermelho. Esse *deficit* precisa ser sanado, e com o lucro do exercício seguinte, ele será absorvido, e se o último for insuficiente, será coberto pelas reservas de lucro, e, se permanece o *deficit*, pela reserva legal. Se não houve prejuízo no exercício anterior, o lucro não será afetado.

Em seguida, serão deduzidas as participações estatutárias de empregados, administradores e partes beneficiárias. Elas serão determinadas sucessivamente e, nessa ordem, com base nos lucros que permanecerem. Feitas todas essas deduções, sobra o lucro líquido, que será submetido à deliberação da assembleia geral, que decidirá sobre o seu destino, obedecendo, porém, as disposições legais.

11.3. Exercício social

Já que temos falado amiúde no exercício social, vamos fazer mais algumas considerações sobre ele. É um período, um espaço de tempo, estabelecido no estatuto da companhia, não superior a um ano, para a apuração dos resultados e levantamento do balanço e demais demonstrações financeiras. Esse período, para a sociedade anônima, precisa ser de um ano, mas, para as demais sociedades, pode ter prazo menor. Não tem data certa de início e de fim, mas, na maioria dos casos, inicia-se em 1º de janeiro e termina em 31 de dezembro. Coincide assim com o ano civil. Todavia, poderá iniciar-se em 1º de março e terminar em 31 de abril do ano seguinte.

O importante a saber é a sua finalidade: é o período em que se faz a apuração dos resultados obtidos, a programação das atividades e a análise do trabalho realizado. Ao seu final são elaboradas as demonstrações financeiras, como o balanço patrimonial e a demonstração do resultado do exercício. Esta última dirá se a companhia teve prejuízo ou lucro, e apontará o lucro bruto e líquido.

11.4. A destinação do lucro à reserva legal

Quem resolverá o que fazer com o lucro líquido é a assembleia geral dos acionistas.

Levantadas as demonstrações financeiras, os órgãos de administração da companhia apresentarão, à assembleia geral ordinária, a proposta sobre a destinação a ser dada ao lucro líquido do exercício social. Essa assembleia geral ordinária deve ser realizada nos quatro primeiros meses seguintes ao término do exercício social. Embora caiba aos acionistas a decisão sobre o destino dos lucros, a liberdade deles sofre algumas restrições legais, sendo obrigados a aplicar 5% deles para a constituição da reserva legal.

A reserva legal, conforme o nome indica, é obrigatória por imposição legal, mas não poderá ultrapassar a 20% do capital. Se ela já tiver atingido esse limite no exercício anterior não poderá ter acréscimo e, se houver insuficiência, poderá ser completada, de acordo com deliberação da assembleia geral. A reserva legal tem o fim de assegurar a integridade do capital e somente poderá ser utilizada para compensar prejuízo ou aumentar o capital. Ela procura garantir os interesses de terceiros ligados à empresa.

A companhia poderá deixar de constituir a reserva legal no exercício em que o saldo dessa reserva, acrescido do montante das reservas de capital, exceder a 30% do capital. Resumindo esse critério, a reserva legal é dispensada se ela exceder a 20%, ou o montante das várias reservas exceder a 30%. Cumprida essa obrigação legal, os acionistas terão maior liberdade na disposição dos lucros, mas poderão ter outras restrições, não de ordem legal, mas estatutárias. É possível que o estatuto preveja algumas reservas para a proteção do capital, embora sejam convencionais, pois o estatuto é elaborado e aprovado pelos acionistas.

11.5. A destinação do lucro a outras reservas

O estatuto poderá criar reservas, desde que, para cada uma, indique de modo preciso e completo a sua finalidade; que fixe os critérios para determinar a parcela anual dos lucros líquidos que serão destinados à sua constituição, e estabeleça o limite máximo da reserva. É, portanto, uma reserva motivada, isto é, com indicação do seu objetivo e mensurada, com a indicação do valor que irá constituí-la. É uma reserva estatutária.

O termo reserva origina-se etimologicamente do verbo latino *reservare,* com o significado de poupar, conservar, deixar de lado. Etimologicamente é uma poupança da companhia, não gastando o que ela ganhou, mas deixando uma parcela do lucro obtido para determinado objetivo. É uma parte do lucro que é poupado para ser usado quando a condição para a qual foi criada se realizar. São várias as reservas normalmente adotadas pela S.A., ficando a cargo dos acionistas escolhê-las. Pelo que estamos vendo, há dois tipos de reservas: legais e estatutárias. Vejamos algumas delas.

Reserva para contingências

Contingência tem o sentido de eventualidade, de possibilidade. É uma reserva para enfrentar a eventualidade, a possibilidade de acontecimento futuro, aleatório, que possa afetar a companhia em exercícios futuros. A assembleia geral poderá, por propostas dos órgãos da administração, destinar parte do lucro líquido à formação de reserva com a finalidade de compensar, em exercício futuro, a diminuição do lucro, decorrente da perda julgada provável, cujo valor possa ser estimado.

A proposta dos órgãos da administração deverá indicar a causa da perda prevista e justificar, com as razões de prudência que a recomendem, a constituição da reserva. Ela será revertida no exercício em que deixarem de existir as razões que justificarem a sua constituição ou que ocorrer a perda.

Reserva de lucros a realizar

No exercício em que o montante do dividendo obrigatório ultrapassar a parcela realizada do lucro líquido do exercício, a assembleia geral poderá, por proposta dos órgãos de administração, destinar o excesso à constituição de reserva de lucros a realizar.

Considera-se realizada a parcela do lucro líquido do exercício que exceder da soma do resultado líquido positivo da equivalência patrimonial e do lucro, ganho ou rendimento em operações cujo prazo de realização financeira ocorra após o término do exercício social seguinte, e as transferências para reservas, os dividendos, a parcela dos lucros incorporada ao capital e o saldo ao fim do contrato.

A reserva de lucros a realizar somente poderá ser utilizada para pagamento do dividendo obrigatório e serão considerados como integrantes da reserva os lucros a realizar de cada exercício que forem os primeiros a serem realizados em dinheiro.

Reserva de retenção de lucros

A assembleia geral poderá, por proposta dos órgãos da administração, deliberar reter parcela do lucro líquido do exercício prevista em orçamento de capital por ela previamente aprovado. O orçamento submetido pelos órgãos da administração, com a justificativa da retenção de lucros proposta, deverá compreender todas as fontes de recursos e aplicações de capital, fixo ou circulante, e poderá ter a duração de até cinco exercícios, salvo no caso de execução, por prazo maior, de projeto de investimento.

O orçamento poderá ser aprovado pela assembleia geral ordinária que deliberar sobre o balanço do exercício e revisado anualmente, quando tiver duração superior a um exercício social.

A destinação dos lucros para constituição da reserva de retenção de lucros não poderá ser aprovada, em cada exercício, em prejuízo da distribuição do dividendo obrigatório. Assim acontece também com as reservas estatutárias.

Reserva de capital

É um conjunto de reservas, de ordem legal, destinadas a uma blindagem do capital. A reserva legal classifica-se como forma de reserva de capital. É também chamada de reserva-provisão, ou fundo, como fundo de reserva. Normas do Banco Central do Brasil, por exemplo, regulamentaram a *Reserva para Devedores Duvidosos*, correspondente a 10% sobre o montante dos créditos concedidos pelos bancos. É um fundo destinado a garantir eventuais inadimplementos que os devedores do banco possam apresentar.

Alguns o chamam de capital do capital, por ser um reforço do capital nominal, podendo ser legal ou convencional. O estatuto pode prever também a *Reserva para Aumento do Capital*, garantindo a majoração constante do capital.

A Reserva ou Fundo de Amortização (ou depreciação) é mais comum nas grandes indústrias, que tenham alto investimento em maquinaria. Os equipamentos industriais, com os anos, vão-se desgastando e desvalorizando, tornando-se obsoletos e pouco produtivos. O valor deles não representa mais o que está registrado no balanço, criando um valor irreal.

11.6. Reserva de Incentivos Fiscais

Esta é uma reserva recentemente criada, pela Lei 11.638, de 27.12.2007, por força da influência de investidores estrangeiros. Conforme vimos, as reservas são classificadas em vários grupos: reservas de capitais e reservas legais; a RIF – Reserva de Incentivos Fiscais, não se situa em nenhuma delas. Não é reserva legal porque não é obrigatória; não é reserva de capital porque não fica incorporada ao capital, mas será aplicada em tempo breve. Sua finalidade é dar maior facilidade, maleabilidade e segurança aos investimentos.

Foi introduzida na Lei 6.404/76, com a adição de um novo artigo, em seguida ao art. 195. É o artigo 195-A:

A assembleia geral, por proposta dos órgãos da administração, destina para a reserva de incentivos fiscais a parcela do lucro líquido decorrente de doações ou subvenções governamentais para investimentos, que poderá ser excluída da base de cálculo do dividendo obrigatório.

Ao dispor do art. 195-A, a assembleia geral é o órgão competente para criar a RIF. Achamos um pouco confusa a origem do dinheiro para essa reserva, mas, pelo espírito da lei, esse dinheiro vem de incentivos fiscais e doações recebidas do Poder Público. Além disso, essa reserva poderá ser feita antes de sobrar dinheiro para o pagamento de dividendos obrigatórios. Essa reserva poderá ser aproveitada para novos investimentos que a companhia pretenda realizar, mas também poderá ser utilizada para pagamento de dividendos.

O objetivo da Lei 11.638/2007 não era a criação da reserva de incentivos fiscais, mas esta foi decorrência daquela lei, foi criada por ela. A finalidade foi adaptar as práticas contábeis brasileiras aos padrões internacionais e facilitar os investimentos estrangeiros. Por isso, fez sensíveis modificações nas demonstrações, que examinaremos no capítulo próprio.

11.7. Os dividendos

Dividendo é a parcela do lucro apurado pela S.A., que é distribuída aos acionistas por ocasião do encerramento do exercício social, na proporção da quantidade de ações detida pelo acionista. É o rendimento do capital, destinado ao imediato recebimento pelos acionistas, proporcional às ações que estes possuírem. Representa parte do lucro da companhia, que lhes é destinada, o que significa que esse direito só lhes cabe se a companhia der lucros: se não houver lucro eles nada receberão, e, se houver prejuízo, terão ações desvalorizadas ou o prejuízo será abatido dos dividendos do próximo exercício, dependendo de haver resultados favoráveis.

Por isso, diz o art. 201 que a companhia somente pode pagar dividendos à conta de lucro líquido do exercício, de lucros acumulados e de reserva de lucros; e à conta de reserva de capital, no caso de ações preferenciais. A distribuição de dividendos com inobservância dessa restrição implica responsabilidade solidária dos administradores e fiscais, que deverão repor à caixa social a importância distribuída, sem prejuízo da ação penal que no caso couber.

Os acionistas não são obrigados a restituir os dividendos que em boa-fé receberem. Presume-se a má-fé quando os dividendos forem distribuídos sem o levantamento do balanço ou em desacordo com os resultados deste.

A divisão da parcela de lucros em dividendos tem sua forma prevista no estatuto e será decidida em assembleia geral. Representa a distribuição de resultados do exercício social findo ou dos exercícios anteriores. Normalmente, o pagamento de dividendos é anual, assim que se encerrar o exercício social, sendo decidido pela assembleia geral que deve se realizar no máximo até quatro meses do fim do exercício. Na realidade, o pagamento de dividendo é feito com as "sobras" do lucro, pois ele já deverá estar escoimado das reservas.

Há certo impacto no pagamento de dividendo de ações de uma S.A. No dia seguinte as ações se desvalorizam, pois os acionistas que desejarem vendê-las colocam-nas à venda somente após receber os dividendos delas. Por isso é difícil comprar ações antes do pagamento dos dividendos, a não ser que se pague valor mais elevado por elas.

Vamos rememorar um pouco. Do dinheiro arrecadado, deduzidas todas as obrigações e não restando mais nada a pagar, sobra um resíduo, denominado lucro líquido. O remanescente do resultado do exercício pertence aos acionistas e estes devem deliberar o que fazer dele. A distribuição dos lucros sociais processa-se normalmente com o que dispõe o estatuto. Se o estatuto for omisso nesse sentido, os acionistas deliberarão o destino do lucro líquido em assembleia geral. Todavia, a distribuição está condicionada a algumas disposições legais.

Parte do lucro líquido deve remunerar o acionista pelo investimento feito, fazendo-lhe um pagamento proporcional ao número de ações. Esse pagamento é chamado de dividendo, ou seja, a parcela de lucro correspondente a cada ação. A porcentagem do dividendo deve constar no estatuto, mas se não constar, a assembleia geral decidirá qual seja. A lei impõe, porém, que a metade do lucro líquido, menos as reservas obrigatórias, seja distribuída como dividendo. Se a assembleia geral decidir alterar o dividendo obrigatório, este não poderá ser inferior a 25% do lucro líquido, menos as reservas obrigatórias.

Vimos assim que a companhia escolhe o caminho a seguir, com referência aos lucros que obtiver, optando por vários destinos;

- reforça o capital com as reservas;
- reinveste os lucros na própria empresa;
- remunera os acionistas com os dividendos.

De acordo com o comportamento da empresa, os investidores vão-se estimular a adquirir suas ações:
I. Se ela distribui à larga o lucro líquido aos acionistas, irá atrair os investidores desejosos de auferir ganhos imediatos. Em compensação, suas possibilidades de crescimento são fracas por falta de investimento. É a fase de *fruição*, em que o investidor quer aumentar seus lucros.
II. Se ela distribui dividendos mais modestos, preferindo reservar seus lucros para reforço do capital, atrairá investidores que não visam a interesse imediato, mas desejosos de terem bom capital. Ganharão dinheiro quando venderem suas ações valorizadas pelas reservas. Esses acionistas olham as ações como uma poupança. É a fase da *acumulação*, em que o poupador quer aumentar seu patrimônio.

O comportamento da empresa depende da estratégia programada, e também das oportunidades e necessidade do setor de mercado em que ela está atuando. Se a fase é próspera, demanda investimentos, o que faz a empresa segurar parte de seus lucros e investi-lo nas atividades empresariais. Se a fase é fraca, a empresa distribui seus lucros aos acionistas, que poderão investi-los em outros empreendimentos mais prósperos.

11.8. Dividendos obrigatórios

A lei faculta à S.A. precaver-se contra a álea do mercado, ou, como fala a CLT, contra os *riscos da atividade econômica*. Para tanto, ela lança mão das reservas. Todavia, o direito dos acionistas ao dividendo é sagrado. Ele investiu dinheiro nas ações da companhia para auferir lucros, que são a ele destinados pelo dividendo; esse dividendo é garantido por lei, conforme diz o capítulo da Lei 6.404/76, denominado **Direitos Essenciais** no art. 109-I:

Nem o estatuto social nem a assembleia geral poderão privar o acionista dos direitos de participar dos lucros sociais.

Diversas decisões jurisprudenciais reconheceram e confirmaram esse direito. Decisões desse teor foram tomadas também pela Justiça de vários países.

A lei o chama de dividendos obrigatórios, pois a companhia está obrigada a pagá-los. Essa obrigação consta do art. 202 da LSA. Os acionistas têm direito de receber como dividendo obrigatório, em cada exercício, a parcela de lucros estabelecida no estatuto. Se ele for omisso, a importância será determinada de acordo com várias normas que a lei estabelece. Antes de tudo, convém ressaltar que o dividendo mínimo é de 25% sobre o capital.

Se o estatuto for omisso, terão direito à metade do lucro líquido do exercício diminuído ou acrescido da importância destinada à sua constituição da reserva legal, e da importância destinada à formação da reserva para contingências e reversão da mesma reserva formada em exercícios anteriores. O pagamento desse dividendo poderá ser limitado ao montante do lucro líquido do exercício que tiver sido realizado, desde que a diferença seja registrada como reserva de lucros a realizar.

Os lucros registrados na reserva de lucros a realizar, quando realizados e se não tiverem sido absorvidos por prejuízos em exercícios subsequentes, deverão ser acrescidos ao primeiro dividendo declarado após a realização.

11.9. Dividendos de ações preferenciais

A distribuição do lucro nas reservas estatutárias, para contingências, retenção de lucros, e reservas de lucro a realizar, não poderá prejudicar o direito dos acionistas preferenciais de receber os dividendos fixos ou mínimos a que tenham prioridade, inclusive os atrasados, se cumulativos.

As ações preferenciais, como vimos no capítulo próprio, são aquelas que conferem ao portador o direito de receber dividendos antes que sejam pagos pelas ações ordinárias. Procura então a lei, no art. 203, evitar que seus portadores sejam prejudicados, com a decisão da maioria na assembleia geral, lançando os lucros nas reservas, desfalcando o pagamento dos dividendos às ações preferenciais, ou de um dividendo fixo ou mínimo, garantido a elas. É a prioridade no pagamento do dividendo fixo e mínimo.

A primeira defesa que a lei realiza em prol das ações preferenciais é no tocante aos dividendos fixos ou mínimos que elas conferem ao seu portador. Os dividendos fixos são estipulados como uma quantia em dinheiro, já definida no estatuto. Geralmente, não há um fixo para os dividendos, distribuindo-se proporcionalmente os lucros para as ações: de acordo com o lucro corresponderá o valor do dividendo. Porém, o estatuto pode determinar um fixo, como, por exemplo, R$ 10,00 por ação; poderá também ser esse preço fixo representado por uma fórmula matemática cujo resultado seja uma quantia em dinheiro, como, por exemplo, 5% do valor do capital referente às ações preferenciais.

Nessas condições, se o montante de lucro for menor do que o valor dos dividendos fixos, os portadores de ações preferenciais receberão todo o lucro, ficando os portadores das ações ordinárias sem recebimento de dividendos. Se os lucros forem maiores, as ações preferenciais renderão o dividendo fixo a que tenham direito e as sobras serão distribuídas às ações ordinárias. Os mesmos critérios são adotados com referência ao dividendo mínimo.

Os portadores de ações preferenciais não participarão da assembleia geral e os acionistas ordinários terão pleno poder de decidir sobre o destino dos dividendos e poderão prejudicar o direito dos preferenciais quanto a essas prioridades. Por isso, o cuidado da lei.

11.10. Dividendos intermediários

A companhia que, por força de lei ou de disposição estatutária, levantar balanço semestral, poderá declarar, por deliberação dos órgãos de administração, se autorizados pelo estatuto, dividendo à conta do lucro apurado nesse balanço. Normalmente, o exercício social da S.A. é de um ano. Entretanto, desde que conste do estatuto, a companhia poderá adotar período menor (nunca maior), como, por exemplo, seis meses.

A companhia poderá, nos termos de disposição estatutária, levantar balanço e distribuir dividendos em períodos menores, desde que o total dos dividendos pagos em cada semestre do exercício social não exceda o montante das reservas de capital.

O estatuto poderá autorizar os órgãos de administração a declarar dividendos intermediários, à conta de lucros acumulados ou de reservas de lucros existentes no último balanço anual ou semestral.

11.11. Pagamento de dividendos

A companhia pagará o dividendo de ações nominativas à pessoa que, na data do ato de declaração do dividendo, estiver inscrita como proprietária ou usufrutuária da ação. Os dividendos poderão ser pagos por cheque nominativo remetido por via postal para o endereço comunicado pelo acionista à companhia, ou mediante crédito em conta-corrente bancária aberta em nome do acionista.

Os dividendos das ações em custódia bancária ou em depósito serão pagos pela companhia à instituição financeira depositária, que será responsável pela sua entrega aos titulares das ações depositadas. O dividendo deverá ser pago, salvo deliberação em contrário da assembleia geral, no prazo de 60 dias da data em que for declarado e, em qualquer caso, dentro do exercício social.

12. DEMONSTRAÇÕES FINANCEIRAS

12.1. Conceito e objetivos
12.2. Histórico
12.3. Tipos e características das demonstrações financeiras
12.4. Escrituração contábil
12.5. Balanço patrimonial
12.6. Demonstração das Mutações do Patrimônio Líquido
12.7. Demonstração do Resultado do Exercício
12.8. Demonstração dos Fluxos de Caixa – DFC
12.9. Demonstração do Valor Adicionado – DVA

12.1. Conceito e objetivos

Nas sociedades mercantis de pessoas impõe-se anualmente a elaboração do balanço, nos termos do art. 1.180 de nosso Código Civil. Nas S.A. é exigida a elaboração de *demonstrações financeiras*. Essas demonstrações financeiras são fechadas ao fim do exercício social, com duração de um ano. O exercício social geralmente corresponde ao ano civil, isto é, de 1º janeiro a 31 de dezembro. Essa observação é, porém, facultativa; a companhia pode adotar no estatuto outra data. Há muitas companhias com exercício social adotado de 1º de julho a 30 de junho. O exercício social é o período de administração estabelecido, no qual a sociedade desenvolve suas atividades empresariais, em cujo final será feito um levantamento de suas atividades, nos termos da lei. Esse levantamento tem o fim de averiguar seus resultados, se deu lucros ou prejuízos, os reflexos das atividades no parâmetro social, os impostos a recolher e demais aspectos contábeis da companhia.

Não nos parece muito adequada a expressão *demonstrações financeiras*, pois é tradicional em nosso país a denominação de *balanço*. O balanço atual de uma S.A. é constituído de várias peças, indicadas no art. 176 da Lei das S.A. É patente a influência norte-americana na atual Lei das S.A. Foi feita então uma tradução muito servil do termo *financial statement* (balanço financeiro). O balanço é, entretanto, uma demonstração contábil e não financeira. Essas demonstrações financeiras devem ser publicadas no Diário Oficial e em jornal de livre circulação. É uma das razões por que a S.A. é um tipo de sociedade adaptável às grandes organizações, pois é custosa sua manutenção.

A moderna contabilidade vem distinguindo dois grandes campos, dependendo do interesse daqueles que a examinam. A primeira ênfase é a da *Contabilidade Gerencial*, por ser de maior interesse dos administradores-gerentes de uma sociedade mercantil. Visa ela a revelar principalmente os valores a pagar e os a receber, o nível das despesas e das receitas, dando aos que exercem a gerência de uma companhia os instrumentos de trabalho, a fim de que possam administrá-la. Como os administradores tomam as decisões pela companhia, eles precisam conhecer as disponibilidades para investimentos, as necessidades de dinheiro ou de crédito e o fluxo contínuo da gestão financeira da companhia. Na Contabilidade Gerencial integra-se ainda a Contabilidade de Custos, os planejamentos financeiros e outros planos de gestão.

Há outro ramo da contabilidade, com ênfase bem diferente. É a Contabilidade Financeira, cujos documentos básicos são os quatro tipos de balanços apontados no art. 185. Ela se destina a revelar a situação econômico-financeira da S.A., a rentabilidade e a segurança de seus valores mobiliários. Os interesses maiores da Contabilidade Financeira não estão na companhia, mas fora dela; suas revelações despertam mais a atenção dos investidores, dos potenciais acionistas, da Bolsa de Valores Mobiliários, das sociedades corretoras e distribuidoras de valores mobiliários. A Contabilidade Financeira é a que interessa ao nosso estudo; é a ela que se refere a Lei das S.A. Nota-se claramente a grande preocupação legal em fazer com que o público conheça esses pormenores. As demonstrações financeiras exigidas pela Lei das S.A. dão nitidamente esse sentido. Ao que parece, é por esse motivo que os balanços são chamados de demonstrações financeiras e não contábeis.

12.2. Histórico

O sistema contábil da S.A. foi estabelecido em 1976, pela Lei 6.404/76, diferenciado-a das demais sociedades. Conservando os fundamentos e a estrutura deixados pela Lei 6.404/76, em 28.12.2007, a Lei 11.638/07 reestruturou o sistema, introduzindo muitas alterações na Lei 6.404/76. O objetivo dessa reforma foi o de adequar a contabilidade brasileira aos padrões internacionais, formando uma contabilidade uniforme no plano internacional. Essa padronização foi organizada pela *IABS – International Accounting Standards Board*, por meio das *IFRS – International Finance Report Standards*.

Essa mudança tem nítida influência estrangeira, mormente dos investidores e das empresas multinacionais interessadas em investir no Brasil. Interesse deles em novas empresas brasileiras tornou-se agora mais fácil de ser operado, pois há maiores fontes de informações, com a contabilidade brasileira amoldada às que as multinacionais praticam. Como exemplo, podemos citar a criação de nova demonstração financeira, denominada *Demonstração do Valor Adicionado – DVA*, obrigatória pelas leis estrangeiras, e só agora oficializada no Brasil. Essa obrigação não se estende às companhias fechadas, que poderão, porém, adotá-las.

Outra inovação introduzida pela Lei 11.638/07 foi a classificação de *Empresa de Grande Porte*, assim considerada a sociedade ou grupo de sociedades sob controle comum que tiver ativo superior a R$ 240.000.000,00 ou receita bruta anual superior a R$ 300.000.000,00. Essas empresas devem ser auditadas por auditor independente registrado na CVM. Além disso, essas disposições devem ser aplicadas a outros tipos de sociedades, como a sociedade limitada, se estiver classificada como Sociedade de Grande Porte.

A mudança operada pela Lei 11.638/07 irá provocar modificações no Direito Societário e no seu ensino nas faculdades, como nos cursos de contabilidade. Frise-se que a Faculdade de Direito da Universidade de São Paulo tem uma matéria específica, denominada Contabilidade Empresarial, cujo programa deverá agora ser reformulado.

O art. 176 obriga à elaboração de cinco demonstrações financeiras:

1. Balanço patrimonial;
2. Demonstração das mutações do Patrimônio Líquido;
3. Demonstração do resultado do exercício;
4. Demonstração do Fluxo de Caixa – DFC;
5. Demonstração do Valor Adicionado – DVA.

12.3. Tipos e características das demonstrações financeiras

Conforme acabamos de falar, ao fim de cada exercício social, a Diretoria elaborará, com base na escrituração mercantil da companhia, as demonstrações financeiras acima citadas, que deverão exprimir com clareza a situação do patrimônio da companhia e as mutações ocorridas no exercício.

As demonstrações de cada exercício serão publicadas com a indicação dos valores correspondentes das demonstrações do exercício anterior. É como se vê nos exemplos aqui expostos, em que há valores de dois anos seguidos, como os do exercício de 2008 e 2007. Nas demonstrações, as contas semelhantes poderão ser agrupadas. Os pequenos saldos poderão ser agregados, desde que indicada a sua natureza e não ultrapassem um décimo do valor do respectivo grupo de contas. Porém, é vedada a utilização de designações genéricas, como *diversas contas* ou *contas-correntes*. As demonstrações financeiras registrarão a destinação dos lucros segundo a proposta dos órgãos da administração, no pressuposto de sua aprovação pela AG.

As demonstrações serão complementadas por notas explicativas e outros quadros analíticos ou demonstrações contábeis necessários para esclarecimentos da situação patrimonial e dos resultados do exercício. Essas notas deverão indicar os principais critérios de avaliação dos elementos patrimoniais, especialmente estoques, dos cálculos de depreciação, amortização e exaustão, de constituição de provisões para encargos ou riscos, e dos ajustes para atender a perdas prováveis na realização de elementos do ativo.

Deverão, ainda, indicar os investimentos em outras sociedades, quando relevantes; o aumento de valor dos elementos do ativo resultante de novas avaliações; os ônus reais constituídos sobre elementos do ativo, as garantias prestadas a terceiros e outras responsabilidades eventuais ou contingentes.

Deverá indicar também a taxa de juros, as datas de vencimento e as garantias e obrigações a longo prazo; o número, espécies e classes das ações do capital social; as opções de compra de ações outorgadas e exercidas no exercício; os ajustes de exercícios anteriores; e os eventos subsequentes à data de encerramento do exercício que tenham, ou possam vir a ter, efeito relevante sobre a situação financeira e os resultados futuros da companhia.

A companhia fechada, com patrimônio líquido, na data do balanço, não superior a R$ 1.000.000,00, não será obrigada à elaboração e publicação da Demonstração do Valor Adicionado – DVA. Poderá elaborá-la, se desejar.

12.4. Escrituração contábil

O novo Código Civil, num capítulo denominado *Da Escrituração*, contendo os artigos 1.179 a 1.195, aliás, o último capítulo referente ao Direito de Empresa, estabelece a obrigatoriedade de a empresa mercantil seguir sistema de contabilidade, mecanizada ou não, com base na escrituração uniforme de seus livros, em correspondência com a documentação respectiva.

Estabelece ainda a obrigatoriedade de a empresa mercantil levantar anualmente o balanço patrimonial e o de resultado econômico. Tratando-se de S.A. há outras exigências sobre a escrituração, expostas no art. 177. A escrituração da companhia será mantida em registros permanentes, com obediência aos preceitos da legislação empresarial e da LSA e aos princípios de contabilidade geralmente aceitos, devendo observar métodos ou critérios contábeis uniformes no tempo e registrar as mutações patrimoniais segundo o regime de competência. As normas expedidas pela CVM sobre as demonstrações financeiras das companhias abertas deverão ser elaboradas em consonância com os padrões internacionais de contabilidade adotados nos principais mercados de valores mobiliários. Elas deverão ser assinadas pelos administradores e por contabilista legalmente habilitado. As companhias fechadas poderão optar por observar as normas sobre demonstrações financeiras expedidas pela CVM para as companhias abertas.

As demonstrações financeiras do exercício em que houver modificação de métodos ou critérios contábeis, de efeitos relevantes, deverão indicá-la em nota e ressaltar esses efeitos. A companhia observará em registros auxiliares, sem modificação da escrituração mercantil e das demonstrações reguladas na LSA, as disposições da lei tributária, ou de legislação especial sobre a atividade que constitui seu objeto, que prescrevem métodos ou critérios contábeis diferentes ou determinem elaboração de outras demonstrações financeiras.

As demonstrações financeiras devem ser publicadas nos jornais, nos quatro meses seguintes ao término do exercício social. Como geralmente as companhias têm o exercício social de 1º de janeiro a 31 de dezembro, os meses de março e abril são pródigos em publicações de demonstrações financeiras. Para quem interessar, a consulta aos jornais desses meses oferecerá inúmeros exemplos dessas publicações. Selecionamos um exemplo mais sugestivo de cada tipo de demonstrações financeiras, que juntamos às respectivas explicações.

12.5. Balanço patrimonial

O balanço patrimonial pode ser considerado como a principal demonstração financeira de uma S.A., pois é quem reflete a real situação econômico-financeira dela, num determinado momento. As realidades básicas do balanço patrimonial são o Ativo, o Passivo e o Patrimônio Liquido. Graças ao balanço patrimonial, podemos conhecer o patrimônio da companhia: quanto dinheiro tem ela em mãos e em bancos e quanto terá a receber a curto e longo prazos, quanto terá de pagar e demais elementos do patrimônio. As bases da escrituração do balanço patrimonial estão definidas nos arts. 178 a 185. É ele apresentado em dois quadros: o da esquerda traz os elementos do Ativo; o quadro da direita traz o Passivo. Para melhorar a compreensão dessa demonstração financeira é conveniente ter sempre à mão um balanço patrimonial publicado, o que acontece quase que diariamente no Diário Oficial e nos jornais, pelo menos em São Paulo e no Rio de Janeiro.

    O Ativo retrata os créditos da companhia, ou seja, o que ela possui como sua e possa ser transformado em dinheiro, bem como os créditos que ela tem a receber. São, portanto, bens e direitos com seu valor indicado em moeda nacional. As contas são apresentadas em ordem decrescente de grau de liquidez, ou seja, de acordo com a maior facilidade de ficar a companhia com dinheiro à mão. Por exemplo: dinheiro em caixa e em bancos tem maior liquidez, pois fica à disposição imediata da companhia; já duplicatas a receber têm menor liquidez, pois exigem um tempo maior para serem transformadas em dinheiro à mão da companhia.

    Observando assim esse critério, no ativo aparece em primeiro lugar o Ativo Circulante, constituído de dinheiro em caixa e em bancos, duplicatas a receber, mercadorias em estoque, matéria-prima e outros créditos de maior mobilidade e a curto prazo. Em seguida, aparecem créditos que poderão ser transformados em dinheiro só a prazo maior, como 6, 9 ou 12 meses. São incluídos no item *Ativo Realizável a Longo Prazo*. O terceiro item é o *Ativo Permanente*; trata-se de dinheiro aplicado de tal maneira fixa que dificilmente pode ser transformado em dinheiro à mão. É o caso do Ativo Imobilizado em terrenos, construções e equipamentos, bem como ações de outras companhias.

    Ao lado direito do balanço patrimonial são lançadas as contas do Passivo, ou seja, as obrigações que a companhia terá de cumprir. O item primeiro é o Passivo Circulante, constituído das obrigações mais urgentes, como duplicatas e contas a pagar. Depois vem o Passivo Exigível a Longo Prazo, ou seja, obrigações a cumprir a prazo maior. No Passivo é também lançado o Patrimônio Líquido, que é a diferença entre o valor do Ativo e do Passivo de uma companhia, em dado momento. Por exemplo: o Ativo atingiu a R$ 20.000,00 e o Passivo a R$ 15.000,00; a diferença de R$ 5.000,00 é o Patrimônio Líquido. Vários componentes possuem o Patrimônio Líquido: o Capital Social, os Lucros Suspensos, as diversas espécies de reserva. Não deixam de ser débitos da companhia, pois um dia terá de pagá-los aos acionistas, embora só em caso excepcional, como na sua extinção.

[Tabela: Balanços Patrimoniais em 31 de Dezembro de 2009 e 2008 (em milhares de reais)]

12.6. Demonstração das Mutações do Patrimônio Líquido

Essa demonstração foi primeiramente prevista pela LSA no art. 186-2º com o nome de Demonstração de Lucros ou Prejuízos Acumulados, mas a Instrução Normativa 59/96 da CVM substitui-a por outra mais ampla, a que deu o nome deste item. A Demonstração das Mutações do Patrimônio Líquido traz, além dos lucros ou prejuízos acumulados, mais sete itens: descrição das mutações; capital realizado atualizado; reserva de lucros; ações em tesouraria; total do patrimônio líquido.

Por patrimônio líquido entenda-se o capital, reservas de capital, reserva legal, reservas de reavaliação, reserva de lucros, lucros ou prejuízos acumulados.

Seu objetivo é o de mostrar a movimentação ocorrida no exercício nas contas dos componentes do patrimônio líquido. Faz clara indicação do fluxo de uma conta para outra, além de indicar a origem de cada acréscimo. É bem mais ampla do que a demonstração de lucros ou prejuízos acumulados, já que evidencia a movimentação de todas as contas do patrimônio líquido durante o exercício social, inclusive a formação e utilização das reservas não derivadas do lucro.

Essa demonstração indicará o saldo do início do período, os ajustes de exercícios anteriores e a correção monetária do saldo inicial; as reversões de reservas e o lucro líquido do exercício; as transferências para reservas, os dividendos, a parcela dos lucros incorporada ao capital e o saldo ao fim do período. Como ajustes de exercícios anteriores serão considerados apenas os decorrentes de efeitos da mudança de critério contábil, ou da retificação de erro imputável a determinado exercício anterior, e que não possam ser atribuídos a fatos subsequentes. Deverá indicar o montante de dividendo por ação do capital social.

A publicação dessa declaração não é obrigatória, embora normalmente se vê publicação dela nos jornais.

		Demonstrações das Mutações do Patrimônio Líquido para os Exercícios Findos em 31 de Dezembro de 2009 e de 2008 (Em milhares de Reais)						
					Reservas de lucro			
	Notas	Capital social	Reservas de capital	Reserva legal	Reserva de retenção de lucros	Lucros (prejuízos) acumulados	Ações em tesouraria	Total
Saldos em 31 de dezembro de 2007		426.520	2.420	1.101	15.683	–	–	445.724
Ajustes de exercícios anteriores, decorrentes da Lei nº 11.638/07	24	–	–	–	–	(18.295)	–	(18.295)
Plano de outorga de ações		–	1.299	–	–	–	–	1.299
Dividendos distribuídos		–	–	–	(4.800)	–	–	(4.800)
Compra de ações de emissão própria		–	–	–	–	–	(11.929)	(11.929)
Cancelamento de ações de emissão própria		–	–	–	(8.654)	–	8.654	–
Lucro líquido do exercício		–	–	(1.101)	(2.229)	8.781	–	8.781
Amortização de prejuízos acumulados		–	–	–	–	3.330	–	–
Saldos em 31 de dezembro de 2008	24	426.520	3.719	–	–	(6.184)	(3.275)	420.780
Plano de outorga de ações		–	819	–	–	–	–	819
Lucro líquido do exercício		–	–	–	–	51.516	–	51.516
Proposta para destinação do lucro líquido:								
Reserva legal	20	–	–	2.266	–	(2.266)	–	–
Dividendos propostos	20	–	–	–	–	(10.767)	–	(10.767)
Reserva de retenção de lucros	20	–	–	–	32.299	(32.299)	–	–
Saldos em 31 de dezembro de 2009		426.520	4.538	2.266	32.299	–	(3.275)	462.348

As notas explicativas são parte integrante das demonstrações contábeis

12.7. Demonstração do Resultado do Exercício

Essa demonstração revela a lucratividade da companhia num determinado exercício. Quanto ela arrecadou, quanto gastou e a diferença entre a receita e a despesa. Deve demonstrar ainda a distribuição do resultado: se houve lucro, para quem foi distribuído; se houve prejuízo, como foi ele coberto. Se o balanço patrimonial é a demonstração do Ativo e do Passivo, a demonstração do resultado do exercício é a demonstração da receita e da despesa.

A receita é a entrada de valores para o patrimônio da companhia, na forma de dinheiro ou direitos a receber, correspondente, normalmente, à venda de mercadorias ou à prestação de serviços. A receita implica, pois, aumento do patrimônio líquido. Por outro lado, a despesa é o conjunto de gastos em bens ou serviços, para aumentar a receita. Constitui-se normalmente de compra de matérias-primas, salários, impostos. A despesa provoca a diminuição do patrimônio líquido.

O resultado do exercício é a diferença entre ambas: se a receita for superior à despesa, haverá lucro; se a despesa superar a receita, haverá prejuízo. Assim sendo, a demonstração do resultado do exercício aponta as variações do patrimônio líquido. Ela traz a relação das receitas arrecadadas, classificadas dentro de um critério uniforme, como faz também com as despesas pagas, no período do exercício social. O exame dessa demonstração interessa sobremaneira aos acionistas da companhia ou aos potenciais acionistas, ou seja, os investidores. Eles ficam sabendo se a companhia está distribuindo bons dividendos, se as companhias coligadas ou controladas dão a ela bons lucros, se a despesa está aumentando ou diminuindo em relação às vendas, se o exercício deu lucro a ser incorporado à reserva e, em consequência, poderá ser distribuído como dividendo.

DEMONSTRAÇÕES DOS RESULTADOS
PARA OS EXERCÍCIOS FINDOS EM 31 DE DEZEMBRO DE 2009 E 2008
(valores expressos em milhares de reais, exceto lucro e valor patrimonial por ação)

	Controladora		Consolidado	
	2009	2008	2009	2008
VENDA DE PRODUTOS E SERVIÇOS	2.014.464	1.939.350	2.075.035	2.001.548
Impostos incidentes	(81.921)	(77.838)	(85.354)	(81.548)
	1.932.543	1.861.512	1.989.681	1.920.000
CUSTO DOS PRODUTOS E SERVIÇOS	(699.528)	(638.335)	(711.360)	(665.505)
Lucro bruto	1.233.015	1.223.177	1.278.321	1.254.495
RECEITAS (DESPESAS) OPERACIONAIS:	(944.087)	(948.627)	(970.116)	(972.071)
Vendas	(603.745)	(581.870)	(628.000)	(601.910)
Administrativas	(303.715)	(339.540)	(305.103)	(342.848)
Honorários da diretoria (nota 9.1.a)	(24.733)	(19.496)	(24.733)	(19.496)
Outras despesas operacionais, líquidas (nota 16)	(11.894)	(7.721)	(12.280)	(7.817)
RESULTADO DECORRENTE DA ADESÃO AO REFIS IV (nota 13)	4.334	-	4.844	-
RESULTADO DA EQUIVALÊNCIA PATRIMONIAL (nota 8)	(24.028)	23.434	-	-
REVERSÃO (CONSTITUIÇÃO) DA PROVISÃO PARA PERDAS EM OPERAÇÕES DE CONTROLADAS (nota 8)	1.319	(1.755)	-	-
Lucro antes do resultado financeiro	270.553	296.229	313.049	282.424
RESULTADO FINANCEIRO (nota 17):				
Receitas	56.666	123.100	49.620	79.177
Despesas	(99.657)	(126.704)	(105.576)	(150.893)
Variações cambiais, líquidas	(52.227)	(29.573)	(75.814)	56.510
Lucro antes do imposto de renda, da contribuição social e das participações	175.335	263.052	181.279	267.218
IMPOSTO DE RENDA E CONTRIBUIÇÃO SOCIAL (nota 18):	(62.881)	(79.630)	(68.787)	(83.733)
Corrente	(40.756)	(62.972)	(47.897)	(70.966)
Diferido	(22.125)	(16.658)	(20.890)	(12.767)
Lucro antes das participações minoritárias	112.454	183.422	112.492	183.485
PARTICIPAÇÕES MINORITÁRIAS	-	-	(38)	(63)
Lucro líquido do exercício	112.454	183.422	112.454	183.422
Lucro líquido por ação do capital social no fim do exercício (em R$)	9,2491	15,0861		
Valor patrimonial por ação do capital social no fim do exercício (em R$)	14,6335	14,6829		

As notas explicativas da Administração são parte integrante das demonstrações financeiras.

12.8. Demonstração dos Fluxos de Caixa – DFC

Era chamada até 1º.1.2008, data em que entrou em vigência a Lei 11.638/07, de Demonstração da Origem e Aplicação de Recursos, de tal forma que não constituiu novidade, mas recebeu outra regulamentação, mormente com a Deliberação CVM. 547/2008.

Apresenta, de forma sintética, a origem de todo o dinheiro que entrou na companhia, e ainda a forma de saída desse dinheiro, enfim, como o dinheiro entrou e como saiu. Traz informações úteis para os investidores, para que estes possam avaliar a capacidade de a companhia gerar caixa e equivalentes de caixa e as necessidades da empresa para utilizar esses recursos. Fornece informações acerca das alterações históricas de caixa durante os períodos provenientes de três tipos de atividades: operacionais, de investimento, de financiamento.

Na demonstração de atividades operacionais constam os resultados das atividades operacionais, como as receitas e despesas oriundas da industrialização, comercialização dos produtos ou a prestação de serviços. O montante dos fluxos de caixa decorrentes das atividades operacionais é o indicador-chave da extensão em que as operações da entidade tem gerado suficientes fluxos de caixa para amortizar empréstimos, manter a capacidade operacional da empresa, pagar dividendos e fazer novos investimentos sem recorrer a fontes externas de financiamento.

Em segundo lugar, vêm as atividades de investimento, assim consideradas as despesas realizadas no Realizável a Longo Prazo ou no Ativo Permanente e assim como as entradas por venda de Ativos Imobilizados. Essa revelação é importante porque esses fluxos de caixa representam a extensão em que dispêndios de recursos são feitos pela empresa com a finalidade de gerar receitas e fluxos de caixa no futuro.

Em terceiro lugar, estão as atividades de financiamento, que representam os recursos obtidos do Exigível a Longo Prazo e do Patrimônio Líquido. Adicionam-se ainda os empréstimos e financiamentos de curto prazo. As saídas correspondem à amortização destas dívidas e os valores pagos aos acionistas a título de dividendos e outras distribuições de lucros. Trata-se de divulgação útil para prever as exigências sobre futuros fluxos de caixa pelos fornecedores de capital à companhia.

Demonstrações dos Fluxos de Caixa
para os Exercícios Findos em 31 de Dezembro de 2009 e de 2008
(Em milhares de Reais)

	Controladora		Consolidado			Controladora		Consolidado	
	2009	2008	2009	2008		2009	2008	2009	2008
Das atividades operacionais					**Aumento/(redução) nos passivos operacionais:**				
Lucro líquido do exercício	51.516	8.781	51.516	8.781	Fornecedores	(118)	(2.175)	14.447	(1.428)
Ajustes para reconciliar o lucro líquido do exercício					Obrigações trabalhistas e tributárias	1.901	1.562	4.031	6.365
com o caixa e equivalentes de caixas gerado pelas					Credores por imóveis compromissados	–	(65.551)	(35.801)	(164.057)
atividades operacionais					Adiantamento de clientes	–	–	(783)	7.475
Provisão para devedores duvidosos	–	–	2.421	1.050	Contas a pagar	332	(912)	(7.450)	2.987
Depreciação/amortização	1.237	509	1.934	919	**Caixa líquido gerado pelas (aplicado nas) atividades operacionais**	(25.022)	11.888	(216.522)	(146.990)
Amortização de ágio	493	411	2.876	4.061	**Das atividades de investimentos**				
Depreciação de stands de venda	–	–	6.804	4.060	Dividendos recebidos	41.558	3.451	–	–
Juros sobre empréstimos e debêntures	29.926	21.633	32.288	23.663	Aquisição de imobilizado	(2.426)	(4.439)	(8.216)	(17.744)
Impostos e contribuições diferidos	–	–	18.876	1.888	Aquisição de investimento	(124.444)	(185.370)	–	–
Equivalência patrimonial	(85.962)	(24.440)	–	–	Aquisição de intangível	(351)	(2.946)	(513)	(3.280)
Provisão para contingências	1.005	–	543	41	Aquisição de ações próprias	–	(11.929)	–	(11.929)
Participação de minoritários	–	–	675	–	**Caixa líquido aplicado nas atividades de investimentos**	(85.663)	(201.233)	(8.729)	(32.953)
(Aumento)/redução nos ativos operacionais:					**Das atividades de financiamentos**				
Aplicações financeiras	–	–	(2.905)	–	Reserva de capital - plano de opção de ações	819	1.299	819	1.299
Contas a receber	(2.744)	–	(316.416)	(116.128)	Debêntures	601	196.677	601	196.677
Imóveis a comercializar	6.019	71.368	24.861	77.532	Empréstimos e financiamentos	(29.943)	(6.883)	105.683	(3.270)
Créditos diversos	307	376	(1.322)	(2.618)	Dividendos pagos	–	(10.028)	–	(10.028)
Adiantamento para aquisição de imóveis	–	4.428	–	4.428	**Caixa líquido gerado nas atividades de financiamento**	(28.523)	181.065	107.103	184.678
Partes relacionadas	(25.875)	260	(10.381)	(1.976)	**Aumento/(redução) de caixa e equivalentes de caixa**	(139.208)	(8.280)	(118.148)	4.735
Impostos e contribuição a recuperar	(3.059)	(4.362)	(2.736)	(4.023)	**Saldo de caixa e equivalentes de caixa**				
					No início do exercício	231.014	239.294	255.948	251.213
					No final do exercício	91.806	231.014	137.800	255.948
					Aumento/(redução) de caixa e equivalentes de caixa	(139.208)	(8.280)	(118.148)	4.735

As notas explicativas são parte integrante das demonstrações contábeis

12.9. Demonstração do Valor Adicionado – DVA

Essa demonstração foi recentemente introduzida na LSA, embora fosse comum dos principais países, mormente entre as multinacionais. Procura sintetizar os valores referentes à formação da riqueza gerada pela empresa e sua respectiva distribuição. É um extrato dos valores contidos no próprio balanço.

A riqueza gerada pela empresa, medida no conceito de valor adicionado, é calculada com base na diferença entre o montante de sua produção e os bens e serviços produzidos por terceiros, que entram na atividade de produção da empresa. Representa um índice da produtividade da empresa, e avaliação de seu desempenho na geração da riqueza. Procura medir sua capacidade, sua eficiência no aproveitamento dos fatores de produção, comparando o valor das saídas e o valor das entradas.

Retrata a contribuição da sociedade na economia do país, pois sua atividade econômica significa a geração de riquezas com a combinação dos fatores de produção, como as matérias-primas, o trabalho dos empregados, acionistas, a tecnologia e outros, e a distribuição das riquezas produzidas.

DEMONSTRAÇÕES DO VALOR ADICIONADO
PARA OS EXERCÍCIOS FINDOS EM 31 DE DEZEMBRO DE 2009 E 2008
(valores expressos em milhares de reais)

	Controladora 2009	Controladora 2008	Consolidado 2009	Consolidado 2008
RECEITAS	1.991.177	1.935.388	2.049.413	1.997.617
Venda de produtos e serviços	2.014.464	1.939.350	2.075.035	2.001.548
Outras receitas	703	-	767	119
Provisão para créditos de liquidação duvidosa	(23.990)	(3.962)	(26.389)	(4.050)
INSUMOS ADQUIRIDOS DE TERCEIROS	1.081.346	1.022.810	1.101.234	1.044.184
Matérias-primas consumidas	222.906	190.725	229.528	195.342
Custo dos produtos e serviços vendidos	476.106	418.898	466.864	413.385
Materiais, energia, serviços de terceiros e outros	382.334	413.187	404.842	435.457
VALOR ADICIONADO BRUTO	909.831	912.578	948.179	953.433
RETENÇÕES	32.273	40.534	36.963	59.187
Depreciações e amortizações	32.273	40.534	36.963	59.187
VALOR ADICIONADO LÍQUIDO PRODUZIDO	877.558	872.044	911.216	894.246
VALOR ADICIONADO RECEBIDO EM TRANSFERÊNCIA	(42.205)	171.726	(59.716)	217.329
Resultado de equivalência patrimonial	(22.709)	21.679	-	-
Receitas financeiras	56.666	150.094	49.620	106.171
Variação cambial ativa	(76.162)	(47)	(109.336)	111.158
VALOR ADICIONADO TOTAL A DISTRIBUIR	835.353	1.043.770	851.500	1.111.575
DISTRIBUIÇÃO DO VALOR ADICIONADO	835.353	1.043.770	851.500	1.111.575
Pessoal e encargos	402.682	397.033	409.432	404.020
Remuneração direta	339.666	338.458	345.379	344.420
Benefícios	41.143	37.434	41.799	38.056
FGTS	21.873	21.141	22.254	21.544
Impostos, taxas e contribuições	213.365	227.831	223.479	237.088
Federais	212.619	222.380	223.168	231.550
Estaduais	1.111	1.768	1.126	1.776
Municipais	3.969	3.683	4.029	3.762
Resultado decorrente da adesão ao REFIS IV	(4.334)	-	(4.844)	-
Remuneração de capital de terceiros	106.852	235.484	106.097	286.982
Juros	51.787	212.750	38.532	287.182
Variação cambial passiva	23.935	(29.526)	33.522	(54.648)
Aluguéis	30.901	33.078	31.446	33.745
Outros	229	19.182	2.597	20.703
Remuneração de capitais próprios	112.454	183.422	112.492	183.485
Lucros retidos	-	100.188	-	100.188
Dividendos	113.054	74.063	113.054	74.063
Constituição (reversão) de reservas	(600)	9.171	(600)	9.171
Participação dos não controladores nos lucros retidos	-	-	38	63

As notas explicativas da Administração são parte integrante das demonstrações financeiras.

13. NEGÓCIOS SOBRE O CONTROLE ACIONÁRIO

13.1. Motivos da regulação
13.2. Alienação do controle de companhia aberta
13.3. A forma de alienação
13.4. OPA – Oferta Pública de Ações
13.5. A aquisição de outra sociedade por companhia aberta
13.6. Aprovação pela assembleia geral da compradora
13.7. Oferta pública de controle de companhia aberta

13.1. Motivos da regulação

O poder de controle de uma companhia aberta é um bem intangível, mas *in commercium*. Não é estático, porém, dinâmico, obedecendo a muitas flutuações. Após o golpe militar de 1964, muitas companhias abertas no Brasil passaram para outras mãos, mormente estrangeiras. Não é bem a companhia que é vendida, mas o seu controle, ou seja, um determinado número de ações, que assegurem ao adquirente delas o poder de eleger os administradores da companhia e ser fator decisivo nas decisões da assembleia geral. É um ato societário, mas cuja figura central não é a companhia, mas seus acionistas controladores.

Nossa lei considera o controle de uma companhia um valor autônomo, independentemente dos elementos que o compõem. Esse valor jurídico parece ter como titular o acionista controlador, mas nossa lei restringe esse direito, de tal forma que a alienação desse valor não é livre, mas submete-se às prescrições da Lei das S.A., que prevê até sanções. Essas prescrições prevalecem em três casos importantes de negócios sobre o controle acionário: a) quando há alienação do controle de uma companhia aberta; b) quando uma companhia aberta pretende adquirir o controle de outra sociedade mercantil; c) quando houver uma oferta pública de compra de uma companhia aberta.

Os negócios sobre a mudança de controle só exigem cuidados especiais quando se tratar de uma companhia aberta. Quando se tratar de companhia fechada, não são afetados os interesses de uma grande coletividade de acionistas. Há uma relativa intimidade e *affectio societatis* entre os acionistas, de tal forma que eles sabem como se entender. Por exemplo, que sentido teria a oferta pública de aquisição de ações de uma companhia fechada, cujo capital pertença em 95% a um único acionista controlador? Um potencial adquirente do controle dessa companhia poderá procurar diretamente o seu acionista controlador e fechar o negócio da compra. Os outros 5% dos acionistas poderão enfrentar apenas problemas sem maiores consequências, sem necessidade de regulamentação legal.

Ao alienar o controle da companhia, o acionista controlador vende também um bem intangível, incorpóreo e difícil de ser avaliado, que é o aviamento. Quem adquire uma grande empresa, adquire um mercado já conquistado, segredos industriais, como o *Know-How*, funcionários treinados e vários outros fatores imateriais. Às vezes, quem faz a oferta pública de aquisição de ações pode ser um *testa de ferro* de um grupo concorrente, cujo interesse será o de abolir certa linha de produtos, que faça concorrência ao ofertante. Esse interesse é oculto, secreto e difícil de ser identificado. Esses valores secretos dão à ação um valor bem acima do que é dado pela Bolsa de Valores Mobiliários. É natural que o acionista controlador receba *por fora* essa sobretaxa.

Assim sendo, o controle de uma companhia tem um valor diverso do valor das ações que o asseguram. O instituto procura dar aos acionistas minoritários uma participação nesse valor extra das ações. A tutela legal dos interesses dos mais fracos vigora nessa época em que tanto se condena o poderoso e lança-se sobre o mais fraco um manto de proteção. Todavia, o aviamento é um bem criado e desenvolvido pelo trabalho dos grupos majoritários, pela administração da companhia, enfim, é fruto do trabalho e não do capital. A maioria é normalmente um prestador de capital e não de serviços; ela entra com o capital para obter dele dividendos, tanto que a maioria dos acionistas minoritários prefere as ações preferenciais e não as ordinárias.

13.2. Alienação do controle de companhia aberta

Uma companhia pode ser alienada, ou seja, o poder de mando pode ser cedido a outro ou outra sociedade. O poder de controle, exercido pelo acionista controlador, pode ser transferido para outrem como um bem intelectual, integrante do direito da propriedade industrial. Quem adquirir o controle de uma companhia aberta deve pagar pela aquisição das ações, mas normalmente paga um ágio pelo poder que adquire. Os acionistas minoritários ficam alheios a essa transação, à transformação política da sociedade de que participam, rompendo o equilíbrio de direitos entre os membros da sociedade.

A fim de assegurar tratamento igualitário aos acionistas minoritários, os arts. 254 a 263 regulamentam a transferência do poder de mando em uma S.A. Atribuem ao Conselho Monetário Nacional a competência para estabelecer normas regentes da questão, apesar de que o Banco Central também expeça várias resoluções sobre o mesmo assunto. A alienação do controle de companhia aberta dependerá de prévia autorização da Comissão de Valores Mobiliários.

O mesmo tratamento é estendido à S.A. que dependa de autorização do governo federal para funcionar, como uma companhia de mineração, banco, companhia de seguros, companhia estrangeira; necessitam de autorização do órgão competente para o registro delas e para aprovar a alteração do seu estatuto (art. 255).

Há duas hipóteses sobre a questão: uma companhia aliena seu poder de controle, submetendo essa transação ao crivo da autoridade competente. Outra hipótese é a de uma companhia que adquire o controle de outra. Embora estejamos aqui examinando o caso de uma companhia que terá seu controle alienado, esta precisará também de observar a validade dos atos da companhia adquirente do controle, a fim de não sofrer possível anulação do ato, por defeitos da compra pela outra parte. Por exemplo: embora o processo de alienação seja feito regularmente pela companhia alienante, os mesmos cuidados legais não foram adotados pela companhia adquirente do controle.

13.3. A forma de alienação

A alienação, direta ou indireta, do controle da companhia aberta somente poderá ser contratada sob a condição, suspensiva ou resolutiva, de que o adquirente se obrigue a fazer oferta pública de aquisição das ações com direito a voto de propriedade dos demais acionistas.

Ao fazer a oferta de compra das ações dos acionistas minoritários, o adquirente do controle da companhia tem que assegurar a eles o preço mínimo equivalente a 80% do valor pago por ação com direito a voto, integrante do bloco de controle.

Essa alienação de controle deverá contar com a autorização da CVM, desde que as condições da oferta pública atendam aos requisitos legais. Compete à CVM estabelecer as normas a serem observadas na oferta pública. As principais normas constam da Instrução 358/2002 e 361/2002.

Vamos colocar essas considerações num exemplo:
1. PAULA S.A. é uma sociedade anônima com capital de R$ 100.000,00, e Gaio possui 70% das ações com direito a voto, estando os outros 30% na posse de acionistas minoritários.
2. Ulpiano pretende adquirir o controle dessa companhia, adquirindo os 70% de Gaio. Não poderá adquirir diretamente de Gaio, sem fazer oferta pública dos 30% faltantes.
3. Para essas 30% das ações, Ulpiano terá de pagar no mínimo R$ 24.000,00, correspondentes a 80% do preço que pagou a Gaio.
4. Se Ulpiano não pagar esse preço mínimo, a aquisição será desfeita.

É possível, porém, que acionistas minoritários não queiram vender suas ações, permanecendo na companhia. Neste caso, o adquirente do controle da companhia aberta poderá oferecer a opção de permanecer na companhia mediante o pagamento de um prêmio. Esse prêmio deverá ser equivalente à diferença entre o valor pago por ação integrante do bloco de controle.

Trata-se de uma medida de proteção aos minoritários. As ações vendidas devem ter preço majorado por um sobrevalor. Com a venda das ações, vendem-se também o poder de controle: há, portanto, duas vendas, e, por isso, o preço tende a aumentar. A operação pode desvalorizar as ações que não integram o bloco de controle. Por isso, a lei garante aos acionistas minoritários o direito de venderem as ações de sua propriedade em conjunto com o acionista controlador.

13.4. OPA – Oferta Pública de Ações

A OPA – Oferta Pública de Ações, é, como se viu, um mecanismo obrigatório para a alienação do controle da companhia aberta. É uma DUV – Declaração Unilateral de Vontade, por meio da qual o interessado em adquirir o controle manifesta seu compromisso, por certo prazo, de comprar as ações a um determinado preço, dentro das condições previamente estabelecidas.

A oferta pública para aquisição do controle de companhia aberta somente poderá ser feita com a participação de instituição financeira que garanta o cumprimento das obrigações assumidas pelo ofertante. A oferta deverá ter por objeto ações com direito a voto em número suficiente para assegurar o controle da companhia e será irrevogável.

A oferta de compra, firmada pelo ofertante e pela instituição financeira que garante, será publicada na imprensa. Ainda recente é a oferta publicada pelo Banco do Brasil para a aquisição do controle da Nossa Caixa.

Esse comunicado deverá indicar o número mínimo de ações que o ofertante pretende adquirir e, se for o caso, o número máximo; o preço e as condições de pagamento; a subordinação da oferta ao número mínimo de aceitantes e a forma de rateio entre eles, se o número deles ultrapassar o máximo fixado; o procedimento que deverá ser adotado pelos acionistas aceitantes para manifestar a sua aceitação e efetivar a transferência das ações; o prazo de validade da oferta, que não poderá ser inferior a vinte dias; informações sobre o ofertante. Essa oferta pública de ações

(OPA) deverá ser comunicada à CVM no prazo de 24 horas da primeira publicação.

A OPA em curso não impede oferta concorrente, mas é facultado ao primeiro ofertante prorrogar o prazo de sua oferta até fazê-lo coincidir com o da oferta concorrente.

Até a publicação da oferta, o ofertante, a instituição financeira intermediária e a CVM devem manter sigilo sobre a oferta projetada, respondendo o infrator pelos danos que causar.

13.5. A aquisição de outra sociedade por companhia aberta

Estamos agora a braços com um problema bem diferente; não é uma companhia aberta que se vende, mas compra outra sociedade mercantil. Faz, portanto, um investimento. O art. 256 refere-se à compra do controle de qualquer sociedade mercantil e não somente de outra S.A. A nosso ver, por analogia, estende-se o critério para uma sociedade não mercantil, ou seja, não registrada na Junta Comercial e sim no Cartório de Registro Civil de Pessoas Jurídicas. A operação não requereria condições especiais se não apresentasse sérias responsabilidades para a sociedade adquirente: se a sociedade mercantil adquirida for de pequeno porte em relação ao capital da adquirente; se as ações da companhia adquirida forem de preço normalmente adotado pela Bolsa de Valores Mobiliários. Não há pois qualquer prejuízo aparente para os acionistas minoritários.

Surge, porém, a oportunidade da aquisição de outra sociedade mercantil, de qualquer tipo, cuja transação pode afetar os interesses da minoria e o patrimônio social. É o caso em que o valor despendido pela companhia aberta adquirente corresponda a 10% ou mais de seu patrimônio líquido. É considerado um *investimento relevante*, previsto no art. 247. Outro caso ocorre quando o preço da compra, de ações ou de cotas, for de valor discutível. Assim, se o preço das ações adquiridas for uma vez e meia superior ao preço de venda dessas ações na Bolsa de Valores Mobiliários, ou se ultrapassar uma vez e meia o valor do patrimônio líquido da sociedade adquirida, orçado a preço de mercado, merece discussão.

Nesses casos, a aquisição de outra sociedade deve-se revestir de certas formalidades. Os administradores da companhia adquirente devem elaborar uma proposta de compra e submetê-la à deliberação da assembleia geral. Se a compra do controle de outra sociedade for decidida favoravelmente pela assembleia geral, ao preço de mais de uma vez e meia os valores acima referidos, caberá ao acionista dissidente o direito de retirada. Poderá ele deixar a companhia de que faz parte, com o reembolso de suas ações.

13.6. Aprovação pela assembleia geral da compradora

A compra, por companhia aberta, do controle de qualquer sociedade mercantil, dependerá de deliberação da assembleia geral da compradora, especialmente convocada para conhecer da operação. É questão que toca à empresa compradora das ações. Quanto à sociedade cujo controle seja adquirido, pode ser S.A. ou qualquer outro tipo de sociedade mercantil, que o Código Civil chama de sociedade empresária; não se aplica essa aprovação se a sociedade adquirida for sociedade simples. Acreditam alguns juristas que por analogia deverá ser seguida a regra para a aquisição de uma sociedade simples. Nem sempre essa exigência prevalece; é necessária quando o preço de compra constitui para a compradora investimento relevante, ou outros fatores de ordem financeira.

A proposta ou o contrato de compra, acompanhado de laudo de avaliação, será submetido à prévia autorização da Assembleia Geral ou à sua ratificação. Desobedecida essa norma, cabe a pena de responsabilidade dos administradores.

Se o preço de aquisição ultrapassar uma vez e meia o valor das ações cotadas na bolsa ou no mercado de balcão, o acionista dissidente da decisão da assembleia geral que a aprovar terá o direito de retirar-se da companhia, mediante o reembolso do valor de suas ações.

13.7. Oferta pública de controle de companhia aberta

A oferta pública de controle é prática permitida pelo art. 257. A oferta deverá ser irretratável e trazer efeitos jurídicos sérios para a ofertante. Para garantir o cumprimento da oferta exige-se a participação de uma instituição financeira, que será a garante das obrigações assumidas pela ofertante. A oferta deverá ser feita para a compra das ações com direito a voto e ações em número tal que assegure à adquirente o controle da companhia da qual se tornar acionista. Não terá qualquer sentido a oferta pública de aquisição de controle, para adquirir ações preferenciais ou ações que representem 1% do capital, a menos que a ofertante já tenha 49,5 das ações com direito a voto.

A oferta deverá constar de um instrumento de compra, assinado não só pela ofertante como também pela instituição financeira garante do cumprimento dessas obrigações. Essa proposta deverá ser bem explícita, constando o número de ações que pretende adquirir, a que preço e quais as condições de pagamento, o prazo de validade da oferta, que não poderá ser inferior a 20 dias, e informações sobre a ofertante. Deverá estabelecer o *modus faciendi* da aceitação da oferta pelos acionistas interessados em vender suas ações (art. 258). Se os acionistas aceitantes da oferta forem em número insuficiente para dar o controle da companhia, a ofertante poderá desistir da operação, pois a oferta tem como objeto a assunção de controle e não apenas coligação.

O instrumento da oferta deverá ser publicado pela imprensa e comunicado à Comissão de Valores Mobiliários, 24 horas após a publicação. Ao sair a publicação, é possível que haja oferta por parte de outro interessado na aquisição do controle, pois o art. 262 permite ofertas concorrentes; forma-se quase um leilão. Nesse caso, os acionistas aceitantes poderão cancelar a sua aceitação da oferta anterior. Todavia, o primeiro ofertante poderá prorrogar o prazo de sua oferta até fazê-lo coincidir com o da oferta concorrente, sendo-lhe ainda facultado melhorar as condições de preço até 5% do seu valor, ou a forma de pagamento.

14. ENCERRAMENTO DA S.A.

14.1. As fases do encerramento da S.A.
14.2. A dissolução
14.3. A liquidação
14.4. A extinção

14.1. As fases do encerramento da S.A.

Nosso Código Civil estabelece disposições sobre a liquidação da sociedade mercantil nos arts. 1.102 a 1.112. Estudam esses dispositivos o encerramento das sociedades mercantis num sentido geral, aplicando-se aos sete tipos societários reconhecidos pela nossa legislação.

Como sociedade mercantil que é, a S.A. submete-se às mesmas exigências para a sua extinção. Devido, porém, à sua peculiaridade, a S.A. apresenta certos aspectos especiais no processo de seu fechamento. Por essa razão, a Lei das S.A. estabelece certos passos a serem observados em 14 artigos, 2 referentes à dissolução (206 a 207), 11 sobre a liquidação e um só sobre a extinção. É o caso, por exemplo, da dissolução da S.A. por decisão da assembleia geral dos acionistas; como só se aplica à S.A., só a lei dela deveria regulamentar.

O encerramento da S.A. se dá por etapas, seguindo as três fases previstas no art. 206 da LSA, cujo roteiro apontamos a seguir:

DISSOLUÇÃO, LIQUIDAÇÃO E EXTINÇÃO DA S.A.

I – DISSOLUÇÃO
    Art. 206 – Formas de dissolução
    Art. 207 – Conservação da personalidade jurídica

II - LIQUIDAÇÃO
    Art. 208 - Liquidação pelos órgãos da companhia
    Art. 209 - Liquidação judicial
    Art. 210 - Deveres do liquidante
    Art. 211 - Poderes do liquidante
    Art. 212 - Denominação da companhia
    Art. 213 - Assembleia geral
    Art. 214 - Pagamento do passivo
    Art. 215 - Partilha do ativo
    Art. 216 - Prestação de contas
    Art. 217 - Responsabilidade na liquidação
    Art. 218 - Direito do credor não satisfeito

III - EXTINÇÃO
    Art. 219 - Formas de extinção

14.2. A dissolução

O início do processo de encerramento de uma companhia, que a levará até à extinção, começa com a dissolução, a exemplo de como acontece nas outras sociedades mercantis. No tocante à S.A., está reconhecida nos arts. 206 e 207. O art. 206 prevê nove causas determinantes da dissolução da S.A., agrupadas em três categorias. A primeira categoria envolve os casos de dissolução de pleno direito; a segunda por decisão judicial, a terceira é o caso da sentença declaratória da falência - dissolução decidida por órgão público, ou seja, pela autoridade administrativa competente.

As formas de dissolução ficaram previstas no art. 206 da LSA em três grupos:

I - DE PLENO DIREITO
    A - pelo término do prazo de duração
    B - nos casos previstos no estatuto
    C - por deliberação da assembleia geral

D – pela existência de um único acionista, verificada em assembleia geral ordinária

E – pela extinção, na forma da lei, da autorização para funcionar

II – POR DECISÃO JUDICIAL

A – quando anulada a sua constituição, em ação proposta por qualquer acionista

B – quando provado que não pode preencher o seu fim

C – em caso de falência, na forma prevista em lei.

III – POR DECISÃO ADMINISTRATIVA COMPETENTE, NOS CASOS E NA FORMA PREVISTOS EM LEI ESPECIAL.

DISSOLUÇÃO DE PLENO DIREITO
Esse motivo de dissolução ocorre porque a lei ou a vontade manifesta dos acionistas previu o fim da sociedade. Se ela continuar aberta, estará contrariando a lei. É chamado de *pleno jure* porque não há necessidade de medidas para a dissolução; ela se opera por si mesma.

1. Término do prazo de duração
A primeira hipótese, a dissolução de pleno direito, contempla cinco razões pelas quais deva uma companhia ser dissolvida. O primeiro caso ocorre se o estatuto da companhia prevê um prazo de duração e este se vencer; é uma decisão convencional, visto que os próprios acionistas assim convencionaram. A sociedade anônima normalmente é constituída por tempo indeterminado. Entretanto, é possível haver sociedade a prazo, como a companhia que se propõe a realizar um empreendimento e ela própria instituir a data para seu fim, que deverá coincidir com o cumprimento de seu objetivo. Vencido o prazo, os administradores não poderão praticar qualquer ato, pois ele será nulo de pleno direito. Se ela emitir um cheque, por exemplo, o banco não poderá pagá-lo.

2. Casos previstos no estatuto

O segundo caso é haver no estatuto cláusula indicativa de certos fatos que, ocorridos, causam a dissolução da companhia. Podemos citar como exemplo uma companhia que se dedique à construção de obra importante e declare no estatuto que terminada a obra se dissolva a companhia.

3. Por deliberação da assembleia geral

O terceiro caso é o da possibilidade de a companhia ficar reduzida a um único acionista e não se concebe sociedade de um único indivíduo; neste caso deve ser sanada a irregularidade, surgindo mais um acionista no mínimo, sem o que a companhia estará dissolvida. Essa irregularidade deve ser verificada em assembleia geral ordinária, se o mínimo de dois não for reconstituído até a do ano seguinte. Excetua-se o caso de ser ela uma subsidiária integral ou, então, se for uma sociedade pública, com o Governo como único acionista.

4. Por deliberação da assembleia geral

Outra causa da dissolução é pela decisão da assembleia geral, uma vez que a lei faculta a ela o poder para tanto. A vontade dos acionistas é soberana; eles quiseram abrir a empresa e têm o poder de fechá-la. Essa vontade dos acionistas se expressa em deliberação da assembleia geral extraordinária, que deve ser realizada de acordo com as normas estabelecidas na própria lei. Não é preciso causa prevista para essa decisão, mas o interesse dos acionistas, como, por exemplo, se a companhia deixou de ser rentável e o ramo a que ela se dedica não oferece boas perspectivas de lucros.

5. Pela cessação da autorização para funcionar

O quinto caso é pela cessação da autorização para que a companhia funcione, dada por autoridade competente. Ocorre no caso de uma empresa que para funcionar haverá necessidade de autorização por parte do Governo, como acontece com os bancos, as companhias de seguros, a companhia estrangeira.

DISSOLUÇÃO POR DECISÃO JUDICIAL
Examinando agora a dissolução por decisão judicial, ocorre em três oportunidades.

1. Quando anulada sua constituição
A primeira é quando um acionista empreende ação judicial para dissolvê-la, por razões juridicamente relevantes, tendo obtido a procedência da ação. Decorre de sentença judicial julgando ação de dissolução. Essa ação só pode ser promovida por algum acionista em vista de ter ocorrido erro grave na constituição da sociedade anônima, como se tiver sido preterida alguma formalidade essencial.

2. Impossibilidade de preencher seu fim
A segunda é quando a ação for proposta por acionistas representantes de 5% ou mais do capital, provando judicialmente que a companhia não pode preencher o seu objeto social. As causas que possam impossibilitar a empresa de cumprir seu fim, ou seja, continuar operando, podem ser várias, físicas ou jurídicas. Há anos existiam no Brasil empresas poderosas e conceituadas que exploravam o jogo do bicho, cassinos e outras casas de jogos. Uma lei proibiu a prática de jogos públicos, impossibilitando essas empresas de continuarem abertas.

3. Decretação da falência
O terceiro caso é quando a companhia tem a sua falência decretada. Essa causa é muito discutível, como já era na vigência da Lei Falimentar. Segundo a lei vigente, a Lei de Recuperação de Empresas (Lei 11.101/05), a falência não significa a morte da empresa falida, tanto que ela pode reviver. Se ela fecha, não pode reabrir. Mesmo depois de falida, a empresa tem direitos, créditos a receber, como também terá obrigações a cumprir. A falência não causa a extinção da sociedade anônima.
Realmente, a falência causa a dissolução e liquidação do patrimônio da empresa, mas só do patrimônio e não dela própria. Continua com personalidade jurídica ainda que seja após a liquidação.

DISSOLUÇÃO POR DECISÃO DE AUTORIDADE COMPETENTE

Finalmente, a terceira categoria de causas encerra uma só: é a dissolução da S.A. causada por decisão de autoridade administrativa competente. Foi o que aconteceu com os bancos COMIND e AUXILIAR. Essa possibilidade é própria das empresas que precisam de autorização para funcionar e cujas atividades são controladas pelo Poder Público. As companhias de seguros são dissolvidas e liquidadas pela SUSEP – Superintendência de Seguros Privados; as instituições financeiras, como os bancos, podem entrar em liquidação extrajudicial executada pelo Banco Central do Brasil.

A primeira fase agônica da uma S.A., a dissolução, ainda não representa o seu fim. A companhia dissolvida conserva a personalidade jurídica, até a extinção, com o fim de proceder à liquidação (art. 207). A dissolução implica a suspensão das atividades operacionais, de sua função ativa, mas ela continua a existir, embora para ultimar as medidas necessárias ao seu encerramento. Nesse período, até que esteja extinta, poderá ela sofrer e responder a processos, inclusive, ter sua falência declarada judicialmente. A companhia é ainda sujeito de direitos. Mesmo que esteja em liquidação, poderá a assembleia geral decidir reativar a companhia, não havendo necessidade de novos atos constitutivos.

14.3. A liquidação

As fases seguintes, sucessoras da dissolução, é a liquidação. Processa-se de duas maneiras, ou convencionalmente, promovida pela própria companhia, ou judicialmente, se for pela justiça.

Liquidação convencional

A liquidação convencional, prevista pelo art. 208, é realizada nos termos do estatuto, se ele predispor a esse respeito. Na omissão do estatuto, a liquidação será decidida pela assembleia geral. É nomeado o liquidante e mantidos os órgãos da companhia: a assembleia geral, o conselho de administração e o conselho fiscal; são mantidos a fim de que possam acompanhar a liquidação.

Tratando-se de disposição *pleno jure*, a assembleia geral nomeará o liquidante. Se houver conselho de administração, competirá a ele essa nomeação. O liquidante passa a ser o administrador da companhia, o gerente, devendo praticar todos os atos necessários à liquidação. Compete-lhe avaliar e vender todos os bens da companhia, arrecadando-os de onde quer que eles estejam. Representa a companhia perante terceiros; como seu representante legal assina documentos e dá recibo, usando carimbo com a denominação social, mas com a expressão *em liquidação*. Sempre que necessário, convoca a assembleia geral, mandando lavrar ata e providenciando o registro dela na Junta Comercial.

Realizando todo o ativo, ou seja, alienando todos os bens da companhia, transformando-os em dinheiro, o liquidante promoverá a eliminação do passivo, pagando os débitos. Se faltar dinheiro, pedirá recursos aos acionistas; se sobrar, irá colocá-lo à disposição deles. Sobrando dinheiro, será feito um rateio proporcional entre os acionistas: é a partilha do patrimônio final da companhia. Com o passivo pago e feita a partilha do que sobrar do patrimônio, o liquidante convocará a assembleia geral para prestar contas de sua gestão. Aprovadas as contas, encerra-se a liquidação, passando-se à extinção da companhia. Como se vê, o papel do liquidante é semelhante ao do síndico na falência.

Liquidação judicial

Poderá haver a opção, conforme prevê o art. 209, pela liquidação judicial, com ação judicial proposta por qualquer acionista, desde que haja motivos juridicamente relevantes. A ação de dissolução e liquidação de sociedade está regulamentada pelos arts. 655 a 674, do antigo Código de Processo Civil (Decreto-lei 1.608/39), que se mantiveram quando da promulgação do atual código. Como se trata de uma ação judicial, não nos deteremos sobre ela, remetendo a questão aos estudos do direito processual civil.

É uma opção dada à companhia de proceder à liquidação judicial. Porém, embora seja um direito que a lei faculta, é de toda conveniência às sociedades, como a qualquer pessoa, evitar a solução de problemas e divergências pelas vias judiciais, que regularmente vai varando os anos e apresentando entraves e dificuldades. Um entrave doloroso, por exemplo, é a exigência de certidões negativas da Prefeitura, INSS, SRF e tantos outros órgãos, custosas, difíceis e demoradas.

As soluções de eventuais conflitos e problemas societários são encontradas na arbitragem e na mediação, fórmulas alternativas de resolução de litígios e problemas, ideais para o mundo de hoje.

A dissolução e a liquidação da sociedade poderão ser pedidas pela própria companhia, por acionistas ou por quem tenha real interesse. O juiz nomeará o liquidante, mas ele poderá ser indicado. Pode ser destituído *ex officio* ou a pedido do autor da ação.

14.4. A extinção

A extinção é a terceira e última fase do processo de fechamento. Está prevista pelo art. 219 de forma muito simplista. Diz ele que se extingue a companhia pelo encerramento da liquidação. Realmente, suspensas as atividades, realizados todos os seus bens, pagos todos os seus credores, a companhia está sem capital, sem ativo nem passivo. Não tem mais personalidade jurídica e não pode haver sociedade mercantil sem capital. Ela não existe mais. Todavia, a companhia só começa juridicamente a existir com a certidão da Junta Comercial, dando conta do registro dos atos constitutivos. Só deixa também de existir com a certidão da Junta Comercial, dando conta do registro dos atos extintórios.

Outrossim, o art. 219 aponta outra forma de extinção de uma S.A. Ela se dá pela sua incorporação em outra, pela fusão dela com outra, formando uma sociedade à parte, ou pela cisão de uma companhia em várias outras, com a transferência total de seus bens. Deixa de existir uma companhia, mas surge outra que a sucede. Este assunto é o tema de nosso próximo capítulo.

15. AS MUTAÇÕES DE UMA S.A.

15.1. Evolução natural da S.A.
15.2. Transformação
15.3. Incorporação
15.4. Fusão
15.5. Cisão
15.6. Normas gerais das mutações

15.1. Evolução natural da S.A.

Conforme tínhamos visto no Capítulo 10 (l0.1), a S.A. é um organismo vivo em evolução; apresenta em sua existência, em vários aspectos, mutações íntimas que a fazem acompanhar as mutações da economia. O grande filósofo grego Sócrates chegou a afirmar que ninguém olha duas vezes para a mesma pedra; na segunda vez ela ficou ao menos alguns segundos mais velha. A sociedade anônima, como tudo que é terreno, vai-se modificando em seu meio ambiente; ele se modifica constantemente e as pessoas naturais ou jurídicas também se alteram para adaptar-se a ele.

Visando à necessidade de adaptação ao meio ambiente, a lei procurou prever as formas dessa adaptação. O novo Código Civil disciplinou essa questão nos arts. 1.113 a 1.122, que formam o capítulo X. Entretanto, essa disciplina é genérica, aplicável a todo tipo de sociedade. Por seu turno, o DNRC – Departamento Nacional do Registro de Comércio, por meio da Instrução Normativa 88/2001, disciplinou o registro e arquivamento dos atos referentes às mutações das sociedades mercantis, com os devidos pormenores, inclusive com as exigências de praxe. Louve-se a iniciativa do DNRC, antecipando-se ao Código Civil, estabelecendo por instruções normativas as normas principais do Direito Empresarial e do Direito Societário.

Pelo lado das sociedades por ações, a Lei 6.404/76 regulamenta nos arts. 220 a 234 as operações referentes à transformação, incorporação, fusão e cisão de empresas, complementando a regulamentação a este respeito. As mutações previstas legalmente são quatro: transformação, incorporação, fusão, cisão, as quais serão examinadas a seguir.

15.2. Transformação

A transformação é a alteração do tipo societário de uma sociedade mercantil. Por exemplo: uma S.A. passa a ser uma sociedade por cotas ou vice-versa. Não ocorre solução de continuidade; suas operações empresariais continuam normalmente, continua ela com sua personalidade jurídica e seus direitos e obrigações permanecem. Pelo art. 220, a transformação é a operação pela qual a sociedade passa, independentemente de dissolução ou liquidação, de um tipo para outro.

A transformação implica a adaptação da nova sociedade às exigências de registro do novo tipo societário. Se uma sociedade por cotas transforma-se numa S.A., as cotas serão transformadas em ações, os antigos sócios, agora acionistas, devem se reunir em assembleia geral para aprovarem o estatuto. Criam-se obrigatoriamente novos órgãos. Os sócios precisam aprovar por unanimidade a transformação da sociedade por cotas em S.A., anulando-se então o contrato social. O sócio dissidente poderá apelar para o direito de recesso, retirando-se da sociedade, com o reembolso de seus créditos, a menos que o contrato social preveja a possibilidade de transformação.

Se uma S.A. for transformar-se numa sociedade por cotas, a operação precisa ser aprovada por unanimidade pela assembleia geral. O acionista pode apelar pelo seu direito de recesso, com o reembolso de suas ações, previsto no art. 45. Há procedência nessa disposição, uma vez que há mudança de responsabilidade entre um acionista e um sócio, não podendo um acionista ser obrigado a assumir responsabilidade própria de um sócio.

A transformação não poderá fraudar, porém, o direito dos credores anteriores à transformação. Caso a sociedade transformada em outra não cumpra seus compromissos, cabe aos credores até pleitear a anulação da transferência.

Os acionistas devem, de imediato, proceder à eleição dos administradores e dos membros do Conselho Fiscal, se permanente, fixando a remuneração deles.

A S.A. em sua versão deverá requerer à Junta Comercial o arquivamento dos atos de transformação. Se houver transformação de outro tipo de sociedade para S.A., deve ser juntado o estatuto; se a S.A. transformou-se em outro tipo, junta-se o contrato social. Junta-se também uma relação completa dos acionistas ou dos sócios, de acordo com a transformação, com a participação deles na sociedade.

A S.A. poderá transformar-se em qualquer tipo de sociedade e estas poderão transformar-se em S.A. Inclui-se também a sociedade simples.

A falência da sociedade transformada somente produzirá efeitos em relação aos sócios ou acionistas que, no tipo anterior, a eles estariam sujeitos. É só no caso de titulares anteriores à transformação pedirem e somente a estes beneficiará.

Os credores continuarão com as mesmas garantias que o tipo anterior de sociedade lhes oferecia, até o pagamento integral dos seus créditos.

15.3. Incorporação

Dá-se a incorporação quando uma companhia absorve outra sociedade, que desaparece. A incorporadora torna-se sucessora da incorporada, tanto dos direitos como das suas obrigações. Por isso, define o art. 227 a incorporação como sendo a operação pela qual uma ou mais sociedades são absorvidas por outra, que lhes sucede em todos os direitos e obrigações. Incorporadora e incorporada deverão elaborar um protocolo, que deverá ser aprovado pela assembleia geral de ambas as companhias. A incorporação pode se dar entre sociedades de tipos iguais ou diferentes.

A assembleia geral da companhia incorporadora, se aprovar o protocolo da operação, deverá autorizar o aumento do capital a ser subscrito e realizado pela incorporadora, mediante versão do seu patrimônio líquido, e nomear os peritos que o avaliarão. O capital da incorporada funde-se com o da incorporadora, o que representará aumento do capital. Esse aumento, por outro lado, será pago com o patrimônio da incorporada. Seria como se o capital fosse integralizado com bens; esses bens, portanto, precisam ser avaliados por peritos escolhidos pela incorporadora.

A aprovação do protocolo cria obrigações para ambas: para a incorporada a de autorizar seus administradores a promoverem a incorporação; para a incorporadora a de aumentar seu capital, que será realizado com a versão dos bens da incorporada. Esses bens deverão ser avaliados por peritos, para ser estabelecido um valor que será transformado no capital da incorporadora. Com a incorporação, extingue-se a incorporada.

15.4. Fusão

Fusão é a aglutinação de duas ou mais companhias, formando outra. O patrimônio delas passa a constituir um só, pertencente a uma nova companhia. Ela sucederá às companhias fundidas, nos direitos e obrigações. É um processo de unificação, uma vez que várias companhias se transformam em uma só, formando um só patrimônio. A função é conceituada pelo art. 228 como a operação pela qual se unem duas ou mais sociedades para formar sociedade nova, que lhes sucederá em todos os direitos e obrigações.

Com a fusão extinguem-se as sociedades fundidas, surgindo uma nova. Se duas companhias quiserem se fundir, deverão elaborar um protocolo com as bases da fusão. Aprovado o protocolo em assembleia geral, ela nomeará os peritos para a avaliação do patrimônio líquido de ambas as sociedades. O perito de uma companhia fará a avaliação do patrimônio da outra; o mesmo acontece na assembleia geral para a aprovação dos laudos de avaliação, em que os acionistas de uma companhia fundida não poderão aprovar o laudo de avaliação do patrimônio da companhia da qual fazem parte.

Para a aprovação do laudo de avaliação, será convocada uma assembleia geral dos acionistas de ambas as companhias. Aprovados os laudos, essa mesma assembleia geral decidirá pela fusão, constituindo-se nova sociedade, sendo nomeados seus administradores. Os primeiros administradores ficam incumbidos de promover o arquivamento dos atos da fusão na Junta Comercial e a publicação deles.

Vamos exemplificar o roteiro de duas companhias que se fundem:

1. ALFA S.A. e BETA S.A. desejam se fundir, formando nova companhia.
2. As duas convocam a assembleia geral, que decide pela fusão e aprova um protocolo e o estatuto da nova companhia, que se chamará DELTA S.A.
3. ALFA S.A. nomeia três peritos para avaliar o patrimônio de BETA S.A.
4. BETA S.A. nomeia três peritos para avaliar o patrimônio de ALFA S.A.
5. Numa segunda assembleia geral cada uma delas aprova os laudos de avaliação e constituem a nova empresa, DELTA S.A., declarando-se as duas extintas pela fusão.
6. DELTA S.A., já constituída, requer seu registro na Junta Comercial, juntando a ata da assembleia geral de ALFA S.A. e BETA S.A., o protocolo aprovado e os laudos de avaliação.

15.5. Cisão

A cisão é uma forma de transformação da S.A., prevista no art. 229, representando um desmembramento da companhia. Pela cisão, uma companhia transfere parcelas de seu patrimônio para uma ou mais sociedades, constituídas para esse fim ou já existentes, extinguindo-se a companhia cindida, se houver versão de todo o seu patrimônio, ou dividindo-se o seu capital, se parcial

a versão. É o caso de uma companhia em que haja conflito de dois grupos de acionistas e todos, em assembleia geral, decidem pela retirada de um grupo, incorporando-se o patrimônio da companhia cindida em outra sociedade já existente ou constituída para esse fim. Vê-se assim que há duas espécies de cisões:
   a) cisão total – em que a totalidade do patrimônio da companhia cindida incorpora-se em outra ou outras. Em consequência da cisão, extingue-se a companhia cindida;
   b) cisão parcial – em que a companhia cindida versa apenas parte de seu patrimônio em outra ou outras, mas subsiste com a outra parte.

Na cisão total, desaparece a companhia e seus direitos e obrigações para a nova sociedade, que será sucessora da cindida. Se o patrimônio da cindida for distribuído a duas ou mais sociedades, elas lhe sucederão na proporção do patrimônio transferido. Os administradores da sociedade absorvente promoverão o registro dos atos societários, referentes à cisão, na Junta Comercial e demais órgãos.

Na cisão parcial, a sociedade cindida permanece, mas parte de seu patrimônio é afastado e incorporado ao de outra sociedade. Essa outra sociedade sucede à cindida, nos direitos e obrigações relacionados no ato de cisão. A absorção do patrimônio pela nova sociedade obedece a critérios diferentes: se a sociedade absorvente for nova, ou seja, constituída para esse fim, a operação será deliberada pela assembleia geral; se a sociedade absorvente já existia, a operação obedecerá às regras da incorporação. Os atos societários deverão ser promovidos e registrados por ambas as sociedades.

15.6. Normas gerais das mutações

Nas operações retrocitadas, vale dizer, transformação, incorporação, fusão e cisão de sociedades, há critérios gerais.
   1. Em primeiro lugar, apenas sociedades passam por esses processos, não se incluindo as empresas mercantis individuais.

2. Se essas operações envolvem companhia aberta, as sociedades que a sucederem serão também abertas, ou seja, não é possível, por essas operações, transformar companhia aberta em fechada. A companhia resultante, se for o caso, deve promover a admissão de negociação das novas ações no mercado secundário, no prazo máximo de 120 dias, contados da data da assembleia geral que aprovou a operação, observando as normas pertinentes baixadas pela CVM. A não observação desses trâmites dará ao acionista dissidente o direito de recesso.
3. As condições gerais dessas operações em sociedade existente constarão de protocolo firmado pelos órgãos da administração das sociedades interessadas. Nesse protocolo deverão constar o número, espécie e classe das ações que serão atribuídas em substituição dos direitos dos acionistas das sociedades que se extinguirão e os critérios utilizados para determinar as relações de substituição. Devem ainda constar no protocolo os critérios de avaliação do patrimônio líquido, a data a que será referida a avaliação, e o tratamento das variações patrimoniais posteriores. O valor do capital das sociedades a serem criadas ou do aumento ou redução do capital das sociedades que forem parte na operação devem constar no protocolo, como também todas as demais condições a que estiver sujeita a operação.
4. As operações de incorporação, fusão e cisão devem ser submetidas à deliberação da assembleia geral das companhias interessadas mediante justificação. Devem ser expostos na justificação os motivos ou fins da operação, e o interesse da companhia na sua realização; as ações que os acionistas preferenciais receberão e as razões para a modificação dos seus direitos, se prevista; a composição, após a operação segundo espécies ou classes das ações, do capital das companhias que deverão emitir as ações em substituição das que terão direito os acionistas dissidentes.
5. Quanto à formação do capital da nova companhia, as operações de incorporação, fusão e cisão somente pode-

rão ser efetivadas nas condições aprovadas se os peritos nomeados determinarem que o valor do patrimônio ou patrimônios líquidos a serem vertidos para a formação do contrato social é, ao menos, igual ao montante do capital a realizar. É o que ocorreria na hipótese de uma fusão entre DELTA S.A., com capital de R$ 80.000,00 e IPSILON S.A. com capital de R$ 70.000,00. Na fusão das duas, o capital da nova companhia deverá ser de R$ 150.000,00. Essa disposição se aplica aos casos de fusão, quando uma das sociedades fundidas for proprietária de ações de outra. Ou, se for o caso de cisão, com incorporação, quando a companhia que incorporar parcela do patrimônio da cindida for proprietária de ações ou quotas do capital desta.

6. As sociedades envolvidas nessas operações deverão estar em dia com as obrigações fiscais, e, por isso, deverão juntar no pedido de registro na Junta Comercial as certidões negativas seguintes:

I. Certificado de quitação de tributos e contribuições federais, para com a Fazenda Nacional, emitida pela Secretaria da Receita Federal.

II. Certidão Negativa de Débito – CND – fornecida pelo INSS.

III. Certificado de regularidade do FGTS, expedido pela Caixa Econômica Federal.

IV. Certidão negativa de inscrição de dívida ativa da União, fornecida pela Procuradoria Geral da Fazenda Nacional.

16. SOCIEDADE DE ECONOMIA MISTA

16.1. Aspectos gerais
16.2. Disciplina jurídica
16.3. Origem e evolução histórica
16.4. Disposições da Lei das S.A.
16.5. Características em resumo

16.1. Aspectos gerais

A Lei das S.A. estabeleceu, por bem, algumas disposições sobre a Sociedade de Economia Mista, por ser ela sempre uma S.A., embora também se apliquem a ela algumas disposições do direito administrativo, mormente no Decreto-lei 200/67. Uma sociedade de economia mista é uma S.A., cuja maioria das ações pertença ao Estado. É chamada de *mista* porque seu capital fica nas mãos de pessoas privadas e de pessoa pública. Ela, porém, não deixa de ser uma pessoa de direito privado, e, como tal, regulada pela Lei 6.404/76, que a prevê nos arts. 235 a 242, segundo estabelece o art. 235: *as sociedades de economia mista estão sujeitas a esta lei, sem prejuízo das disposições especiais da lei federal.*

Em termos de lei federal, a reforma administrativa operada pelo Decreto-lei 900/69 é a principal regulamentação desse tipo de S.A. O art. 5º desse diploma legal dá uma clara definição a ela:

> *Sociedade de economia mista é a entidade dotada de personalidade jurídica de direito privado, criada por lei, para a exploração de atividade econômica, sob a forma de sociedade anônima, cujas ações com direito a voto pertencem, em sua maioria, à União ou a entidade de administração indireta.*

Pela própria definição legal, a sociedade de economia mista é sempre uma S.A., não podendo adotar outro modelo societário. É, por isso, dotada de personalidade jurídica de direito privado, embora tenha sempre o governo como acionista controlador. Seu objeto social é sempre mercantil, ou *atividade econômica*, não só porque é S.A., mas assim estabelece a lei de direito público. Uma peculiaridade tem, que a distingue das S.A. comuns: é criada por lei e não pela assembleia geral dos acionistas. Não tem estatuto, pois a lei que a cria estabelece as normas de seu funcionamento.

Pode ser companhia fechada ou aberta; neste último caso, sujeita-se às normas expedidas pela Comissão de Valores Mobiliários. Pode também participar de outras sociedades. Não está sujeita à falência, mas seu acionista controlador, neste caso o Governo, subsidiariamente, responsabiliza-se pelas suas obrigações. Por essa razão, seus valores mobiliários encontram receptividade no mercado de capitais, como é o caso das ações do Banco do Brasil, da Petrobras e outras. É ilustrativo citar a ocorrência do leilão de venda das ações da Usiminas. Porém, se um credor não pode requerer sua falência, poderá executá-la, penhorando seus bens e normalmente tem a sociedade de economia mista vultoso patrimônio. Seus funcionários não são funcionários públicos, sendo submetidos ao regime da CLT. Entretanto, como se submetem obrigatoriamente a concurso público para admissão, gozam de relativa estabilidade, porque só podem ser demitidos por falta grave, e após processo administrativo.

É possível que uma S.A. se torne uma sociedade de economia mista, se o governo desapropriar as ações da maioria dos acionistas de uma companhia. Nessas condições, os acionistas minoritários podem retirar-se dessa sociedade, com o reembolso de suas ações. Não são eles obrigados a aceitar o governo como acionista controlador da sociedade a que pertencem. É conveniente ressaltar que a sociedade de economia mista deve ter pessoas privadas como acionistas; as ações pertencentes na sua totalidade ao governo descaracterizariam a sociedade de economia mista; seria então uma empresa pública.

16.2. Disciplina jurídica

É bem peculiar o regime jurídico a que está submetida a SEM, tal é o emaranhado de leis que se referem a ela. A LSA, no art. 235, diz que: *As sociedades anônimas de economia mista estão sujeitas a esta lei, sem prejuízos das disposições especiais de lei federal.* Este artigo expõe o gênero próximo da SEM ao dizer que está sujeita à LSA, sendo, portanto, uma S.A., uma empresa mercantil de caráter privado. Entretanto, logo a seguir, submete-a à lei federal, diferenciando a SEM da S.A. comum. Ela é, portanto, uma empresa híbrida, por ser privada e também pública.

Nenhuma outra empresa é tão manietada pela Constituição Federal como a SEM, tantos são os artigos que a ela se referem. A razão primordial é que a SEM representa a intervenção do Estado na ordem econômica. O art. 173 – § 1º reserva a ela um regime jurídico especial:

> *A lei estabelecerá o estatuto da empresa pública, da sociedade de economia mista e de suas subsidiárias que explorem atividade econômica de produção ou comercialização de bens ou de prestação de serviços.*

Restringe, porém, os poderes próprios da posição pública:

> *As empresas públicas e as sociedades de economia mista não poderão gozar de privilégios fiscais não extensivos às do setor privado.*

Por esse parágrafo, ela tem que pagar os impostos que outras empresas pagam, como o IPI e o IR; não só vantagens fiscais lhe são negadas, mas qualquer discriminação em seu benefício. Se, por exemplo, a SEM participar de uma licitação será em igualdade de condições com as demais empresas concorrentes.

Entretanto, a maior vinculação da SEM ao direito público vai ser encontrada no Decreto-Lei 900/67, que a situa como órgão da administração pública. Esse decreto-lei divide a administração pública, no âmbito federal, em direta e indireta. A administração direta é exercida pelo próprio Executivo, como, por exemplo, os Ministérios. A administração indireta é formada por órgãos ligados ao Governo Federal e são elencados em quatro: **sociedade de economia mista, empresa pública, autarquia e fundação**. E o art. 5º desse decreto-lei é que dá a definição da SEM. Cada um desses órgãos é ligado a um dos Ministérios, embora seja dotado de personalidade jurídica própria.

Representa a SEM uma forma de intervenção do Estado na economia, quando ele sente que a iniciativa privada é impotente para determinados empreendimentos. Essa é a razão do cunho oficial da criação da SEM, tanto que ela tem, no princípio, um só acionista; não é criada por contrato social, porque não tem sócios.

Desde o início deste século está sendo divulgado um processo empresarial com base na SEM, denominado PPP – Parceria-Público-Privada. É a iniciativa do Governo na atividade empresarial, com participação de pessoas privadas. Está sendo aplicado na administração e construção de estradas e em outros setores, como, por exemplo, nos aeroportos, para os quais estão sendo estudadas várias fórmulas de Parceria-Público-Privada ou transformar a INFRAERO ou os aeroportos em SEM.

16.3. Origem e evolução histórica

A conexão das sociedades mercantis com o Estado parece se ter evidenciado nas companhias colonizadoras das quais já falamos, inclusive a Companhia das Índias Orientais e a Companhia das Índias Ocidentais. Embora fossem sociedades anônimas privadas, era patente a participação do Governo da Holanda nelas, porquanto o domínio dos mares e das transações econômicas internacionais era do pleno interesse do governo holandês. A descoberta do Brasil, como vimos, foi obra da Ordem de Cristo, com capitais da Igreja Católica e de alguns nobres portugueses, mas devia ter participação da Coroa portuguesa. Outros países, como a Inglaterra, organizaram empresas desse tipo, que, em última análise, eram SEM.

O Banco do Brasil, criado em 1808, por D. João VI, tinha também capitais minoritários privados, mais ou menos na mesma proporção da que mantém hoje. E com a crise de 1929, o Governo brasileiro viu-se obrigado a tomar iniciativa para estimular a associação com capitais privados, para a industrialização do Brasil. Em 1939 criou o Instituto de Resseguros do Brasil; em 1942, em plena guerra, criou a FNM e a Companhia Vale do Rio Doce, as duas privatizadas mais tarde, e a Companhia Siderúrgica Nacional – CSN. Em 1953 surgiu a Petrobras, que hoje, junto com o Banco do Brasil, são consideradas como protótipos da SEM.

16.4. Disposições da Lei das S.A.

A SEM pode ser uma companhia aberta ou fechada. Se for aberta ficará sujeita às normas da CVM. Seja fechada ou aberta, a SEM deverá ter o Conselho de Administração, assegurada à minoria o direito de eleger um dos conselheiros, se maior número não lhes couber pelo processo de voto múltiplo. E também o Conselho Fiscal, que será permanente; um de seus membros, e respectivo suplente, será eleito pelas ações ordinárias minoritárias e outro pelas ações preferenciais, se houver. Os deveres e responsabilidades dos administradores das SEM são os mesmos das companhias abertas.

É restrito o objeto social da SEM. Ela somente poderá explorar os empreendimentos ou exercer atividades previstas na lei que autorizou a sua constituição. Assim sendo, foi criada para um determinado fim, isto é, com objeto social definido e não poderá mudá-lo. Além do mais seu objeto social só pode ser atividade não coberta pela iniciativa privada. Não poderia, por exemplo, ter uma indústria de geladeiras ou máquinas de lavar roupa, pois esses produtos são fabricados por várias indústrias.

É também restrita sua possibilidade de participar de outras sociedades, a não ser quando autorizada por lei; ou então no exercício de opção legal para aplicar imposto de renda em investimentos para o desenvolvimento regional ou setorial. As instituições financeiras de economia mista poderão participar de outras sociedades, observadas as normas estabelecidas pelo Banco Central do Brasil.

Conforme já mencionado, a SEM é criada por uma lei. É possível, porém, uma outra situação: uma S.A. privada tem boa parte de suas ações desapropriada pelo Governo; transforma-se assim numa SEM, sem sofrer solução de continuidade. Se o Governo apropriar-se de mais da metade das ações com direito a voto, transforma-se em acionista controlador. Neste caso, os demais acionistas, que são minoritários, não têm a obrigação de se submeterem ao controle oficial; quando eles se tornaram acionistas, adotaram uma situação, que agora é revertida. Eles terão o direito de pedir, dentro de 60 dias da publicação da primeira ata da assembleia geral, realizada após a aquisição do controle, o reembolso das suas ações. Excetua-se esse recesso em dois casos: se a companhia já se achava sob o controle, direto ou indireto, de outra pessoa jurídica de direito público, ou então se era uma concessionária de serviço público.

Seguindo o princípio de que as obrigações se extinguem da mesma forma como se constituem, supomos que a SEM, que é constituída por uma lei, também se extingue por outra lei.

16.5. Características em resumo

- É dotada de personalidade jurídica de direito privado.
- É sempre uma S.A.
- O poder de controle pertence ao Governo, que é seu acionista controlador.
- Os funcionários sujeitam-se ao regime da CLT.
- Não está submetida à Lei de Recuperação de Empresas (é imune à falência).

- Deverá ter Conselho de Administração e Conselho Fiscal.
- Pode ser companhia aberta ou fechada.
- Está submetida também às normas do direito público.
- Não tem estatuto, que está inserido na lei que a criou.
- Considera-se um órgão da administração pública indireta.
- Tem autonomia administrativa, financeira e operacional.
- É sujeita ao controle externo do Tribunal de Contas.

17. GRUPOS SOCIETÁRIOS

17.1. Conceito e fundamentos
17.2. Legislação pertinente
17.3. *Holding*
17.4. Formas de conexão entre sociedades
17.5. *Joint Ventures*
17.6. Participação recíproca de uma companhia em outra
17.7. Responsabilidades administrativas
17.8. Demonstrações financeiras das sociedades interligadas

17.1. Conceito e fundamentos

A sociedade é uma pessoa jurídica, tendo sido as pessoas naturais examinadas no Título I do Código Civil e as pessoas jurídicas no Título II, por onde se vê a relevância do tema. Interessante é notar que a pessoa jurídica qualifica-se de forma semelhante à pessoa natural: a sociedade tem nome, nacionalidade, profissão, domicílio. Não tem CPF, mas tem CNPJ, não tem RG, mas tem IE. Só não tem estado civil, por não poder constituir família. Mesmo assim, fala-se em sociedades irmãs, em grupo societário, que corresponde a uma família de sociedades. A sociedade não tem filha, mas tem filiada. É o que acontece com os grupos financeiros, em sua maioria formados por diversos tipos de bancos e outras instituições financeiras, empresas de seguros, armazéns gerais, arrendamento mercantil (*leasing*) e várias outras. Essa concentração de sociedades tem razões tecnológicas, financeiras e administrativas, revelando tendência da moderna economia.

Causas diversas provocaram a formação desse conglomerado de empresas, interligadas entre si graças a uma supervisão geral e objetivos comuns, com uma empresa líder. A empresa subscreve ações de outras, mantendo-as sob seu controle. Uma dessas causas é a especialização que possuem tanto as empresas como as pessoas naturais que exercem atividade produtiva. Não é mais conveniente no mundo tecnológico de nossos dias uma empresa dedicar-se a atividades variadas. Quando uma delas adquire grande poder e esgota seu mercado, procura organizar outra que se dedique a atividade diferente, mas o dono de uma é também o dono da outra.

Vamos citar um exemplo: há uns 80 anos, a maior empresa brasileira da época tinha a designação de *indústrias reunidas* e se dedicava a variadas atividades industriais, com maior ênfase na indústria alimentícia. Dedicava-se também à indústria têxtil, de cimento, agricultura e várias outras. A segunda empresa daquela época adotava o mesmo sistema. Em nossos dias não mais predomina esse tipo de empresa, fracionando-se em diversas sociedades, cada uma com sua personalidade jurídica, estrutura própria, independência patrimonial. Elas permanecem unidas por uma supervisão comum, um ponto de concentração. Podem ter o mesmo endereço, mas, geralmente, têm domicílios diversos, às vezes até em cidades diferentes.

Exemplo sugestivo no Brasil é o dos grandes conglomerados bancários, como o Bradesco e o Itaú. Todos começaram como banco comercial, chamado também de banco de varejo; foram depois se diversificando e hoje formam um grupo de sociedades, cada uma com sua especialidade, como distribuidora de valores mobiliários, corretora de valores mobiliários, sociedade de financiamento, sociedade de crédito imobiliário, arrendamento mercantil (*leasing*), fomento mercantil (*factoring*) e outras. Muitos têm ainda companhia de seguros, turismo, armazéns gerais e várias outras. Há, porém, um elo que mantém as empresas unidas no grupo de sociedades: a identidade de propósitos, a supervisão comum e a participação acionária, ou seja, uma é acionista de outra.

Outra razão para que os grupos de sociedades tivessem sido criados foi a instabilidade da economia nacional e internacional, com crises cíclicas e épocas de euforia. Determinados segmentos de mercado às vezes se veem premidos a reestruturar-se em certos momentos, abalando sua posição. Veem-se, então, na necessidade de diversificar suas atividades, para aproveitar a maré favorável que algumas delas apresentam momentaneamente. Se um setor vai mal, o outro vai bem, compensando as deficiências de um setor. Por isso, mantém várias sociedades na ativa, com um liame entre elas.

Outros juristas e economistas acham que a concentração empresarial atende a razões mais elevadas. Estamos na época da globalização, da concentração empresarial, do capitalismo avançado. A formação de um grupo de empresas interligadas entre si, graças à participação societária e subordinação coletiva a um órgão comum, é resultante do moderno capitalismo. Atende à tendência moderna do gigantismo, como acontece com grupos societários japoneses. Para se ter uma ideia do gigantismo empresarial japonês basta que se diga que uma empresa famosa tem mais de 500.000 empregados.

Para atingir esse estágio, só formando o grupo de empresas, mas conservando as características da formação de grupos: independência patrimonial, personalidade jurídica autônoma, subordinação centralizada num órgão diretivo, participação no capital.

17.2. Legislação pertinente

O Direito Societário brasileiro não previu a concentração de empresas, a princípio, apesar desse fenômeno estar acontecendo há meio século. A LSA, entretanto, mais moderna e evoluída, previu essa situação num capítulo chamado *Grupo de Sociedades*, com os arts. 265 a 279. Previu a formação de consórcios, de ligações societárias, de controle de uma S.A. por outra ou coligação delas. Nesse aspecto, as sociedades podem ser controladoras, controladas, subsidiárias, filiadas e consorciadas. Trata-se, porém, exclusivamente das S.A.

Entre as inúmeras correções trazidas ao nosso direito pelo novo Código Civil foi a previsão sobre esse problema, nos arts. 1.097 a 1.10l, formando um capítulo denominado DAS SOCIEDADES COLIGADAS. Consideram-se coligadas as sociedades que, em suas relações de capital, são controladas, filiadas, ou de simples participação. Aliás, o que notabiliza o novo Código é haver estabelecido regulamentação própria para cada modelo societário, em vez de remeter à Lei das S.A. para ser aplicada subsidiariamente aos casos omissos.

Fazem parte dessa legislação inúmeras normas menores, baixadas pelo Banco Central do Brasil e pela CVM – Comissão dos Valores Mobiliários, como circulares, portarias, instruções, mas elas apresentam disposições muito variáveis, adaptando-se à situação do momento.

A legislação básica, contudo, será encontrada na Lei 6.404/76, ou seja, a LSA, nos arts. 265 a 279, que regulamentou essa questão de forma mais pormenorizada, seguindo o seguinte roteiro:

Grupo de sociedades

I. Características e natureza
- Características
- Natureza
- Designação
- Companhia sujeita à autorização para funcionamento

II. Constituição, registro e publicidade
- Aprovação pelos sócios das sociedades
- Registro e publicidade

III. Administração
- Administradores do grupo
- Administradores das sociedades filiadas
- Remuneração

IV. Demonstrações financeiras
- Prejuízos resultantes de atos contrários à convenção
- Conselho Fiscal das filiadas.

17.3. *Holding*

Resultado da formação do grupo empresarial foi o surgimento de uma empresa especializada, a que se deu o nome de *holding*, sendo chamada por alguns *de sociedade gestora de participações sociais*. É uma empresa aglutinadora de capitais, com o fim de aplicá-los na subscrição do capital de outras empresas. Ela nasceu para ser dona de outras. Seu objeto social é subscrever ações de outras sociedades, que se tornam suas filiadas. Por isso, alguns a chamam de empresa-mãe, e filiadas ou subsidiárias às que contarem com sua participação.

Normalmente, a *holding* tem participação acionária majoritária em uma ou mais sociedades; às vezes 100% ou 50% mais uma ação. Neste caso, ela detém o poder e o controle sobre sua subsidiária. A filiada cujo capital pertença totalmente à *holding* é chamada de subsidiária integral, ou de subordinação total. Não há, porém, impedimento para que mantenha participação minoritária em outras sociedades. Não poderá ser sempre minoritária, pois seria então uma sociedade de investimentos em ações e não mais *holding*.

Perderá também seu caráter de *holding* se ela própria exercer atividade empresariais, como, por exemplo, se for uma indústria; ela não deve operar como empresa industrial, comercial ou prestadora de serviços. Assim sendo, tem existência singela: há em São Paulo uma *holding* que tem cinco diretores e três funcionários, portanto, mais patrões do que empregados; afora ações de empresas tem como patrimônio alguns poucos móveis. Todavia, seu patrimônio acionário é vultosíssimo.

Quando o grupo pretender aumentar seu capital, poderia aumentar o capital de alguma de suas filiadas, mas geralmente o aumento se dá sobre o próprio capital da *holding*. Para o investidor as ações da *holding* inspiram mais segurança e confiança, pois ao adquirir as ações dela estará garantido pela lucratividade de ações de empresas viáveis em qualquer momento. Conforme acabamos de falar, a instabilidade de certos setores da economia deixa de atingir radicalmente as ações da *holding*, como atingiria as ações de uma sociedade atuante em segmento de mercado deficitário. Seu valor é a diversificação do investimento alocado em ações de companhias em diferentes áreas: se uma empresa vai mal, a outra passa por um momento melhor, atenuando o efeito negativo. As ações não ficam assim à mercê de um único setor da economia.

17.4. Formas de conexão entre sociedades

Na formação de um grupo de sociedades, estas estabelecem entre si determinadas formas de conexão quanto a vinculação e relacionamento entre elas. De acordo com esse relacionamento societário, cada empresa assume determinada posição, que veremos neste estudo. Vamos examinar essas posições: controladora, controlada, coligada, de simples participação, filiada, subsidiária integral, consórcio, *joint venture*.

CONTROLADORA – É a sociedade que possui força suficiente para eleger os administradores e determinar as decisões das deliberações sociais. Sua posição é preponderante nas decisões da empresa controlada, equivalendo à posição do acionista controlador. Se ela detiver 50% das ações com direito a voto, e mais uma, não haverá dúvidas de que se trata de sociedade controladora. Todavia, não há necessidade desse domínio, bastando ter o poder de decisão, que pode ser exercido de muitas formas.

CONTROLADA – Está situada no outro polo; é aquela cujo capital esteja dominado pela controladora, que pesará nas decisões desta. A controlada é definida mais ou menos pelo Código Civil, no art. 1.098, desta forma:

É controlada:
I. A sociedade de cujo capital outra sociedade possua a maioria dos votos nas deliberações dos acionistas em assembleia geral e o poder de eleger a maioria dos administradores.
II. A sociedade cujo controle, referido no inciso antecedente, esteja em poder de outra, mediante ações possuídas por sociedade ou sociedades, por esta já controladas.

Vê-se, por esse critério, que a sociedade controlada fica esclarecida no inciso I; no segundo inciso ficou prevista outra forma de domínio, que pode ter muitas variantes. Por exemplo: POMPONIA S.A. tem o capital de R$ 80.000,00. 50% das ações pertencem a GAIONA S.A. e os outros 50% a MODESTINA S.A. Entretanto, tanto GAIONA S.A. como MODESTINA S.A. são controladas pela ULPIANA S.A. Neste caso, a controladora é a ULPIANA S.A., embora nem seja acionista.

COLIGADA – O art. 1.097 do Código Civil considera coligadas as sociedades que, em suas relações de capital, são controladas, filiadas, ou de simples participação. Trata-se, como se vê, de uma designação genérica, designando uma empresa que mantenha com outra uma participação societária. Entretanto, no art. 1.099, nosso código usa a expressão coligada como sinônima de filiada; tem, portanto, esse termo um significado *latu sensu* e outro *strictu sensu*. Entretanto, a coligada não controla outra sociedade, pelo que se deduz de seu conceito: coligada, ou seja, ligada com. Participa com 10% ou mais da outra, o que não chega a significar controle.

SIMPLES PARTICIPAÇÃO – Esta sociedade é definida de forma clara e objetiva no art. 1.100:

É de simples participação a sociedade de cujo capital outra sociedade possua pelo menos 10% do capital com direito a voto.

A simples participação não significa controle; participar do capital de uma sociedade em menos de 10% das ações (se for mais de 10% é filiada ou coligada) com direito a voto não dará à participante grande poder de decisão. Em casos excepcionais, é possível que essa participação minoritária possa fazer pender a decisão para seu lado. Havia, tempos atrás, importante empresa de comunicação de massa, com apenas três acionistas: um tinha 49,5% das ações; outro também 49,5%; um terceiro acionista possuía apenas 1% dos votos. Em caso de divergência entre os dois majoritários, esse minoritário era o fiel da balança.

FILIADA – É o caso oposto à anterior. É definida pelo art. 1.099 de nosso código como sendo a sociedade de cujo capital outra sociedade participa com 10% ou mais do capital da outra, sem controlá-la. Essa participação de outra sociedade situa-se na faixa de 10% a 50%.

17.5. Joint Ventures

A *joint venture* é um tipo de grupo de empresas, as coventures, geralmente de países diferentes. Não está prevista na lei brasileira, mas é muito aplicada no Brasil e demais países. Surgiu no direito norte-americano, graças à prática que se disseminou pelo país. Apesar de seu significado, *joint ventures* (aventura comum), não é uma aventura, mas uma convenção séria e meticulosa, envolvendo sérias responsabilidades, celebrada normalmente entre duas empresas, mormente de grande porte, pela qual uma empresa presta colaboração tecnológica à outra, mediante o pagamento de *royaties.*

É muito utilizada na indústria eletrônica: uma empresa brasileira, carente de tecnologia evoluída, celebra *joint venture* com empresa japonesa para a fabricação de aparelhos eletrônicos, quase sempre com as mesmas marcas e usando a tecnologia japonesa. Traz inúmeras vantagens para a empresa brasileira, que conta com a tecnologia de ponta e pode vender marcas consagradas como Sanyo, Mitsubishi, Sony, Sansung para produtos de grande aceitação, como rádios, televisores, aparelhos sonoros e outros desse gênero. Em compensação, a empresa japonesa tem seu nome, suas marcas divulgadas no Brasil e ainda recebe *royalties* sobre o movimento de vendas. É, mais ou menos, um contrato de transferência de tecnologia.

Consta, pois, esse contrato de uma parceria entre duas empresas, uma dotada de melhor tecnologia, e a outra dotada de estrutura organizada para a produção e vendas, para o desenvolvimento de um projeto em conjunto, de elevada complexidade, que exige esforços integrados das empresas coventures. Normalmente há um contrato-mater e outros específicos. É possível ser celebrado entre empresas nacionais, porém, é mais comum entre empresas de países diferentes.

17.6. Participação recíproca de uma companhia em outra

O art. 244 não permite a participação recíproca entre companhias coligadas ou em condições de controle. Por exemplo: A é acionista de B e B é acionista de A. Seria uma fraude contra a integridade do capital e daria ao público falsa impressão sobre o patrimônio dessas companhias, pois cada uma seria acionista de si mesma. Por exemplo: uma companhia controlada torna-se acionista de sua controladora; poderá então participar das deliberações sobre ela própria, o que se transforma numa farsa.

Há alguns casos excepcionais em que o art. 244 admite a participação recíproca, como no caso de incorporação, fusão e cisão, que deverão constar no relatório financeiro dessas companhias, mas serão devidamente regularizados no prazo de um ano.

17.7. Responsabilidades administrativas

No grupo de sociedades, cada uma tem sua personalidade, administração própria e um objeto social definido. As operações em conjunto representam uma conjugação de esforços e conciliação de interesse; se eles estabelecem relações entre si, cada um visa a seus objetivos. Ocorre, porém, que no relacionamento entre empresas coligadas ou entre controladora e controlada pode haver abuso de poder de seus dirigentes, levando-os a estabelecer transações entre as companhias, de sensível desequilíbrio na satisfação de interesses. Há vantagens excessivas para uma delas, em detrimento da outra. Firmam-se contratos leoninos, ou seja, não comutativos.

Em casos semelhantes, prevê o art. 245 a responsabilidade sobressalente dos administradores por atos que levem uma companhia a prejudicar outra, pois afetaria os interesses dos acionistas minoritários. Idênticas sanções se aplicam a uma sociedade controladora que prejudicar sua controlada. Aplicam-se-lhes as sanções previstas para o acionista controlador, nos arts. 116 e 117. Além do dever de reparar o dano causado, terá verbas de sucumbência.

17.8. Demonstrações financeiras das sociedades interligadas

Os arts. 247 a 250 estabelecem exigências sobressalentes para as demonstrações financeiras de sociedades interligadas, seja por coligação, seja por controle. Para as empresas independentes, ou seja, sem ligação acionária com outra, as demonstrações financeiras devem revelar os investimentos realizados, mais precisamente, as ações que adquiriu de outras companhias.

As companhias independentes, a que estamos nos referindo, podem ser acionistas de outras; todavia, esse investimento em ações é de tal maneira irrelevante que não podem ser consideradas nem coligadas nem controladas. Por exemplo: milhares de companhias são acionistas da Petrobras, detendo diminuto número de ações; não podem ser consideradas controladoras da Petrobras, nem menos coligadas com ela. Entretanto, se houver conexão acionária entre as companhias, o balanço da companhia investidora deve especificar bem o investimento relevante, peculiaridade das companhias interligadas.

Denomina-se investimento relevante, para o fim da Lei das S.A., a participação de uma companhia no capital de outra sociedade (S.A. ou não), que represente 10% ou mais do patrimônio líquido da investidora. Por exemplo: MODESTINA S.A. tem um patrimônio de R$ 20.000,00 e subscreveu ações de PAULA S.A. no valor de R$ 2.400,00. Mais de 10% do patrimônio líquido de MODESTINA S.A. está aplicado em ações de outra empresa: é um investimento relevante.

Considera-se ainda investimento relevante a participação de uma em várias outras, que seja igual ou superior a 15% em conjunto. Por exemplo: POMPÔNIA S.A., com seu patrimônio de R$ 20.000,00 participa com R$ 1.200,00 no capital de GAIA S.A., com R$ 1.200,00 no de ULPINANA S.A. e mais R$ 1.200,00 no de SALUSTIANA S.A. Perfaz seu investimento em 18% de seu patrimônio, embora nas companhias interligadas não tenha atingido a 10% individualmente do patrimônio da investidora.

No balanço da companhia dominante, os investimentos relevantes serão avaliados pelo valor do patrimônio líquido. Por outro lado, no balanço da companhia coligada ou controlada, o valor do patrimônio líquido será determinado com base no balanço da companhia investidora. O balanço dessas sociedades ligadas deve ter a mesma data ou no máximo 60 dias de diferença.

Esses critérios são diferentes dos comumente adotados na contabilidade empresarial comum. Além disso, a companhia aberta que tiver mais de 30% de seu patrimônio líquido investido no capital de sociedades controladas deverá elaborar e publicar demonstrações consolidadas. Essas demonstrações consolidadas não dispensam as demonstrações normais. A consolidação prevista nos arts. 249 e 250 se dá com o balanço da companhia investidora em conjunto com o das sociedades ligadas.

Só assim é possível aferir a real situação econômico-financeira da companhia, evitando distorções, fraudes ou lançamentos em duplicidade. Por exemplo, o balanço de uma companhia pode aparentar boa situação, mas 40% de seu patrimônio está investido em sociedades mercantis deficitárias e endividadas, ou até insolventes.

18. OS GRUPOS SOCIETÁRIOS CONVENCIONAIS

18.1. Os grupos de fato
18.2. Os grupos de direito

18.1. Os grupos de fato

Há dois tipos de grupos de empresas, classificados pela sua subordinação à lei: de fato e de direito. Os grupos de fato dispensam muitas análises sob o ponto de vista jurídico, por serem informais, sem documentação regulamentada e normalmente restrito ao seu âmbito de relacionamento. Entretanto, a LSA, nos arts. 247 a 250 impõe obrigações às empresas componentes dos grupos de fato, no tocante às demonstrações financeiras, exigindo a transparência das relações entre elas.

Pelo art. 243, o relatório anual da administração deve relacionar os investimentos nas outras sociedades, o que dará maior publicidade do fato à comunidade. A companhia aberta divulgará as informações adicionais, sobre coligadas e controladas, que forem exigidas pela CVM.

No capítulo XI, item 17.7, fizemos referência às responsabilidades administrativas das empresas controladoras. Essas responsabilidades e as sanções que acarretam aplicam-se principalmente à controladora dos grupos de fato, pois nos grupos de direito as responsabilidades ficam previstas na convenção que os criou.

18.2. Os grupos de direito

Os grupos de direito, porém, são formalizados por um acordo entre as empresas, que a LSA chama de convenção, sendo então chamados grupos convencionais. A lei toma mais cuidado com esses grupos, como, por exemplo, restringindo a participação de empresas estrangeiras.

Os grupos societários convencionais são formados por várias sociedades, sendo uma delas a controladora e as outras subordinadas. Todas elas terão, porém, personalidade jurídica, com sua estrutura própria. Haverá entre elas uma convenção, um contrato constituindo o grupo. Essa convenção deverá ser aprovada pelos órgãos competentes de todas as sociedades integrantes do grupo e registrada na Junta Comercial. É o que normalmente ocorre com conglomerados financeiros, que se autodenominam *corporações*. Esses conglomerados financeiros são formados por um banco comercial, de investimento, sociedade corretora, financiadora, seguradora e outras.

Esse grupo convencional de sociedades é reconhecido e regulado pelos arts. 265 a 277. Pela autorização do art. 265, a sociedade controladora e suas controladas podem constituir grupos de sociedades, mediante convenção pela qual se obriguem a combinar recursos ou esforços para a realização dos respectivos objetos, ou a participar de atividades e empreendimentos comuns. Não pode sociedade estrangeira liderar grupo de sociedades; a sociedade controladora, ou de comando do grupo, deve ser obrigatoriamente brasileira e exercer a posição de comando de forma efetiva. Constitui, pois, fraude à lei uma empresa estrangeira fazer parte do grupo, aparentemente em posição de subordinação, e, na prática, assumir posição de comando.

O grupo é constituído por convenção entre as sociedades componentes dele; é portanto de natureza jurídica contratual. Essa convenção deve ser registrada na Junta Comercial com o nome seguido da expressão *Grupo* ou *Grupo de sociedades*. Comumente traz o nome do fundador da sociedade controladora ou seu principal dirigente, como, por exemplo, o *Grupo Gilberto Huber*. A convenção define as linhas mestras do grupo, devendo obrigatoriamente constar sua designação, qual a sociedade de comando e quais são as subordinadas, as condições de participação das diversas sociedades, o prazo de duração, se houver, as condições de extinção, e as condições para a admissão e retirada de sociedades. O grupo terá seus próprios órgãos, definidos na convenção, com sua competência e atribuições; também estabelecerá a convenção as normas de relacionamento entre as sociedades entre si e entre a controladora e as subordinadas. Precisa ficar bem clara na convenção a nacionalidade da sociedade controladora: quem são seus acionistas majoritários, a nacionalidade e domicílio deles.

19. SOCIEDADE EM COMANDITA POR AÇÕES

19.1. Conceito e lei aplicável
19.2. Dois tipos de acionistas
    19.2.1. Comanditados
    19.2.2. Comanditários
19.3. Nomeação do diretor
19.4. O nome empresarial
19.5. Atualidade da sociedade em comandita por ações

19.1. Conceito e lei aplicável

Esta sociedade surgiu em 1882, oriunda do direito norte-americano. Sua regulamentação legal está no Código Civil, arts. 1.090 a 1.092. Consta ainda dos arts. 280 a 284 da LSA, considerando alguns intérpretes que esses artigos tenham sido tacitamente revogados pelo Código Civil, uma vez que lhe dá nova regulamentação. A Lei da Sociedade Anônima, conhecida como LSA, é, na verdade, a Lei da Sociedade por Ações. A sociedade por ações, por sua vez, divide-se em dois tipos: sociedade anônima e sociedade em comandita por ações; como esta última é pouco conhecida, a sociedade anônima impôs-se no conhecimento público.

Diz o art. 1.092 do Código Civil que a sociedade em comandita por ações tem o capital dividido em ações, regendo-se pelas normas relativas à sociedade anônima, sem prejuízo das modificações constantes do Código Civil. Se o capital é dividido em ações, os subscritores das ações devem ser chamados de acionistas. Entretanto, a LSA fala em "sócios" e "gerentes". Em nossa opinião essas expressões são inadequadas: não é possível ser sócio e acionista ao mesmo tempo; gerente é uma categoria profissional tipificada no Código Civil e não se confunde com a de sócio, nem de acionista, nem de administrador.

Há um aspecto surpreendente: será sociedade de capitais ou de pessoas? Se é sociedade por ações e suas ações podem circular no mercado de capitais, é uma sociedade de capitais. Contudo, pode ter firma com o nome de seus acionistas-dirigentes: é uma característica própria das sociedades de pessoas. Achamos, porém, que este fator não lhe tira o caráter de sociedade de capitais.

19.2. Dois tipos de acionistas

A principal característica desse modelo societário é a existência de duas espécies de acionistas, com o nome de *comanditados* e *comanditários*.

19.2.1. *Comanditados*

São os acionistas que exercerão a administração da empresa, sendo chamados de diretores; nesse aspecto sofre a influência da S.A., por ter um órgão próprio desta última: a diretoria. Somente o acionista tem qualidade para administrar a sociedade, ou seja, apenas acionista pode ser diretor, que pode ser também chamado administrador.

O comanditado responde ilimitada e solidariamente pelas obrigações da empresa; porém, responde subsidiariamente, ou seja, seus bens particulares só podem ser executados se os bens da empresa não forem suficientes para cobrir seus débitos. Se houver vários diretores (administradores), todos serão responsáveis, de forma solidária e ilimitada, pelas obrigações sociais, embora também subsidiariamente.

A responsabilidade do diretor da sociedade em comandita por ações é superior à do diretor da S.A., pois aquele responde de forma ilimitada e solidária em qualquer situação; o diretor da S.A. não, a menos que tenha agido com dolo ou culpa, ou com abuso de poderes. Em consequência desse poder e dessa responsabilidade, os diretores somente poderão ser destituídos por deliberação dos acionistas que representem no mínimo dois terços do capital social.

A assembleia geral não pode, sem o consentimento dos diretores, mudar o objeto essencial da sociedade, prorrogar-lhe o prazo de duração, aumentar ou diminuir o capital social, criar debêntures, ou partes beneficiárias.

19.2.2. Comanditários

Não poderão fazer parte da firma social, nem exercer a gerência da sociedade. É ele um prestador de capital, ou seja, contribui com fundos para a formação do capital da sociedade. Não pode ele praticar qualquer ato de gestão, nem ter o nome na firma social, sob pena de ficar sujeito às responsabilidades de sócio comanditado. A sua responsabilidade é limitada; limita-se à sua quota de participação para o capital da sociedade.

Entretanto, sendo ele um prestador de capital e por ter interesse nos resultados da empresa, é-lhe facultado fiscalizar as atividades empresariais e a atuação da Diretoria, e participar das deliberações.

A sociedade em comandita poderá outorgar procuração ao acionista comanditário para a prática de algum negócio em nome dela. Neste caso, age ele como procurador e não como sócio; essa procuração não foi outorgada para exercer atividade empresarial, mas para a prática de determinada transação.

O acionista comanditário não é obrigado à reposição de lucros recebidos de boa-fé e de acordo com o balanço. Diminuindo o capital social, por perdas supervenientes, não pode o comanditário receber quaisquer lucros, antes de reintegrado aquele. Vejamos como se aplicaria essa disposição: uma sociedade obtém lucros num exercício e os distribui aos acionistas comanditários. Logo em seguida, no exercício seguinte, essa sociedade sofre prejuízos; esses prejuízos não constituem motivo para que o sócio comanditário devolva os lucros recebidos de boa-fé.

19.3. Nomeação do diretor

A constituição da sociedade em comandita por ações se dá pelas formas adotadas pela S.A., com a assembleia geral dos acionistas e aprovação do estatuto que regerá o funcionamento da sociedade. Em assembleia, os acionistas nomearão alguns deles que deverão gerir a atividade empresarial, os administradores, que serão nomeados no ato constitutivo da sociedade, sem limitação de tempo.

É conveniente ressaltar que o parágrafo segundo do art. 1.091 diz que os diretores são *nomeados no ato constitutivo da sociedade, sem limitação de tempo*, e não eleitos, como acontece na S.A.

19.4. O nome empresarial

Esse tipo de sociedade pode adotar denominação ou firma (ou razão social). Se adotar firma, o nome da empresa deverá ter o nome de seus diretores, como, por exemplo, FERNANDES & CORREA COMANDITA POR AÇÕES. Só poderá constar o nome dos diretores e os que figurarem na firma assumirão a responsabilidade ilimitada e solidária pelas obrigações sociais. Os acionistas que não forem diretores não poderão ter seu nome na firma.

19.5. Atualidade da sociedade em comandita por ações

Não se sabe de alguma sociedade em comandita por ações operando no Brasil, o que justifica o desprezo com que é tratada pelo direito. Todavia, ela está na lei e é um instrumento de valia para os empresários e investidores; é mais uma opção para quem entra na vida empresarial. Não se recorre a ela porque não é divulgada e não se cogitam os benefícios que ela pode trazer.

Entretanto, nos Estados Unidos da América, em que as sociedades por ações são muito cultivadas, a sociedade em comandita por ações é adotada com sucesso e tem boa aceitação, motivo pelo qual se irradiou pelo mundo. Está na prática e na orientação empresarial que aquele país adota. Geralmente, o investidor norte-americano evita dirigir e administrar sua empresa. Sendo o dono, ele a dirige de forma personalizada, subjetiva, sentimental e caprichosa. Coloca, então, à frente da empresa um administrador profissional como diretor, e cobra os resultados produzidos por esse diretor, que é chamado de *executivo*. Ele não é o dono da empresa, mas é responsável pela S.A. dela; sabe que deve apresentar bons resultados, sob pena de ser marginalizado.

Vamos citar um exemplo: a indústria automobilística FORD: pelo nome da empresa, presume-se quem sejam os seus donos, que devem ser os descendentes do fundador da empresa, Henry Ford; porém, nenhum deles consta na diretoria da empresa. Ela é dirigida por executivos, que são diretores executivos, tais como são previstos em nossa lei. São pessoas mais ligadas à administração de empresas, que agem na linha de frente, na vanguarda da empresa, enquanto a retaguarda é exercida pelos acionistas.

Nota-se essa tendência na orientação empresarial brasileira. Os jornais anunciam constantemente o que ocorre em nossas grandes corporações: o dono deixa seu cargo executivo e se mantém no Conselho de Administração, deixando a direção da empresa nas mãos de executivos profissionalizados. Talvez essa tendência possa realçar a presença em nosso país da sociedade em comandita por ações.

20. SUBSIDIÁRIA INTEGRAL

- **20.1.** Conceito
- **20.2.** Constituição por escritura pública
- **20.3.** Constituição por incorporação de ações
- **20.4.** A admissão de novos acionistas

20.1. Conceito

Eis aqui uma sociedade anônima peculiar, por possuir um só acionista, o que constitui um contrassenso, embora seja caso excepcional. O termo *sociedade* dá ideia de sócios; um é sócio do outro e não se concebe alguém ser sócio de si mesmo. Por isso, a ideia de sócio sugere a pluralidade de pessoas; *non datur societas de individuo*. Entretanto, a sociedade de um sócio só, considerada sociedade unipessoal, está prevista na Lei 6.404/76, nos arts. 251 a 253.

A sociedade unipessoal só pode ser sociedade anônima, sendo uma controlada total. Quanto à única acionista, a sociedade controladora, a lei exige que seja sociedade brasileira, mas não diz expressamente que deva ser sociedade anônima, mas, pelos dizeres da lei, deve mesmo ser S.A.

20.2. Constituição por escritura pública

Existem duas maneiras de se constituir uma subsidiária integral, sendo a principal delas a por escritura pública, que será lavrada e assinada pela companhia, a qualificação da subscritora das ações, informações sobre o capital social e sua integralização, recibo de depósito, no banco, do pagamento do capital e nomeação

301

dos administradores e dos membros do Conselho Fiscal; esses deverão juntar cópias autenticadas da identidade e declaração da inexistência de impedimentos para a função.

A sociedade que subscrever as ações da subsidiária integral em bens terá que aprovar o laudo de avaliação desses bens, laudo esse que será transcrito na escritura. De posse da certidão da escritura, a subsidiária integral promoverá seu registro na Junta Comercial.

20.3. Constituição por incorporação de ações

Por outro lado, uma companhia constituída por vários acionistas pode ser reduzida à posição de subsidiária integral. Basta que outra sociedade, como uma *holding*, adquira todas as ações do capital social ao patrimônio de outra companhia brasileira, para converter a primeira em subsidiária integral da incorporadora.

A incorporação de todas as ações do capital social ao patrimônio de outra companhia brasileira, para convertê-la em subsidiária integral, será submetida à deliberação da assembleia geral das duas companhias e aprovada pelas duas: a incorporada e a incorporadora (art. 251). Pelos dizeres do art. 251, a companhia incorporadora, que será a controladora total, deverá ser brasileira, e se precisa ser aprovada pela assembleia geral, é porque deverá ser também S.A.

A assembleia geral da companhia incorporadora, se aprovar a operação, deverá autorizar o aumento de capital, a ser realizado com as ações a serem incorporadas e nomear peritos que a avaliarão. Dessa maneira, os acionistas da sociedade incorporada passarão a ser acionistas da incorporadora, mas, para evitar fraude em malefício dos acionistas da incorporadora, as ações da incorporada deverão ser avaliadas. Os acionistas não terão direito de preferência para subscrever o aumento de capital. Entretanto, os dissidentes poderão retirar-se da companhia.

Pelo lado da companhia incorporada, a assembleia geral somente poderá aprovar a operação pelo voto da metade, no mínimo, das ações com direito a voto, e se a aprovar, autorizará a diretoria a subscrever o aumento de capital da incorporadora, por conta de seus acionistas. Os dissidentes da incorporada poderão exercer também o direito de recesso.

Aprovado o laudo de avaliação pela assembleia geral da incorporadora, efetivar-se-á a incorporação e os titulares das ações incorporadas receberão diretamente da incorporadora as ações que lhe couberem.

20.4. A admissão de novos acionistas

A subsidiária integral pode perder essa condição. Ela pode querer aumentar seu capital com a emissão de novas ações, ou, então, a controladora pode vender as ações da subsidiária a outras pessoas. Entram então novos acionistas e a subsidiária deixa de ser unipessoal.

Se assim acontecer, os acionistas da controladora terão direito de preferência na aquisição dessas ações, na proporção das ações que possuírem. Se a controladora decidir vender suas ações, eles exercem o direito de preferência sobre elas; se a subsidiária integral decidir aumentar seu capital, também vigora a preferência para a aquisição delas pelos acionistas da matriz.

Essas ações, nos dois casos, serão oferecidas aos acionistas em assembleia geral, convocada para esse fim.

21. DO CONSÓRCIO

21.1. Aspectos conceituais
21.2. Formação pelo contrato de consórcio
21.3. Autonomia das consorciadas

21.1. Aspectos conceituais

O termo consórcio é bastante divulgado, pois, há anos, entrou em voga a utilização de consórcio para financiamento de veículos, com ampla campanha publicitária. É também usado para outros empreendimentos. Não é, entretanto, nessa acepção que os artigos 278 a 279 da LSA dispõem. Trata-se de consórcio de empresas, uma concentração especial de empresas. É sociedade não personificada e de curta duração.

A formação de consórcios é muito comum nas grandes obras públicas. Vamos começar nossas considerações a partir de um exemplo: o Poder Público contrata com uma construtora a construção de uma longa estrada, unindo dois Estados. Essa construtora celebra contrato de consórcio com empresa especializada em projetos, que planeja as obras de construção da estrada; entram nesse contrato outra empresa que faz a compactação do solo e outra que faz a terraplenagem do terreno. Outra empresa faz a pavimentação da estrada, assentando o asfalto, enquanto outra empresa se encarrega de remover as árvores e fazer jardins ao longo da estrada.

21.2. Formação pelo contrato de consórcio

Constituiu-se assim o consórcio entre essa empresa e suas consorciadas, formando um grupo de empresas, unidas entre si por um contrato, que é formalizado e registrado na Junta Comercial e no CNPJ, e é aprovado por órgão público competente para tanto. O relacionamento das empresas consorciadas se faz por intermédio da consorciada-administradora, mas cada uma dessas empresas mantém sua autonomia de ação e sua personalidade jurídica, responsabilizando-se por seus atos e compromissos, sem solidariedade e subordinação. Tudo isso é fruto do consórcio.

Pelo que acabamos de ver, o consórcio tem certas características, algumas essenciais e outras acidentais:
1. É um grupo de empresas.
2. É estabelecido por um contrato formal, cujos requisitos essenciais estão previstos em lei.
3. Não possui personalidade jurídica.
4. As empresas consorciadas conservam sua personalidade jurídica, independência e autonomia de ação.
5. Deve ser registrada na Junta Comercial e no CNPJ.
6. São costumeiramente formados para grandes empreendimentos.
7. Tem natureza instrumental e operacional.
8. Extinguem-se ao término do empreendimento.

Essas características ressaltam-se dos próprios dados conceituais expostos no Art. 278 da LSA, como veremos de seus termos:

> *As companhias e quaisquer outras sociedades, sob o mesmo controle ou não, podem constituir consórcio para executar determinado empreendimento.*
>
> *§ 1º. O consórcio não tem personalidade jurídica e as consorciadas somente se obrigam nas condições previstas no respectivo contrato, respondendo cada uma por suas obrigações, sem presunção de solidariedade.*

§ 2º. *A falência de uma consorciada não se estende às demais, subsistindo o consórcio com as outras contratantes; os créditos que porventura tiver na falida serão apurados e pagos na forma prevista no contrato de consórcio.*

21.3. Autonomia das consorciadas

Conservando cada consorciada sua independência e respondendo por si, é natural que a falência de uma delas não deverá produzir efeitos sobre as outras, por terem também personalidades jurídicas diversas.

Quando o artigo 278 fala em "quaisquer outras sociedades", entendemos que o consórcio não precisa ser formado por uma S.A. e não se justifica porque seja ele regulamentado pela LSA; deveria constar de nosso Código Civil. Digamos, porém, que o CC faz a concessão dessa prerrogativa às outras sociedades.

Não é necessário que haja participação societária entre as consorciadas, nem que o consórcio tenha personalidade jurídica. Se várias consorciadas se unem para formar uma empresa-matriz, deixa de ser consórcio, surgindo uma empresa autônoma. Todas as consorciadas são autônomas e cada uma responde por si. Se uma delas for à falência, os efeitos desta não atingirão as outras. Todavia, já houve decisões jurisprudenciais em contrário, mas em casos específicos, como, por exemplo, se houver infração ao Código de Defesa do Consumidor, à Lei do Abuso do Poder Econômico, ou ser houver afronta às leis das licitações, ou concessão de obras públicas. Houve, ainda, decisões desfavoráveis da Justiça do Trabalho, quando ficam atingidos direitos trabalhistas.

22. SOCIEDADE DEPENDENTE DE AUTORIZAÇÃO

- **22.1.** Legislação pertinente
- **22.2.** Sociedade brasileira e estrangeira
- **22.3.** Causas da autorização
- **22.4.** Poder concedente da autorização
- **22.5.** Sistema de registro
- **22.6.** Nacionalização da sociedade estrangeira
- **22.7.** Obrigações das empresas dependentes
- **22.8.** Representante no Brasil
- **22.9.** Publicação de balanços

22.1. Legislação pertinente

A Lei 6.404/76, reguladora da S.A. substituiu o antigo Decreto-lei 2.627/42, que a antecedeu. Porém, houve apenas uma derrogação, ou seja, revogação parcial; portanto, permaneceu em vigor um Capítulo da antiga norma, compreendendo os arts. 59 a 73. Esse capítulo tem um longo título: DA SOCIEDADE ANÔNIMA OU COMPANHIA CUJO FUNCIONAMENTO DEPENDE DE AUTORIZAÇÃO DO GOVERNO.

Por sua vez, o Código Civil deu a mesma regulamentação em um capítulo denominado DA SOCIEDADE DEPENDENTE DE AUTORIZAÇÃO. É o capítulo XI, distribuindo a matéria em três seções, assim distribuída:

I. Disposições gerais Arts. 1.123 a 1.125
II. Da sociedade nacional Arts. 1.126 a 1.133
III. Da sociedade estrangeira Arts. 1.134 a 1.141.

Assunto que mereceu especial cuidado da nova legislação pertinente foi o que diz respeito ao registro e autorização da sociedade estrangeira. Como se sabe, há várias restrições e impedimentos a essa sociedade na Constituição Federal de 1988 e em algumas outras leis, o que leva os órgãos competentes de registro, mormente a Junta Comercial, a observar algumas regras no registro dessa sociedade. Essas regras já tinham constado no

Decreto 1.800/96, nos arts. 7º i, alínea "b", art. 32, inciso II, alínea "i" e art. 55 III. Para completar, o DNRC – Departamento Nacional de Registro do Comércio, emitiu, em 28.12.1998, a Instrução Normativa 76, dispondo sobre o arquivamento de empresas mercantis em que participem estrangeiros residentes e domiciliados no Brasil, pessoas físicas, brasileiras ou estrangeiras, residentes e domiciliadas no exterior e pessoas jurídicas com sede no exterior.

Como lei mais recente e maior força, vieram os arts. 1.134 a 1.141 do novo Código Civil, que não vieram colidir com a normatização já existente. O novo Código Civil não fala que a sociedade estrangeira, qualquer que seja seu objeto social (ramo de atividade), deva ter registro, mas autorização do Governo para funcionar no País, ainda que por estabelecimentos subordinados, podendo, todavia, ressalvados os casos expressos em lei, ser acionista de sociedade anônima brasileira. Essa autorização é resultante do registro no órgão competente.

O art. 1.132 do Código Civil repete quase que *ipsis literis* o art. 63 do Decreto-lei 2.627/40, razão pela qual este pode ser considerado revogado. Disposição semelhante já constava também na LSA. Está havendo, portanto, sobreposição de leis, cada uma dizendo mais ou menos a mesma coisa. Em nosso parecer, deveria ser revogado o Decreto-lei 2.627/40, por ser uma excrescência que pode ser esquecida. Por isso, iremos nos basear no Código Civil e na LSA. Estabelece a mesma disposição para a sociedade anônima.

Da mesma forma, o art. 1.123 do Código Civil estabelece uma disposição para as sociedades em geral, enquanto o DL 2.627/40 se restringe à sociedade anônima.

22.2. Sociedade brasileira e estrangeira

Em primeiro lugar, teremos que distinguir bem a sociedade brasileira da estrangeira. Ao falar-se em sociedade, referimo-nos principalmente à sociedade mercantil. Perante a legislação ora comentada, a sociedade mercantil brasileira é aquela cujos atos constitutivos tenham sido registrados no Brasil, mais precisamente na Junta Comercial. Naturalmente, para que a Junta

Comercial registre os documentos dessa sociedade, deverão ser elaborados de acordo com a lei brasileira. A sociedade mercantil estrangeira é aquela cujos atos constitutivos estão registrados no órgão competente de outro país e, em consequência, não foram elaborados segundo a lei do Brasil, mas conforme a lei do país em que estiver registrada.

Voltamos a repetir que sociedade estrangeira é caracterizada pelo fato de seus atos constitutivos terem sido registrados em outro país que não o Brasil e elaborados segundo a lei desse país. Esse é o critério adotado. Por seu turno, a sociedade nacional é a organizada de conformidade com a lei brasileira e que tenha no País a sede de sua administração.

Existem dois aspectos parecidos, mas diferentes quanto à presença de estrangeiros como acionistas de sociedade anônima. O primeiro deles, do qual falamos no capítulo 2, item 8, é a presença de um ou mais acionistas estrangeiros numa sociedade anônima, sem que ela deixe de ser empresa brasileira. Essa questão foi regulamentada pela Instrução Normativa 76/98 do DNRC, referente à participação de estrangeiros em sociedades brasileiras.

O que estamos falando, neste capítulo, é uma situação diferente: é a empresa estrangeira, conforme foi ela definida, cuidada pela Instrução Normativa 81/98 do DNRC, dispondo sobre os pedidos de autorização para nacionalização ou instalação de filial, agência, sucursal ou estabelecimento no País, por sociedade mercantil estrangeira.

22.3. Causas da autorização

Princípio que predomina no direito brasileiro, mormente no Direito Empresarial, é o da autonomia da vontade e da liberdade de iniciativa. Entretanto, várias normas jurídicas vão impondo restrições a essa liberdade. Uma dessas restrições é a que impõe o monopólio estatal de certas atividades, vedando-as à iniciativa privada. Outra restrição é que impõe a necessidade de autorização para que a empresa privada possa operar. É exatamente esta última a restrição que o DL 2.627/40 estabelece para as sociedades anônimas, e o Código Civil para todas as sociedades, incluindo-se a anônima. O Código Civil alargou essa exigência para outras sociedades diversas da S.A., no art. 1.123 a 1.125. A própria Constituição Federal já apresentava tais exigências.

As exigências de autorização para a S.A. operar restringem-se a certos motivos:

    a) quanto à nacionalidade;
    b) quanto à atividade exercida;
    c) quanto à forma de subscrição.

Forma de subscrição

No tocante à forma de subscrição, a obrigatoriedade de autorização ficou definida pelo Art. 1.132 do Código Civil:

> *As sociedades anônimas nacionais, que dependam de autorização do Poder Executivo para funcionar, não se constituirão sem obtê-la, quando seus fundadores pretenderem recorrer à subscrição pública para a formação do capital.*
>
> *§ 1º. Os fundadores deverão juntar ao requerimento cópias autênticas do projeto do estatuto e do prospecto.*
>
> *§ 2º. Obtida a autorização e constituída a sociedade, proceder-se-á à inscrição dos seus atos constitutivos.*

Pelo que se vê, a autorização deve anteceder à própria constituição da sociedade. Ela poderá, entretanto, constituir-se só pelos seus atos constitutivos, mas não poderá registrá-los. Após receber a autorização, será possível seu registro e depois iniciar a subscrição de suas ações. Trata-se aqui da sociedade brasileira e de capital a formar-se pela subscrição pública, uma vez que a sociedade estrangeira e a de formação sem apelo ao público estarão sujeitas a regimes diferentes.

Atividade exercida

Tivemos oportunidade de nos referir a algumas empresas dependentes de autorização, para exercerem certas atividades empresariais, consideradas de alta relevância econômica ou social, ou as que afetem a segurança nacional, motivo por que a própria

Constituição Federal faz questão de resguardar esses interesses, não só impondo às sociedades a autorização, mas submetendo-as a controle e inspeção, como ainda a necessidade de aprovação para as modificações que elas promoverem no seu estatuto no que tange aos aspectos estruturais. Eis o que diz o parágrafo único do Art. 170 da Constituição Federal:

> *É assegurado a todos o livre exercício de qualquer atividade econômica, independentemente de autorização de órgãos públicos, salvo nos casos previstos em lei.*

E os casos previstos em lei são diversos, e vamos apresentar uma lista apenas exemplificativa, não constituindo *numerus clausus:*

1. Bancos – Todo banco se reveste da forma de S.A. e todos eles precisam de autorização do Governo federal, que exerce esse poder por intermédio do BACEN ou BCB (Banco Central do Brasil). Quando se fala aqui em "banco", não se refere exclusivamente aos bancos comerciais ou de varejo, mas a todos os tipos de instituições financeiras, como as sociedades de financiamento, crédito e investimentos, operadoras no mercado de capitais e outras, conforme previsto na Lei da Reforma Bancária (Lei 4.595/64, arts. 4º VII, 18-1º e 2º).
2. Companhias de Seguros e Resseguros, empresas de previdência privada e de capitalização.
3. Empresas que se dediquem à lavra de recursos minerais – Constituição Federal, Art. 223.
4. Empresas de comunicação de massa, radiodifusão – CF. Art. 223
5. Empresas de exploração de florestas (Lei 4.771/75).
6. Empresas de exploração de terminais privativos e de outras atividades portuárias (Lei 8.630/93 e Lei 9.432/97, art. 26).
7. Empresas de produção, comercialização, importação e exportação independente de energia elétrica (Lei 9.427/96, Arts. 26 e incisos).
8. Empresas dedicadas a pesquisa e lavra de jazidas de petróleo, gás natural e outros hidrocarbonetos fluidos,

a refinação de petróleo, a importação e exportação de produtos dele derivados e o respectivo transporte (Lei 9.478/97, Art. 5º).
9. Empresas de infraestrutura aeronáutica e as de comércio nas regiões aeroportuárias; companhias de transporte aéreo (Lei 7.565/86 – Código Brasileiro de Aeronáutica).

Sociedade estrangeira
10. Empresas exploradoras de sistemas de consórcio (Lei 5.768/71, Art. 7).

22.4. Poder concedente da autorização

Quem concede a autorização para a S.A. poder constituir-se, registrar-se e exercer atividades é o Governo federal. Assim diz o parágrafo único do art. 1.123: "A competência para a autorização será sempre do Poder Executivo federal". Essa autorização é bem diferente da autorização concedida pelo Poder Público estadual ou municipal, como a autorização do Município para uma empresa de transporte exercer o transporte de passageiros, ou então para uma empresa executar obras públicas.

O Governo federal exerce normalmente esse poder por intermédio de órgãos públicos federais específicos. O BCB autoriza as entidades financeiras, como bancos. A SUSEP – Superintendência Nacional de Seguros Privados autoriza as companhias seguradoras e resseguradoras.

22.5. Sistema de registro

A sociedade estrangeira não poderá exercer atividades no Brasil a não ser depois de registrada no lugar em que se deva estabelecer. A sociedade limitada e S.A. são consideradas empresas mercantis. O registro, porém, será diferente do registro da sociedade mercantil nacional, cujos atos constitutivos são outros. O procedimento também será diferente. Segundo a Instrução

Normativa 59/96, do DNRC, a sociedade estrangeira que desejar estabelecer filial, sucursal, agência ou estabelecimento no Brasil deverá solicitar autorização do Governo Federal para instalação e funcionamento, em requerimento dirigido ao ministro de Estado da Indústria, do Comércio e do Turismo, protocolizado no DNRC, que o examinará sem prejuízo da competência de outros órgãos federais. O requerimento, no caso da primeira filial, sucursal, agência ou estabelecimento no Brasil, será instruído com os seguintes documentos:

1. Cópia do ato que autorizou o funcionamento no Brasil e fixou o capital destinado às operações no território nacional; como exemplo do ato de deliberação sobre a instalação de filial, sucursal, agência ou estabelecimento no Brasil, podemos citar a ata da Assembleia Geral dos Acionistas, no caso de uma S.A. A empresa revestida da forma societária de sociedade anônima é regulamentada de forma mais ou menos uniforme pela maioria dos países juridicamente mais conceituados;
2. Inteiro teor do ato constitutivo da sociedade estrangeira em seu país, ou seja, contrato para a sociedade limitada e estatuto para a S.A.;
3. Relação dos membros de todos os órgãos da administração da sociedade, com o nome, nacionalidade, profissão, domicílio e, salvo quanto a ações ao portador, o valor da participação de cada um no capital da sociedade. Salva-se o caso de, em decorrência da legislação aplicável no país de origem, ser impossível cumprir essa exigência;
4. Prova de achar-se a sociedade constituída conforme a lei de seu país;
5. Prova da nomeação do representante permanente no Brasil, com poderes expressos para aceitar as condições exigidas para a autorização; deverá constar a procuração para o exercício desses poderes, entre eles, de tratar de quaisquer questões e resolvê-las definitivamente, podendo ser demandado e receber citação inicial pela sociedade;
6. Último balanço;
7. Guia de recolhimento do preço do serviço.

Os documentos serão autenticados, de conformidade com a lei nacional da sociedade requerente, legalizados no consulado brasileiro da respectiva sede e acompanhados de tradução em vernáculo.

No ato de deliberação sobre a instalação de filial, sucursal, agência ou estabelecimento no Brasil, deverão constar as atividades que a sociedade pretende exercer e o destaque do capital, em moeda brasileira, destinado às operações no Brasil, que será fixado no decreto de autorização.

Vê-se pois que o registro não é requerido diretamente perante a Junta Comercial, mas ao ministro de Estado da Indústria, do Comércio e do Turismo, diretamente junto ao DNRC. Não haverá necessidade de elaboração de atos constitutivos no Brasil, mas será registrado o ato constitutivo no exterior, devendo estar traduzido por tradutor oficial. Deverão ser juntados também os demais documentos exigidos por lei. Estando em termos o pedido e a documentação, o ministro da Indústria, do Comércio e do Turismo concederá a autorização para que a sociedade mercantil estrangeira se instale e desenvolva suas atividades.

O decreto de autorização expedido pelo Poder Executivo apontará o montante de capital destinado às operações no País, cabendo à sociedade registrada promover publicação dos atos que instruíram o pedido de autorização, que constam dos arts. 1.128, 1.129, 1.131 e 1.134-1º do Código Civil.

Entretanto, deverá essa sociedade providenciar o registro na Junta Comercial do Estado em que funcionar. Essas providências deverão repetir-se quando houver modificações nos atos constitutivos. Qualquer modificação no contrato, ou no estatuto, dependerá de aprovação do Governo, para produzir efeitos no território nacional. Se a sociedade estrangeira necessita de autorização para operar no Brasil, devendo juntar os atos constitutivos, necessita também de autorização para modificar esses atos. Essas modificações seguem o mesmo rito exigido para o registro, devendo apresentar:

1. Requerimento ao ministro de Estado da Indústria, do Comércio e do turismo, solicitando a devida aprovação, protocolizado no DNRC;
2. Ato de deliberação que promoveu a alteração; e
3. Guia de recolhimento do preço do serviço.

Arquivados esses documentos, a inscrição será feita por termo em livro especial para as sociedades estrangeiras, com número de ordem contínuo para todas as sociedades inscritas. No termo constarão:
1. O nome, o objeto social, a duração e a sede da sociedade no estrangeiro;
2. O lugar da sucursal, filial ou agência no Brasil;
3. A data e o número do decreto de autorização;
4. O capital destinado às operações no Brasil;
5. A individuação do seu representante legal permanente.

A sociedade estrangeira autorizada a funcionar ficará sujeita às leis e aos tribunais brasileiros, quanto aos atos ou operações praticados no Brasil.

22.6. Nacionalização da sociedade estrangeira

A sociedade mercantil estrangeira, autorizada a funcionar no Brasil, pode, mediante autorização do Governo, nacionalizar-se, transferindo sua sede para o País. O poder público e a lei brasileira facilitam e estimulam o investimento estrangeiro, facultando à sociedade estrangeira a possibilidade de nacionalizar-se. A transformação da sociedade estrangeira em sociedade brasileira equivale a uma alteração contratual. Essa transformação impõe-lhe várias obrigações, a primeira delas a de requerer, por seus representantes, autorização para tanto, juntando os mesmos documentos exigidos para o registro inicial, e ainda prova da realização do capital, pela forma declarada no contrato, ou nos estatutos, e do ato em que foi deliberada a nacionalização.

22.7. Obrigações das empresas dependentes

O Governo poderá impor as condições que julgar convenientes à defesa dos interesses nacionais. Aceitas as condições pelo representante legal da sociedade estrangeira, o ministro da Indústria, do Comércio e do Turismo expedirá decreto de autorização, e esta sociedade providenciará seu registro na Junta Comercial da circunscrição em que irá se estabelecer.

O nome empresarial da sociedade estrangeira deverá ser o mesmo que o adotado no país de sua sede, podendo, contudo, acrescentar a esse a expressão "do Brasil" ou "para o Brasil". Ficará, então, sujeita às leis e aos tribunais brasileiros quanto às operações que praticar no Brasil.

Quanto aos documentos utilizados pela sociedade mercantil estrangeira no Brasil, quer para promover seus registros, quer para uso público de qualquer espécie, estabelecem nossas normas legais que não é permitida a utilização de documentos em idioma estrangeiro em órgãos oficiais. Os documentos oriundos do exterior deverão ser apresentados em originais devidamente autenticados, na conformidade da legislação aplicável no país de origem, e legalizados pela respectiva autoridade consular brasileira. Com os documentos originais serão apresentadas as respectivas tradições, feitas por tradutor público matriculado em qualquer Junta Comercial, o chamado *Tradutor Público Juramentado*.

22.8. Representante no Brasil

Há um fator bem sugestivo de diferenciação da sociedade estrangeira e a brasileira. É a necessidade da nomeação do representante da sociedade estrangeira no Brasil, com poderes para resolver quaisquer questões referentes a ela, inclusive para receber possível citação judicial, ou intimações, e responder por suas obrigações. Evita-se assim o odioso ocultamento de réus, devedores e outros solertes pacientes de obrigações diversas, para responder por elas.

Para garantia mais ampla, prescreve o art. 1.138 do Código Civil que a sociedade empresária autorizada a funcionar é obrigada a ter, permanentemente, representante no Brasil, com poderes para resolver quaisquer questões e receber citação judicial pela sociedade. O representante somente pode agir perante terceiros depois de arquivado e averbado o instrumento de sua nomeação. Portanto, haverá poderes para ser demandado e para demandar.

Quando requerer ao Ministro de Estado do Desenvolvimento, Indústria e Comércio, a empresa estrangeira deverá juntar ao requerimento o ato de deliberação sobre a nomeação do representante no Brasil, acompanhado de procuração que lhe dá poderes para tratar de quaisquer questões e resolvê-las definitivamente, podendo ser demandado e receber citação pela sociedade. Além desse documento, deve ser juntada declaração feita pelo representante no Brasil de que aceita as condições em que for dada a autorização pelo Governo Federal para instalação e funcionamento.

Essa obrigação é reforçada pelo art. 119 da Lei das Sociedades por Ações, que a impõe para essas sociedades e, por analogia, se estende aos demais tipos societários. Igualmente, a Instrução Normativa 81/99 estabelece idêntica norma. Esses dispositivos legais são de ordem pública, pois visam a tutelar os interesses do Brasil e dos brasileiros que estabelecerem relacionamento com a empresa estrangeira.

Essa exigência é feita também à sociedade estrangeira que seja acionista de sociedade brasileira. O sócio estrangeiro deverá ter representante no Brasil, nos termos anteriormente descritos. Vamos citar como exemplo a Volkswagen do Brasil: é uma empresa brasileira, constituída no Brasil, de acordo com a lei brasileira e registrada na Junta Comercial, como toda empresa brasileira. Contudo, o capital dela está nas mãos de uma empresa alemã, ou seja, sediada fora do Brasil. A Volkswagen do Brasil não precisa observar as exigências para as empresas estrangeiras, visto que ela é empresa brasileira e seus representante legal deve constar no registro da Junta Comercial. Todavia a empresa alemã, sócia da Volkswagen, deverá indicar seu representante, de acordo com as normas que acabamos de expor, que fazem parte do art. 2º da IN 76/98.

Esse tipo de empresa não participa, de forma direta, das atividades econômicas no Brasil, por si mesma ou por filiais, agências ou sucursais. Ela atua de forma indireta, por meio de alguma empresa brasileira, da qual se torna sócia, ainda que de modo minoritário. A participação indireta exime a empresa estrangeira, sócia da brasileira, das formalidades para o registro, e não precisará nem do decreto de autorização. Terá, porém, de cumprir as exigências legais quanto ao seu representante no Brasil.

22.9. Publicação de balanços

Outra obrigação específica é imposta à sociedade estrangeira autorizada a funcionar no Brasil: é a de, sob pena de lhe ser cassada a autorização, reproduzir no Diário Oficial da União e do Estado, se for o caso, as publicações que, segundo sua lei nacional, seja obrigada a fazer relativamente ao balanço patrimonial e ao resultado econômico, bem como aos atos de sua administração. Sob a mesma pena, deverá publicar o balanço patrimonial e o de resultado econômico das sucursais, filiais ou agências existentes no País. Essa publicação, além do Diário Oficial, será feita também em outro jornal de grande circulação editado regularmente no local em que a sociedade estrangeira estiver instalada. Se no lugar de sua sede não for editado jornal, a publicação se fará em outro órgão de comunicação. A prova da publicidade será feita mediante anotação nos registros da Junta Comercial, à vista da apresentação da folha do órgão oficial e, quando for o caso, do jornal particular em que foi feita a publicidade, dispensada a juntada da mencionada folha.

Ficamos sem entender a afirmação dos textos legais de "as publicações, segundo sua lei nacional". A publicação das demonstrações financeiras é obrigatória pela nossa Lei das S.A. e, portanto, as sociedades estrangeiras devem cumprir a nossa lei e não a "sua lei nacional".

Interpretam alguns juristas que essa exigência é apenas para a sociedade anônima, uma vez que foi transcrito da Lei das Sociedades por Ações. Todavia, o art. 1.140 impõe essa obrigação a toda sociedade estrangeira, tanto no *caput* como no parágrafo único. Vamos então transcrever esse artigo, sublinhando, por nossa conta, a expressão mais importante.

> *A* sociedade estrangeira *deve, sob pena de lhe ser cassada a autorização, reproduzir no órgão oficial da União, e do Estado, se for o caso, as publicações que,* **segundo a sua lei nacional***, seja obrigada a fazer relativamente ao balanço patrimonial e ao de resultado econômico, bem como aos atos de sua administração.*
>
> *Parágrafo único. Sob pena, também, de lhe ser cassada a autorização, a* sociedade estrangeira *deverá publicar o balanço patrimonial e o de resultado econômico das sucursais, filiais ou agências existentes no País.*

23. LIVROS SOCIETÁRIOS

- **23.1.** Livros legais e convencionais
- **23.2.** Livros de Registro de Valores Mobiliários
    - **23.2.1.** Registro de Ações Nominativas
    - **23.2.2.** Transferência de Ações Nominativas.
    - **23.2.3.** Registro de Ações Endossáveis
    - **23.2.4.** Registro de Partes Beneficiárias
    - **23.2.5.** Transferência de Partes Beneficiárias Nominativas
    - **23.2.6.** Registro de Partes Beneficiárias Endossáveis
    - **23.2.7.** Registro de Debêntures Endossáveis
    - **23.2.8.** Registro de Bônus de Subscrição
- **23.3.** Livro de Atos Sociais
    - **23.3.1.** Atas das Assembleias Gerais
    - **23.3.2.** Presença de Acionistas

23.3.3. Atas das Reuniões do Conselho de Administração
23.3.4. Atas das Reuniões da Diretoria
23.3.5. Atas e Pareceres do Conselho Fiscal

23.1. Livros legais e convencionais

Nosso Código Civil previu alguns livros contábeis nos arts. 1.179 e seguintes, como também estabeleceu outros livros e disposições sobre eles, em diversos outros artigos. Algumas leis esparsas também instituíram livros especiais, como fez a Lei das Duplicatas, instituindo o *Livro de Registro de Duplicatas*. Há livros obrigatórios pela lei e outros são adotados facultativamente pelas empresas. Assim, o art. 1.180 do Código Civil impõe a manutenção do livro *Diário*, mas as empresas adotam também o *Razão*, pois ambos são imprescindíveis para uma boa escrituração. Quando se fala de livros contábeis, fiscais ou outros livros societários, não significa que eles tenham o formato de um tomo. O desenvolvimento da ciência da administração e da informática criaram certos sistemas de registro, havendo computadores que escrituram mecanicamente em fichas e fitas, com maior clareza, perfeição e racionalidade.

Todavia, a Lei das S.A. estabeleceu um complexo de vários livros, obrigatórios à S.A., que o art. 100 chama de *livros sociais*, em oito incisos, somando ao todo 13 livros. Os livros referidos nos incisos I e IV são registros de propriedade referentes aos valores mobiliários emitidos pela companhia. Têm caráter público, pois são exibidos, inclusive, ao público interessado na aquisição desses valores mobiliários. Os livros previstos nos incisos V a VIII são livros de registro de atas dos órgãos sociais, pareceres, presença de acionistas. Registram as decisões e demais fatos da administração da companhia. Têm caráter confidencial e de utilização interna. Para sua melhor compreensão é bom fazer um breve comentário de cada um.

23.2. Livros de Registro de Valores Mobiliários

23.2.1. *Registro de Ações Nominativas*

Este livro revela a propriedade das ações nominativas da companhia, já que as ações ao portador dispensam registro, em vista de poderem circular por simples tradição. Por ele, pode-se saber quem são os proprietários das ações e os pagamentos para a integralização delas. Registram-se também as transferências delas.

23.2.2. *Transferência de Ações Nominativas*

Registra as mutações na propriedade das ações transferidas de um para outro. Conforme vimos, quem quiser transferir uma ação deverá fazer a transferência neste livro; é por ele que se faz a transferência das ações nominativas, devendo ser lavrado termo no livro, assinado tanto pelo cedente como pelo cessionário.

23.2.3. *Registro de Ações Endossáveis*

São registradas neste livro as ações endossáveis, com o nome do respectivo proprietário, de tal maneira que se poderá saber quem seja o proprietário das ações desse tipo. A esse respeito, é bom citar o art. 32, dispondo que a propriedade das ações endossáveis presume-se pela posse do título representativo dessas ações, com base em série regular de endossos. O exercício de direitos perante a companhia, porém, requer a averbação do nome do acionista no livro *Registro de Ações Endossáveis*. Assim sendo, o cessionário, isto é, o novo proprietário das ações, ao receber o título endossado, deverá averbá-lo na companhia.

23.2.4. *Registro de Partes Beneficiárias*

23.2.5. *Transferência de Partes Beneficiárias Nominativas*

23.2.6. *Registro de Partes Beneficiárias Endossáveis*

23.2.7. *Registro de Debêntures Endossáveis*

23.2.8. *Registro de Bônus de Subscrição*
Nesses livros se faz o registro dos respectivos valores mobiliários e a transferência é neles averbada. A transferência de partes beneficiárias nominativas se fez no livro respectivo.

23.3. Livro de Atos Sociais

23.3.1. *Atas das Assembleias Gerais*
Ata é o relato dos fatos ocorridos em uma reunião, como as propostas dos membros, comunicações e decisões. Os acionistas devem se reunir obrigatoriamente uma vez por ano, mas podem se reunir quantas vezes quanto se tornarem necessárias. Dessas reuniões lavra-se a ata, que será registrada em livro próprio. A maioria das atas deverá ser publicada e registrada na Junta Comercial.

23.3.2. *Presença de Acionistas*
Os acionistas que comparecerem a uma reunião devem assinar a presença nesse livro, para terem direito a voto. Devem assinar todos os acionistas presentes, independentemente do tipo de ações que possuírem.

23.3.3. *Atas das Reuniões do Conselho de Administração*

23.3.4. *Atas das Reuniões da Diretoria*

23.3.5. *Atas e Pareceres do Conselho Fiscal*

Cada um desses órgãos realiza reuniões, registradas no respectivo livro de atas. Conforme o nome indica, são registrados no livro próprio os pareceres do conselho fiscal.

24. A BOLSA DE VALORES MOBILIÁRIOS

24.1. Sentido das bolsas
24.2. Bolsa de Valores Mobiliários
24.3. Objeto social da bolsa
24.4. A sociedade-membro
24.5. As funções da corretora
24.6. Responsabilidades e restrições
24.7. A BM&F – BOVESPA
24.8. A Câmara de Arbitragem do Mercado – CAM
24.9. Órgãos de direção e administração
    24.9.1. Assembleia Geral
    24.9.2. Conselho de Administração
    24.9.3. Diretor Geral

24.1. Sentido das bolsas

Não se pode falar em sociedade anônima ou mercado de ações sem se referir a uma instituição que lhe é ligada tão intimamente, que se pode dizer que uma depende da outra. É a bolsa de valores mobiliários, a BVM. Essa bolsa existe em quase todos os países em que haja S.A. De acordo com o que a própria Lei 6.404/76 diz a companhia é aberta se suas ações puderem se vendidas na BVM; será fechada se as ações não puderem ser operadas nela.

Para operar na BVM foi criada uma empresa especial, a *Sociedade Corretora de Valores Mobiliários*, chamada comumente de corretora. Outra companhia foi criada para vender ações no mercado de balcão, a *Sociedade Distribuidora de Valores Mobiliários*. Por outro lado, a companhia fechada é aquela cujas ações não podem ser negociadas na BVM. O que, então, caracteriza a companhia aberta e a fechada é a possibilidade de ter ou não ações vendidas na bolsa.

Bolsa é a reunião de empresas e de empresários para concentrar a oferta e procura de negócios, dentro de áreas específicas. É, também, designada como local em que as pessoas interessadas na intermediação de negócios se reúnem; mas, na verdade, refere-se nesse sentido estrito ao prédio em que a bolsa estiver instalada. A bolsa pode ser regulamentada por lei ou ser associação convencional ou mesmo grupo informal. Urge, portanto, que as principais bolsas sejam examinadas individualmente.

Em grande parte dos países europeus, como Itália, França e Portugal as bolsas são chamadas de "Praça de Comércio", nome que lhe dava nosso antigo Código Comercial. Elas são agentes auxiliares das atividades empresariais, como muitos outros colaboradores externos, só que, em vez de pessoas, são instituições. Como principais, podemos citar a Bolsa de Mercadorias, a Bolsa de Cereais, a Bolsa de Valores Mobiliários e a Bolsa Mercantil & Futuros. Conhecem-se ainda outras sem muita vinculação com a atividade empresarial, como a Bolsa de Imóveis.

Para elaborarmos ideia da importância das bolsas na vida econômica de um país, poderíamos dar como exemplo a "Praça de Comércio do Porto", isto é, a bolsa de mercadorias do Porto. Em nosso período colonial, quase todo o movimento das mercadorias exportadas ou importadas pelo Brasil se fazia por intermédio da bolsa do Porto. Com a invasão e domínio de Portugal pelas tropas napoleônicas e a vinda da família real para o Brasil, instalando aqui a sede da monarquia portuguesa, as transações não puderam mais ser feitas por meio da bolsa do Porto.

Tão logo chegou ao Brasil, D. João VI, por recomendação do Visconde de Cairu, promulgou o famoso decreto da "abertura dos portos do Brasil", graças ao qual os brasileiros puderam entabular negociações com todos os países do mundo diretamente, sem intermediários.

Quando os franceses foram expulsos de Portugal, os portugueses forçaram D. João VI a voltar, ficando seu filho, D. Pedro, como regente. A bolsa do Porto exigiu o retorno do regime antigo, isto é, todo o movimento de exportação e importação de mercadorias do Brasil voltasse a se operar por ela. Contra essa perda de independência é que não se conformaram os que aqui viviam e exigiam o livre entendimento com os demais países. Esse inconformismo foi a causa principal da independência do Brasil, vale dizer, a bolsa de mercadorias do Porto foi fator decisivo de nossa desvinculação de Portugal.

24.2. Bolsa de Valores Mobiliários

A Bolsa de Valores Mobiliários resultou do crescente incremento das transações de títulos e valores mobiliários, principalmente ações de empresas mercantis. Esse incremento foi tão acentuado nos últimos anos que exigiu, para regulamentar a questão, a formação de campo novo do Direito Empresarial, ou seja, o Direito do Mercado de Capitais e sua legislação específica.

Ela foi prevista pela lei que dispõe sobre o mercado de valores mobiliários, a Lei 6.385, de 07/12/76, que "dispõe sobre o mercado de valores mobiliários e cria a Comissão de Valores Mobiliários", também prevendo a atuação da Bolsa de Valores Mobiliários. Todavia, a constituição, organização e funcionamento das bolsas de valores estão disciplinadas pela Resolução 2.690/2000, do Banco Central do Brasil.

Para se ter ideia do quanto é importante, útil e significativo para o mercado de valores mobiliários, basta dizer que a bolsa de valores mobiliários de São Paulo foi criada em 1890, portanto, há cerca de 120 anos e vem operando desde esse tempo, desenvolvendo-se paulatinamente, variando e ampliando seus serviços. Um grande passo nesse sentido foi dado em 2008, quando houve a fusão de duas bolsas surgindo uma terceira, que se tornou a terceira bolsa do mundo.

Uma bolsa de valores, de que é sugestivo exemplo a BOVESPA – Bolsa de Valores Mobiliários de São Paulo, – para que possa constituir e operar necessita de registro e autorização, que é dado pela CVM – Comissão de Valor Mobiliários – e sujeitar-se à supervisão e controle dessa autarquia vinculada ao Ministério da Fazenda. Não tem finalidade lucrativa nem natureza mercantil, sendo, portanto, "associação", tal como prevista em nosso Código Civil. Apesar de associação civil, é formada exclusivamente por empresas de natureza mercantil, as Corretoras de Títulos e Valores Mobiliários. Seu objeto é auxiliar a distribuição dos valores mobiliários, principalmente, as ações de empresas.

Pode, porém, ser S.A., como aconteceu com a BOVESPA, que era associação civil e transformou-se em S.A., ao fundir-se com a

Bolsa Mercantil & Futuros. Tomaremos como exemplo a Bovespa. Trata-se de uma instituição com natureza de associação civil, tendo como associadas as corretoras, que adquirem dela um título patrimonial. Sua finalidade é manter uma estrutura organizada, um sistema de trabalho e local adequado para a realização de operações de compra e venda de títulos e valores mobiliários, em mercado livre ou aberto. É, destarte, uma prestadora de serviços. As vendas são normalmente realizadas em leilões, no recinto da BOVESPA, e grande parte dos títulos comercializados é anunciada nos jornais e em comunicado às corretoras associadas.

24.3. Objeto social da bolsa

A bolsa exerce diversas funções e por isso é interpretada de várias maneiras: é um local de transações; é também um serviço prestado; pode-se dizer que seja uma vendedora, pois que sua função primordial é vender ações; é um sistema de distribuição de ações com base em leilões; é um tipo de operações referentes a valores mobiliários, principalmente ações. Quando falamos ações, esse termo se estende aos vários títulos e valores mobiliários.

Seu objeto social é manter local ou sistema adequado à realização de operações de compra e venda de ações, em mercado livre e aberto, especialmente organizado e fiscalizado pela própria bolsa, sociedades-membros e pelas autoridades competentes. É o aspecto físico do conceito de bolsa, como é o caso da BOVESPA, que está instalada num magnífico prédio no centro de São Paulo. Como as atividades vêm aumentando, já se ampliou para outros prédios da redondeza. Porém, não basta ter um local de sede; precisa dotar, permanentemente, o referido local ou sistema de todos os meios necessários à pronta e eficiente realização e visibilidade das operações.

Do ponto de vista operacional, ela deve estabelecer sistema de negociação que propiciem continuidade de preços e liquidez ao mercado de títulos e valores mobiliários. Cria mecanismos regulares e operacionais que possibilitem o atendimento pelas sociedades corretoras-membros, de quaisquer ordens de compra e venda dos investidores, sem prejuízo de igual competência da CVM. Esta poderá, inclusive, estabelecer limites mínimos considerados razoáveis em relação ao valor monetário das referidas ordens. Deve ainda efetuar registro das operações que veremos adiante.

A BVM deve preservar elevados padrões éticos de negociação, estabelecendo, para esse fim, normas de comportamento para as sociedades-membros e para as companhias abertas e demais emissoras de títulos e/ou valores mobiliários, fiscalizando sua observância e aplicando penalidades aos infratores, no limite de sua competência. Deve divulgar as operações realizadas, com rapidez, amplitude e pormenores.

A bolsa deve conceder à sociedade-membro crédito para assistência de liquidez com vistas a resolver situação transitória até o limite do valor de seus títulos patrimoniais ou de outros ativos especificados no estatuto social mediante apresentação de garantias subsidiárias adequadas, observado o que dispuser a legislação aplicável a este respeito.

As bolsas de valores que se constituírem como associações civis, sem finalidade lucrativa, não podem distribuir às sociedades corretoras-membros parcela de patrimônio ou resultado, exceto se houver expressa autorização da CVM. Ela poderá, ainda, exercer outras atividades, desde que expressamente autorizadas pela CVM.

24.4. A sociedade-membro

Devemos falar um pouco mais das sociedades-membros da bolsa, as sociedades corretoras de valores mobiliários, empresas habilitadas para a negociação das ações na bolsa, atividade que lhe é atribuída pelas leis reguladoras do mercado de capitais, a Lei 4.728/65 e Lei 6.385/76, e pela LSA; inclui-se também a Resolução 1.655/89 do Conselho Monetário Nacional. É chamada normalmente de "corretora" e geralmente são S.A., mas poderia ser também sociedade limitada.

A constituição e funcionamento da sociedade corretora depende de autorização do Banco Central do Brasil – BCB, e outros fatores. Para que o BCB conceda a autorização é indispensável a admissão da corretora como membro da BVM, e, para tanto, deverá adquirir título patrimonial de emissão dessa e aprovação da CVM para o exercício de atividade no mercado de valores mobiliários. Se a corretora não pleitear a autorização para funcionamento no prazo de 180 dias, após a aquisição do título patrimonial, a BVM procederá à sua venda em leilão.

O título patrimonial garante, privilegiadamente, mediante caução real, oponível a terceiros, os débitos da corretora para com a bolsa e a boa liquidação das operações nele realizadas, devendo ser caucionado em favor da bolsa antes de a corretora iniciar suas operações. Se a corretora alienar esse título, perderá a qualidade de membro da bolsa.

24.5. As funções da corretora

A compra e venda de ações na bolsa só pode ser feita pela corretora, que agirá como representante do investidor. Só ela pode operar em recinto ou em sistema mantido pela bolsa; pode subscrever, isoladamente ou em consórcio com outras corretoras autorizadas, a emissão de títulos e valores mobiliários para revenda; intermediar oferta pública e distribuição de ações no mercado, desde que observada a regulamentação pela CVM e BCB nas suas respectivas áreas de competência.

Suas funções vão mais além. Poderá incumbir-se da subscrição de cautelas e da custódia de títulos de valores mobiliários; de desdobramento de cautelas, de recebimento e pagamento de resgates, juros e outros proventos das ações. Pode instituir, organizar e administrar fundos e clubes de investimentos; constituir sociedade de investimento-capital estrangeiro e administrar a respectiva carteira de ações.

A corretora poderá exercer funções de agente fiduciário; de agente emissora de certificados e manter serviços de ações escriturais. Pode também emitir certificados de depósito de ações e cédulas pignoratícias de debêntures; intermediar operações de câmbio de taxas flutuantes; praticar operações de conta margem, conforme regulamentação da CVM. Enfim, poderá exercer várias outras operações afins, desde que expressamente autorizada pelo BCB e pela CVM.

24.6. Responsabilidades e restrições

A corretora é responsável, nas operações realizadas em bolsas de valores, para com seus comitentes e para com outras sociedades corretoras com as quais tenha operado ou esteja operando; é responsável por sua liquidação, pela legitimidade dos títulos ou valores mobiliários entregues; pela autenticidade dos endossos em valores mobiliários e legitimidade de procuração ou documentos necessários para a transferência de valores mobiliários.

Sofre também várias restrições. É vedado à corretora realizar operações que caracterizem, sob qualquer forma, a concessão de financiamentos, empréstimos ou adiantamentos a seus clientes, inclusive mediante cessão de direitos, ressalvadas as hipóteses de operação de conta margem e as demais previstas na regulamentação em vigor.

Não pode cobrar de seus comitentes corretagem ou qualquer outra comissão referente a negociações com determinado valor mobiliário durante seu período de distribuição primária. E também lhe é vedado adquirir bens não destinados ao uso próprio, salvo os recebidos em liquidação de dívidas de difícil ou duvidosa solução, caso em que deverá vendê-los dentro do prazo de um ano, a contar do recebimento, prorrogável até duas vezes, a critério do BCB.

A corretora está obrigada a manter sigilo em suas operações e serviços prestados, devendo guardar segredo sobre os nomes e operações de seus comitentes, só os revelando mediante autorização desses, dada por escrito. O nome e as operações do comitente devem ser informados, sempre que solicitados, à CVM, às bolsas de valores e ao BCB, observadas as respectivas esferas de competência, bem como nos demais casos previstos na legislação em vigor.

24.7. A BM&F – BOVESPA

A fusão que se deu em 2008 foi entre a BOVESPA – Bolsa de Valores Mobiliários de São Paulo e a BM&F – Bolsa Mercantil e Futuros, ambas de São Paulo. Além da formação de uma bolsa múltipla, elas mudaram a sua estrutura, tornando-se companhias. Destarte, a BOVESPA é uma empresa pertencente à BOVESPA HOLDING S.A. Existe, entretanto uma divisão de atribuições: a bolsa de valores mobiliários atua no mercado de ações e derivativos de ações, mais precisamente, atua no mercado de capitais. A BM&F atua no mercado de *commodities* (mercadorias para exportação, negociando principalmente grãos, como soja, milho, café, arroz, feijão, carne, ouro). Negocia também ações, mas nos mercados futuros.

Afora sua atividade primordial, a Bovespa realiza cursos sobre mercado de capitais, faz intermediação em operações de Câmbio, dá assistência técnica a seus associados e estabelece normas.

24.8. A Câmara de Arbitragem do Mercado – CAM

Iniciativa de enorme valor tomada pela BOVESPA foi a criação da Câmara de Arbitragem do Mercado – CAM, em funcionamento há vários anos com amplo sucesso. A Bolsa Mercantil & Futuros também houvera criado câmara idêntica. Com a fusão das duas bolsas em 2008 não se sabe se as câmaras arbitrais serão também unificadas, mas, enquanto isso, continuam elas a todo vapor.

Por meio de regras próprias, a CAM tem a vantagem de trazer mais agilidade e economia, além de árbitros especializados nas matérias a serem decididas; seus árbitros são formados no trato das questões societárias, formando um corpo que será posto à disposição das companhias que recorrerem à CAM. As companhias envolvidas numa divergência poderão escolher os árbitros componentes desse corpo para dirimir eventuais divergências sobre a interpretação da lei ou de contratos celebrados entre elas.

Qualquer investidor ou empresa que seja ou não uma companhia aberta pode utilizar essa estrutura.

No Brasil, o estatuto da S.A. pode estabelecer que as divergências, disputas e controvérsias entre os acionistas e a companhia, ou entre os acionistas controladores e os acionistas minoritários, podem ser solucionadas mediante arbitragem, nos termos em que especificar. Essa possibilidade está consignada na Lei das S.A., no art. 109-§ 3º:

> *O estatuto da sociedade pode estabelecer que as divergências entre os acionistas e a companhia, ou entre os acionistas controladores e acionistas minoritários, poderão ser solucionadas mediante arbitragem, nos termos em que especificar.*

24.9. Órgãos de direção e administração

O poder de mando, o sistema de administração e direção da BVM é exercido por vários órgãos, que, de início, vamos enumerar e depois virão as descrições:
- Assembleia Geral;
- Conselho de Administração;
- Diretor Geral.

24.9.1. *Assembleia Geral*

É o órgão soberano, com poderes para decidir sobre todos os atos relativos à instituição e tomar as decisões que julgar convenientes à defesa de seus interesses. Dela participam as corretoras, cada uma com direito a um voto, visto que os títulos patrimoniais têm o mesmo valor. Anualmente haverá uma assembleia geral ordinária, nos dois primeiros meses após o término do exercício social. Será nos meses de janeiro ou fevereiro, uma vez que o exercício social da bolsa deve ser de 1º de janeiro a 31 de dezembro. Esta assembleia deverá deliberar sobre os orçamentos e programas de aplicações dos resultados da bolsa, anuais ou plurianuais; o relatório e as demonstrações financeiras da bolsa relativos ao exercício anterior, a apuração do patrimônio social e, sendo o caso, a distribuição dos resultados; e o valor nominal do título patrimonial.

Essa assembleia também procede à eleição dos membros e suplentes do CA, na forma e proporção constantes do estatuto social da bolsa. Ela é convocada pelo Presidente do CA, devendo as corretoras-membros serem comunicadas por escrito, com trinta dias de antecedência. A essa reunião deverá comparecer o auditor independente, que examina as contas, para dar esclarecimentos às corretoras presentes.

24.9.2. *Conselho de Administração*

O CA – Conselho de Administração será integrado, no mínimo, por sete e no máximo por treze conselheiros, devendo o estatuto social da bolsa estabelecer, além do que for exigido pela legislação aplicável, as regras relativas à sua composição. Integram também o CA, obrigatoriamente, um representante dos investidores não qualificados como institucionais e um representante de companhias cujas ações sejam admitidas à negociação. Salvo disposição em contrário, na composição do CA não pode haver mais de um conselheiro vinculado a uma corretora-membro, companhia aberta, conglomerado, grupo ou investidor institucional.

Os membros do CA, isto é, os conselheiros, devem ser eleitos pela AG, também os suplentes, sendo permitida a reeleição deles. Integra o CA o Diretor Geral, indicado pelos conselheiros e aprovado pela AG. Os conselheiros, exceto o Diretor Geral, que é membro nato do Conselho Geral terão mandato de três anos, devendo o estatuto da bolsa estabelecer o mandato dos suplentes. Os nomes dos conselheiros serão examinados pela CVM que os aprovará, se estiverem dentro dos padrões exigidos para o exercício de cargos de administradores das sociedades anônimas e das instituições financeiras. Se a CVM não se pronunciar no prazo de trinta dias implicará a aprovação dos conselheiros.

O conselheiro representante das companhias abertas e o representante dos investidores não podem ser empregados da bolsa ou manter vínculo com sociedade-membro. Esse vínculo não é apenas o trabalhista, mas também participação em qualquer órgão administrativo, fiscal ou deliberativo de corretora-membro; ou participação direta e indireta no capital da sociedade-membro. Não pode ainda ser cônjuge, companheiro ou parente até segundo grau de administrador de sociedade-membro.

Quanto à competência, cabe ao CA estabelecer a política geral da bolsa e zelar por sua boa execução; e aprovar o regimento interno e as demais normas regulamentares e operacionais da bolsa. É ela que elege seu presidente e vice-presidente, cabendo ao primeiro a representação ativa e passiva da bolsa. Cria comissões, grupos de trabalho ou outra forma associativa de estudo. Cabe-lhe indicar o Diretor Geral ou propor sua destituição à AG, fiscalizando sua gestão e deliberando sobre os assuntos que forem submetidos pelo Diretor Geral.

O CA é quem aprova a estrutura organizacional da bolsa, definindo os cargos e a política de remuneração. Submete à AG com seu parecer os orçamentos e programas de aplicações de resultados da bolsa, anuais ou plurianuais; o relatório e as demonstrações financeiras ao término de cada exercício social; a proposta de apuração do patrimônio social; e o valor do título patrimonial.

24.9.3. *O Diretor Geral*

Compete ao Diretor Geral dar execução à política e às determinações do CA, bem como dirigir todos os trabalhos da bolsa, inclusive o sistema de registro de operações; praticar todos os atos necessários ao funcionamento regular da bolsa; designar os executivos das diversas áreas, determinando-lhes as atribuições e poderes, contratando-os e exonerando-os; representar a bolsa nos termos da lei ou de mandato especial outorgado pelo Presidente do CA.

Ele se reporta ao CA, apresentando proposta objetivando definir ou alterar a estrutura organizacional da bolsa, explicitando os cargos e a política de remuneração; os orçamentos e programas de aplicações de resultados da bolsa, anuais ou plurianuais; o relatório e as demonstrações financeiras ao término de cada exercício social.

O Diretor Geral promove a fiscalização direta e ampla das sociedades-membros, podendo, para tanto, examinar livros e registros de contabilidade e outros papéis ou documentos ligados às suas atividades, mantendo à disposição da CVM e do BCB os relatórios de inspeção realizados por fiscais ou auditores da bolsa. Fixa anualmente as contribuições periódicas das sociedades--membros, bem como os emolumentos, comissões e quaisquer outros custos a serem cobrados delas e de terceiros pelos serviços e benefícios decorrentes de suas atribuições funcionais, operacionais, normativas e fiscalizadoras.

Ele não poderá estar vinculado a qualquer sociedade--membro, nem exercer qualquer cargo administrativo, consultivo, fiscal ou deliberativo, em companhias abertas cujas ações sejam negociadas em bolsa ou em instituições integrantes do sistema de distribuição de ações.

25. SOLUÇÃO SENSATA DE CONTROVÉRSIAS SOCIETÁRIAS

- **25.1.** O surgimento de litígios
- **25.2.** Necessidade de fórmulas alternativas de solução de problemas
- **25.3.** Características e vantagens da arbitragem
- **25.4.** Tipos de arbitragem
- **25.5.** Como se institui o juízo arbitral
- **25.6.** O passivo judicial das empresas
- **25.7.** A remuneração da arbitragem
- **25.8.** As raízes brasileiras da arbitragem
- **25.9.** As lições do passado

25.1. O surgimento de litígios

Cabe-nos levantar um problema que o mundo moderno reclama por uma resolução: como resolver os possíveis conflitos na área jurídica e agora estamos tratando de controvérsias existentes ou que venham a existir no campo do Direito Societário. Divergências entre pessoas envolvidas em torno de uma sociedade existem aos milhões e não deixarão de existir. O que, entretanto, é doloroso é ver como esses conflitos entre pessoas emperram a vida das sociedades civis ou mercantis, ou seja, da Sociedade Simples e da Sociedade Empresária, e da Sociedade Anônima na terminologia do Código. E surgem não apenas no âmbito societário, mas em todas as relações societárias, empresariais, econômicas, sociais e nas demais áreas das relações humanas. Tantos nomes surgiram para designar esses choques de opiniões: litígio, controvérsia, disputa, contenda, discussão, combate, choque, altercação, luta, rixa, lide, briga, querela, pendência, queixa, questão, problema.

Bastaria um olhar sobre a Bíblia. Deus colocou Adão e Eva no paraíso, mas eles tiveram tantos desacertos de opiniões até chegar ao da maçã que Deus não mais teve paciência e o resultado do conflito foi a expulsão do paraíso. Adão e Eva tiveram, a princípio, dois filhos: Caim e Abel. Todos sabem o resultado dos entendimentos ou desentendimentos entre os dois irmãos. Seguiu-se daí uma sucessão de gerações, mas sempre envolvidas em desentendimentos, em litígios, chegando ao mundo de hoje, conservando o mesmo estado de espírito.

Na vida empresarial, e estamos agora tratando do âmbito especial das relações societárias, idêntico fenômeno vem ocorrendo. Uma sociedade está constantemente às voltas com discussões entre ela e seus empregados, com outras sociedades, bancos que a servem, fornecedores, o Poder Público. No caso específico da sociedade anônima, haverá sempre divergências entre o acionista controlador e os acionistas minoritários, entre os acionistas entre si, entre eles e a companhia e com os investidores. Esses litígios, essas discussões não chegam a ser considerados uma briga no seu sentido exato, mas diferentes pontos de vista; cada parte interpreta uma questão, um contrato, um problema do ponto de vista dos seus interesses. Por mais clara e objetiva que seja uma lei, por mais cuidadosa que seja a elaboração de um contrato, não será evitada a interpretação própria e particular de cada parte, pois cada uma delas olha a questão de forma distorcida pelo interesse. E assim os litígios surgem, em vista das diferentes formas de se interpretar um problema.

Compreendendo este angustiante problema, a BOVESPA criou, para solucioná-lo, a Câmara de Arbitragem do Mercado – CAM, com o fim específico de solucionar os litígios na área societária e sobre ela falaremos muitas vezes. Assim também fizeram as câmaras de comércio, como a Câmara de Comércio Brasil – Canadá.

25.2. Necessidade de fórmulas alternativas de solução de problemas

Se for certo que o ser humano sempre se envolveu em litígios, é igualmente certo que sempre procurou evitá-los, embora não o conseguisse. Sempre procurou encontrar fórmulas de resolução para esses litígios, até chegar ao sistema mais evoluído, que foi a jurisdição, promovida pelo Poder Público. Criou-se, para tanto, um poder: o Poder Judiciário. A Justiça Pública cumpriu o seu papel de órgão julgador das lides, durante vinte séculos. De meio século para cá, todavia, a Justiça Pública começou a revelar sua inadequação ao mundo moderno; não conseguiu acompanhar os passos revolucionários dos problemas humanos e empresariais, deixando de resolver litígios, e criando outros. O Poder Judiciário não foi preparado para enfrentar os novos problemas que estariam para surgir a partir da metade do século XX.

Logo após a sua constituição, a CCI – Câmara de Comércio Internacional instalou, em 1922, o seu mais importante órgão: a CIA – Corte Internacional de Arbitragem. Não se trata apenas da montagem de um órgão judicante, mas da implantação de um sistema judiciário, com regras e princípios definidos e consolidados. Surgiu assim a primeira corte arbitral, que há mais de 80 anos presta serviços na área internacional e também na vida interna dos países. Serve de modelo para a criação de inúmeras outras cortes pelo mundo.

Não há um poder judiciário internacional, a justiça pública universal. O foro competente para julgar questões internacionais, com predominância na área contratual, é estabelecido pelas próprias partes na cláusula de eleição de foro. No plano nacional há certas limitações à eleição de foro pelas partes, pois o Código de Processo Civil impõe normas sobre o foro competente.

Nessas condições, empresas de países diferentes poderão celebrar contrato com a eleição do foro competente para dirimir quaisquer controvérsias entre elas perante a justiça de um dos países a que pertença algumas delas, ou, então, no foro de qualquer dos países. Poderiam ainda concordar com que certas questões sejam resolvidas num país e outras em outro país. Entretanto, não seria apenas a escolha do foro a preocupação das empresas contratantes, mas também o direito a ser aplicado: de um país ou de outro? Se ambos ao mesmo tempo? De alguma convenção internacional? Dos costumes internacionais, como a *lex mercatoria*?

Outros problemas mais delicados envolvem a solução de litígios empresariais, quer internacionais, quer nacionais. As vias costumeiras de solução têm apresentado sensível inadequação para o exame de divergências entre empresas engajadas num contrato. Por essas e outras razões, as normas internacionais penetram no Brasil, transformando-se em direito nacional, como foi o caso da arbitragem.

A moderna vida empresarial, desenvolvida no mundo caracterizado pela produção em série, pela aplicação da tecnologia nas atividades produtivas, pela informática, pela era da globalização e crescente internacionalização das atividades empresariais, pela formação de inúmeros contratos novos e complexos, pela formação de blocos econômicos, como o MERCOSUL e a UNIÃO EUROPEIA, introduziu profundas modificações nas operações econômicas. Os modernos contratos empresariais desgarram-se dos modelos tradicionais, criados pelo direito romano. A cada dia que passa, alastra-se a aplicação do contrato de adesão, prática desconhecida há pouco tempo. Os contratos são híbridos, formados por pedaços de outros e cláusulas de moderna criação, como a "*acceleration clause*", de "*hardship*", de "força maior". Basta examinar o "contrato de alienação fiduciária em garantia", calcado numa dezena de institutos jurídicos, mesmo tradicionais, mas de novos matizes. Os problemas são novos, imprevistos, inusitados.

Para a solução de problemas novos e inusitados, temos que criar mecanismos novos de solução. Não podemos resolver os modernos problemas empresariais utilizando-se de mecanismos seculares, criados para a resolução de conflitos empresariais do século passado. É de se criar fórmulas alternativas de resolução de pendências, aliás já em aplicação e desenvolvimento no Brasil e no restante do mundo, com pleno sucesso.

Tradicionalmente, o esquema de solução de lides é por meio da justiça pública, exercida pelo Poder Judiciário. O direito em que se fulcra o julgamento judicial é o legislado, de inspiração romana, consubstanciado principalmente no antigo Código Comercial e no Código Civil. Esse esquema tradicional revela-se hoje inteiramente defasado, anacrônico e inadequado. Sua manutenção tem causado imensos prejuízos ao país, tornando a situação bastante grave, embora suportável. Dentro em breve, porém, a tolerância terá o seu fim. O Poder Judiciário no Brasil, como na maioria dos países, está acéfalo, sucatado e emperrado. Não cumpre a sua missão nem terá condições de cumpri-la, uma vez que essa situação calamitosa agrava-se de forma assustadora. A demora na solução de tão angustiante problema vem causando inquietações, desavenças e até explosões de revolta.

Atualmente está em andamento a Comissão Parlamentar para encontrar soluções. Os órgãos de comunicação expõem constantemente essas circunstâncias, de maneira às vezes bombástica e sensacionalista, abafando a divulgação de fórmulas sensatas e científicas, levantadas por juristas e magistrados. Em nosso parecer, tais comissões examinam um problema insolúvel; portanto, será tempo perdido desenvolver tais estudos. Só após a adoção da arbitragem poder-se-á pensar no aprimoramento do Judiciário e na solução de seus problemas.

Urge, portanto, que doravante toda empresa que se constituir sob a forma de sociedade anônima preveja no seu estatuto cláusula de eleição de foro, constando que as possíveis divergências na interpretação ou execução desse contrato sejam resolvidas pela arbitragem. Para as empresas já constituídas, deve o estatuto ser modificado, com a inclusão dessa cláusula.

No tocante ao relacionamento com terceiros, deve ser incluída essa mesma cláusula, dizendo que a sociedade procurará resolver possíveis litígios por meio da arbitragem. Nesse caso, não se pode impor obrigatoriedade, pois há questões que forçosamente exigirão processo judicial. Na arbitragem só poderão ser discutidos direitos patrimoniais disponíveis, ou seja, problemas que envolvam valores financeiros e que possam ser transacionados.

O próprio Brasil é fruto da arbitragem. Logo após a declaração da independência, em 7.9.1822, o Brasil tentou sua aceitação no concerto dos países, sendo repelido. Foi celebrado acordo entre o Imperador do Brasil e o Rei de Portugal, que afinal eram pai e filho, de constituir um tribunal arbitral para julgar se caberia o desmembramento. Esse tribunal, formado pelo Rei da Inglaterra, da França e da Áustria, julgou a questão em favor do Brasil, sendo então reconhecido.

25.3. Características e vantagens da arbitragem

A sensatez está, pois, em reconhecer a inviabilidade do esquema tradicional de solução de litígios e adotar novas fórmulas paralelas, consentâneas com o mundo moderno e as necessidades da sociedade, mormente no que tange às empresas. Os novos esquemas devem atender às características essenciais para que a justiça se exerça: rapidez, sigilo, adequação jurídica, confiabilidade, baixa contenciosidade, especialidade. São características exigidas pela nova ordem econômica e jurídica nacional e internacional e pela moderna orientação empresarial. O sistema tradicional de resolução de lides, vale dizer, a solução judiciária, não atende a qualquer dessas exigências fulminando as seculares formas processuais. Há necessidade de falarmos sobre as vantagens da arbitragem, como forma alternativa de resolução de disputas.

O tradicional provérbio de que a Justiça tarda, mas não falha tornou-se uma balela: se a Justiça tarda, ela já é falha.

Rapidez

A primeira delas e por razões de importância é a rapidez na solução de problemas empresariais. Não pode a empresa moderna ficar na dependência de soluções judiciárias para continuar sua vida. O tempo normal da morosidade da justiça para a resolução definitiva de um processo é de dez anos, o que perturba e amarra o desenvolvimento das atividades empresariais.

Um importante conglomerado de órgãos de comunicação, verdadeiro império econômico, encontra-se em estado pré-falimentar, com impostos atrasados e salários sem pagar, ameaçado de fechamento com incontáveis prejuízos à coletividade. Várias soluções já foram apresentadas, mas todas esbarram na espera de certas soluções judiciais que se eternizam. Está *sub judice* o direito de propriedade da maioria das ações da empresa, aguardando o fim de processos que estão correndo há mais de dez anos. Inúmeras empresas encontram-se na mesma situação: não podem tomar importantes decisões, por aguardarem algum provimento judicial, com interminável espera.

A maioria das empresas brasileiras encontra-se em esquisita e delicada situação quanto ao cumprimento de contratos. Se duas empresas têm problemas a resolver, referentes a um contrato que celebraram, necessário se torna que tais problemas sejam resolvidos de forma justa, adequada e rápida. Caso contrário, o relacionamento entre elas estará detido ou tumultuado e o cumprimento do contrato ameaçado. **O velho brocardo de que "a justiça tarda, mas não falha" é uma falácia, uma enganação: se a justiça tarda, ela já é falha**. Mais precisamente, a justiça tardia é a negação da justiça; é justiça inexistente. É, pois, o apanágio da justiça moderna, de pretensão empresarial: a celeridade. E não se pode alegar o provérbio de que a pressa é inimiga da perfeição; não se requer pressa, mas presteza.

Só para dar uma ideia do que representa a morosidade na solução de problemas, vamos citar um exemplo ocorrido entre nós. No início do século XX, um grupo de proprietários rurais constituiu uma empresa para construir uma estrada de ferro, que se chamou Companhia Paulista de Estradas de Ferro. O Poder Público colaborou com a iniciativa, desapropriando longa faixa de terra em que a estrada passaria. Até hoje não foi pago o valor da desapropriação e o processo de cobrança corre na Justiça de São Paulo. Todos os desapropriados já morreram e também seus filhos. A terceira geração continua dando prosseguimento aos processos, que se arrastam há mais de um século, uma vez que foram já julgados há 40 anos e o Poder Público foi condenado a pagar as indenizações, mas não foram pagas em virtude de minúcias judiciárias. Esse processo iniciou-se no ano de 1900.

Sigilo

Examinemos a segunda exigência empresarial para a justiça considerada conveniente: o sigilo. Não é do interesse das empresas que suas divergências referentes à interpretação da execução de um contrato se tornem do domínio público. Nem é interesse delas que seus contratos fiquem no fórum, à disposição de quem possa se interessar. As discussões empresariais podem ter utilidade para a concorrência, mas são de enorme inconveniência para as empresas. Predomina no processo judicial o princípio da publicidade, excetuando-se alguns casos de segredo de justiça. Discute-se num processo, muitas vezes, segredo de fábrica, como a fórmula de um remédio, comportamento financeiro de empresa, direitos reservados, tecnologia de produção, *know-how*, dificuldades de caixa, cuja divulgação traz manifestos prejuízos para as partes.

Maleabilidade

Em terceiro lugar, podemos nos referir à maleabilidade da arbitragem na adoção do direito aplicável, sem a rigidez do direito comum, continuador da rigidez romana. As partes desfrutam mais esta faculdade: além da livre escolha dos juízes arbitrais, fica-lhes reservada também a livre escolha do direito aplicável no julgamento. Cada caso examinado apresenta características próprias, afastando-se da aplicação de normas tradicionais do direito de inspiração romana.

O juiz togado encontra-se inibido de adequar o direito à solução do processo em tela, apesar da Lei de Introdução ao Código Civil, no art. 5º, dar-lhe a faculdade de liberalizar a aplicação da lei, ao dizer que poderá ele levar em conta os fins sociais a que ela se dirige e as exigências do bem comum. O juiz arbitral está mais à vontade, desde que as partes tenham decidido lhe dar essa liberdade. É possível a ele, então, se desvencilhar do anacrônico, superado e rígido direito criado há 2.000 anos e a dez mil quilômetros de São Paulo. No procedimento arbitral não há recursos judiciais, mandados de segurança e outros entraves ao encaminhamento da questão.

Confiabilidade

Outro aspecto a ser considerado é o da confiabilidade do julgamento arbitral. O árbitro, ou os árbitros, são escolhidos pelas partes, sendo-lhes, portanto, facultado arredar do julgamento de sua questão quem não lhe mereça confiança. Não poderá qualquer das partes reclamar da decisão arbitral, visto que o prolator da sentença teve a sua aprovação antes de iniciar-se o processo. Durante o processo poderão ser levantadas exceções. Se o árbitro se revela moroso, complicado ou não cumpre seus deveres, as partes o destituem de imediato e nomeiam outro.

Especialidade

Como quinta característica desse esquema de solução de litígios empresariais deve ser citada a especialidade. A complexidade das modernas relações empresariais criou um novo direito e os problemas são de tal maneira *sui generis* que dificilmente poderão ser analisados, compreendidos e julgados a não ser por pessoas especializadas. Apontemos, como exemplo, o que ocorre com numerosos julgamentos referentes à prestação de serviços médicos: são problemas de tal maneira especializados que só poderão ser julgados por pessoas especializadas.

Como exemplo, podemos citar a ARBITRAGIO – Câmara de Mediação e Arbitragem em Relações Negociais, que instalou um tribunal especializado em questões societárias. O juiz, de formação jurídica, pode-se servir de laudos técnicos, apresentados pelas partes e por assistente técnico da escolha judicial, conforme preceitua o Código de Processo Civil. Esse sistema é superado e ineficaz há muitos anos, razão pela qual se eternizam as questões em julgamento.

No que tange às questões societárias, a BOVESPA criou a Câmara de Arbitragem do Mercado – CAM, com juízes especializados nos problemas societários e relacionamento entre acionistas e companhias.

Igualmente fizeram as câmaras de comércio estrangeiras de São Paulo, como a AMCHAM – Câmara de Comércio Americana, a Câmara de Comércio Brasil-Canadá, a Câmara de Comércio Ítalo-Brasileira e outras.

Baixa contenciosidade

Chegamos agora à última das seis características levantadas, como as mais importantes, malgrado haja muitas outras deixadas de lado, por não apresentarem a mesma relevância. É o alto nível das discussões, a baixa contenciosidade. Problema sério do direito atual e da vida forense, causando dificuldade e ineficácia ao próprio Poder Judiciário, é a elevada contenciosidade dos processos judiciais. Longa série de fatores acirram o ânimo das partes, fazendo-as descer ao nível dos insultos e revelações inconvenientes.

O pretório transformou-se numa arena de digladiadores em luta encarniçada. Essas circunstâncias dificultam o andamento do processo, o julgamento da questão e a eficácia da solução. Urge encontrarmos o meio adequado de arrefecimento dos ânimos, sem o que não se poderá chegar a soluções adequadas. Essa troca de farpas e insultos não pode caber em discussões de problemas empresariais. Empresas não têm sentimentos feridos; não têm honra e outros sentimentos próprios de pessoa natural. Empresas têm interesses a tratar; direitos a defender. Seu interesse é a justa composição da lide e minimização de prejuízos.

Esse problema é sentido pelas grandes multinacionais, como se pode ver no caderno do Diário Oficial contendo intimações a advogados sobre andamento de processos. Basta consultá-lo e poderemos averiguar que nele não se encontram o nome de Volkswagen, Johnson & Johnson, Rhodia, Ford, Mercedes-Benz e outras grandes empresas. Elas não têm processos na Justiça, pois seus problemas são resolvidos de forma sensata: pela arbitragem.

25.4. Tipos de arbitragem

É conveniente referir-se aos vários tipos de arbitragem. São de direito público ou de direito privado, nacional ou internacional, civil ou empresarial. A arbitragem de direito público é a que se aplica ao julgamento de divergências entre países ou pelo Estatuto da Corte Permanente de Arbitragem, órgão sediado em Haia (Holanda), existente há mais de um século. Não é desse tipo de arbitragem a que estamos nos referindo, mas trataremos da arbitragem empresarial. A arbitragem pode ser nacional e internacional. Será nacional se dirimir controvérsias entre empresas nacionais ou quando aplicar a lei de um só país. A internacional julga questões que exijam a aplicação da lei de dois ou mais países.

O que estamos examinando, porém, é a arbitragem empresarial, de direito privado e essencialmente nacional. É ela regulamentada pela Lei 9.307/96, chamada de Lei da Arbitragem ou Lei Marco Maciel, por ter sido da iniciativa do Vice-presidente da República daquela época. Trata-se de lei de boa feitura, ampla na sua disposição, dando eficácia à arbitragem. Regulamenta, em vários capítulos, a instauração da arbitragem, os árbitros, o procedimento arbitral, as normas aplicáveis, a sentença arbitral, a homologação de sentenças estrangeiras.

Para melhor compreensão dessa lei, temos, entretanto, de nos referir a outros diplomas jurídicos que a inspiraram, mesmo porque possuem eficácia no Brasil. A primeira invocação, no nosso caso, é o Regulamento da CIA – Corte Internacional de Arbitragem, órgão pertencente à CCI – Câmara de Comércio Internacional.

A maioria dos contratos internacionais trazem cláusula de eleição de foro, escolhendo a CIA – Corte Internacional de Arbitragem como órgão julgador, ou, então, aplicando seu estatuto, ainda que esteja o julgamento a cargo de outra câmara arbitral.

É conveniente, portanto, que todo contrato celebrado entre uma companhia do Brasil e a de outro país contenha a cláusula arbitral.

Duas convenções internacionais regulamentaram a arbitragem num sentido geral, celebradas em Genebra em 1923 e 1928. O Brasil participou dessas convenções, transformadas em leis brasileiras. Importantíssima foi a Convenção de Nova York, regulamentando a arbitragem privada, a que o Brasil aderiu. Como, entretanto, se trata de convenção adotada pelos principais países, devemos obedecê-la se ela for invocada em contratos empresariais.

Importante ainda é a Lei Modelo da UNCITRAL, de que faremos algumas referências. A ONU vem divulgando em todos os países a cultura da arbitragem, trabalhando intensamente para manter certa uniformidade na legislação arbitral dos países que a adotarem. Este trabalho processa-se graças a dois órgãos da ONU:

Uncitral – United Nations Conference on International Trade Law

Este órgão tem várias funções. A principal delas é a elaboração de um código comercial internacional, visando à harmonização e uniformização do direito empresarial no mundo todo. Enquanto esse código não sai, a UNCITRAL desenvolve ação divulgando a regulamentação de contratos internacionais e colaborando com os países, no estabelecimento de legislação de direito empresarial, atendendo a essa uniformização.

A UNCITRAL conta com a assistência técnica da CCI, na elaboração de normas a serem aplicadas na regulamentação do comércio internacional (*TRADE*). Se fôssemos considerar esse órgão da ONU em nosso idioma, iríamos chamá-lo de: CNUDCI – Conferência das Nações Unidas para o Direito do Comércio Internacional. A ação de maior interesse no que tange à arbitragem é que a UNCITRAL elaborou a lei-modelo de arbitragem, com a colaboração técnica da CCI. Essa lei-modelo é bem ampla e genérica, de tal forma que a arbitragem pode ser adaptada em qualquer país. Vários países reformularam sua legislação, com base nela. Foi o que aconteceu com o Brasil, cuja lei básica da arbitragem, a Lei 9.307/96, incorpora muitas disposições da lei-modelo da UNCITRAL e de convenções internacionais.

Unctad – United Nations Conference on Trade and Development

Este órgão da ONU atua paralelamente à UNCITRAL, mas esta é um órgão jurídico, enquanto a UNCTAD ocupa-se das práticas do comércio internacional, procurando regulamentar as operações econômicas internacionais, visando a desenvolvê-las e harmonizá-las. Uma das formas para atender a esse objetivo é a da aplicação da arbitragem para a resolução de disputas no comércio internacional.

25.5. Como se institui o juízo arbitral

É preciso que as partes estejam de acordo; é uma opção das partes. Podem elas apelar para a justiça pública, mas, se não quiserem assim, apelarão para a arbitragem. Não pode haver imposição da arbitragem; ela depende de uma convenção entre as partes: é, portanto, uma justiça convencional. Essa convenção é chamada de convenção arbitral.

Quem poderá requerer a arbitragem e em quais casos é o que a lei vai dispor. Segundo o art. 1º da Lei da Arbitragem:

> As pessoas capazes de contratar poderão valer-se da arbitragem para dirimir litígios relativos a direitos patrimoniais disponíveis.

Toda empresa registrada na Junta Comercial será parte capaz de contratar. O registro no órgão público competente dá à empresa personalidade jurídica, ou seja, capacita-a a adquirir direitos e contrair obrigações. Poderá, portanto, celebrar a convenção arbitral, que apresenta as características de um contrato. Todos os direitos de uma empresa são disponíveis, vale dizer, admitem transação. Por tais razões, a arbitragem é um instituto tipicamente empresarial, malgrado seja aplicado a relacionamentos jurídicos na órbita civil. É também capaz a sociedade civil.

A convenção arbitral pode ser, porém, de dois tipos, os quais determinarão dois tipos de arbitragem.

Compromisso

É a convenção celebrada pelas partes para a resolução de uma controvérsia já existente entre elas, questão esta que poderá até mesmo estar sendo discutida na justiça. Haverá, então, o compromisso judicial e o extrajudicial.

O compromisso arbitral judicial será celebrado por termo nos autos, perante o juízo ou tribunal em que tem curso a demanda. Neste caso, o juiz extinguirá o processo, liberando os autos para as partes, a fim de serem encaminhados ao juízo arbitral. Aliás, o Código de Processo Civil prevê como uma das causas para a extinção do processo, no inciso VII, a convenção de arbitragem.

Cláusula compromissória

Essa convenção arbitral é uma cláusula inserida num contrato. Os contratos trazem normalmente a cláusula denominada "eleição de foro". Poderá também estabelecer que possíveis divergências entre as empresas contratantes devam ser resolvidas por arbitragem, indicando, ainda, a que órgão arbitral institucional ou entidade especializada perante os quais a arbitragem será instituída e processada. Como órgão arbitral institucional, podemos apontar, como exemplo, a CIA – Corte Internacional de Arbitragem e como entidades especializadas as câmaras de comércio, já referidas. Há muitas outras cortes arbitrais em São Paulo e em várias cidades brasileiras, estando registradas em São

Paulo mais de duzentas câmaras arbitrais, como, por exemplo, a *Arbitragio – Câmara de Mediação e Arbitragem em Relações Negociais*.

Fala a cláusula compromissória de um potencial litígio; ele ainda não existe, mas poderá surgir a qualquer momento. Esse tipo de convenção antecede ao litígio, tendo, pois, um caráter preventivo. A solução de uma controvérsia ficou prevista pela cláusula compromissória, constando no próprio contrato sobre o qual passa a haver alguma dúvida futura. Esta cláusula deve ser estipulada por escrito, podendo estar inserta no próprio contrato ou em documento apartado, que se refira a esse contrato. É de natureza contratual, pois é estabelecida por comum acordo e só se refere a um contrato. É mais uma razão para apoiar a ideia de que a arbitragem é aplicável marcantemente na área contratual. Não existe no direito brasileiro cláusula compromissória a não ser referente a um contrato e estabelecida de forma contratual.

Procurou precaver-se a lei brasileira quanto aos abusos que possam originar-se do contrato de adesão, tipo de contrato muito em moda hoje em dia e de crescente domínio. O contrato de adesão é elaborado por uma das partes, estabelecendo todas as cláusulas. A proposta desse contrato é apresentada pela parte elaboradora, de posição claramente forte e predominante, à outra parte, que se vê na posição de aceitar as cláusulas em bloco, ou não celebrará o contrato.

No contrato de adesão, a cláusula compromissória só terá eficácia se for escrita em letras bem realçadas, distinguindo-se das demais cláusulas. Ou, então, se for celebrada em documento à parte, como aditivo ao contrato. Poderá ainda vir após a assinatura do contrato, com letras mais salientes e com nova assinatura. Assim deve ser feito no contrato de trabalho, de seguros, contratos bancários e outros em que são celebrados em impresso próprio.

Poderão as partes indicar na convenção, além da adoção da arbitragem, também o nome do árbitro que deverá julgar a questão, ou o órgão arbitral ou entidade especializada, como, por exemplo, a Câmara de Arbitragem do Mercado – CAM.

25.6. O passivo judicial das empresas

Realidade pouco divulgada na vida empresarial é a vultosa dívida decorrente de processos judiciais, deixando em situação instável as empresas brasileiras. Bastaria citar o passivo trabalhista formado pelas reclamações de empregados na Justiça do Trabalho. Em todo o Brasil correm mais de dois milhões de processos trabalhistas, cujos valores cobrados atingem patamares bem acima de todo o meio circulante no país. Verdade é que a maioria desses processos não chegam ao fim e os valores reclamados constituem mera ficção. Todavia, são valores *sub judice*, documentados pelo próprio processo e poderão ser julgados procedentes.

Muitas empresas sofrem processos cujo montante reclamado ultrapassa todo o seu capital e seu patrimônio. A procedência de uma só ação poderia engolir seu capital. Se uma empresa exerce ação judicial, o valor defendido é sempre contabilizado e lastreado por documentos, como, por exemplo, duplicata. As cobranças contra ela, mormente as trabalhistas, contudo, não são contabilizadas, malgrado tenha sido ela citada para os termos dessa ação. Se fosse ela contabilizar esses débitos, estaria ela financeiramente estourada. É esse o estado da maioria das empresas do Brasil. Embora seja um estado artificial, não deixa de ser alarmante.

Saindo, porém, da área trabalhista, nos encontraremos defronte a uma situação constrangedora. Muitas empresas necessitam de tomar decisões importantes, mas se encontram inibidas de tomar qualquer iniciativa, por dependerem de decisões judiciais, aguardadas há muitos anos. Os processos judiciais tolhem as iniciativas empresariais, emperram o desenvolvimento econômico, acirram litígios de toda espécie e estimulam as fraudes e as aventuras. Não há, portanto, justiça, pois justiça tardia é a negação da justiça. O juiz que retarda o exercício de suas funções jurisdicionais está negando a justiça.

Há um desassossego, um estado de angústia empresarial. Sabe todo empresário que a espada de Dâmocles pende sobre sua cabeça. Cabe ao Direito Empresarial encontrar a solução para essa angústia que está se tornando insuportável para as empresas do Brasil. E a solução está apresentada pela Lei 9.307/96, dando novos contornos e eficácia à arbitragem. Urge a imediata adoção de meios alternativos para a solução de controvérsias empresariais. De nada poderia adiantar a modernização do Direito Empresarial, se este não tiver mecanismos adequados de aplicação.

25.7. A remuneração da arbitragem

Sendo a arbitragem uma justiça privada, exercida por juízes privados, não há participação estatal. Os árbitros são indicados pelas partes contendentes ou elas escolhem qual o tribunal arbitral a encarregar-se do julgamento. Cabe, então, a elas a remuneração do serviço prestado e a remuneração dos árbitros. Essa remuneração será combinada entre as partes litigantes e o árbitro, caso se trate de árbitro singular. Caso, entretanto, se trate de um tribunal institucionalizado, ou seja, uma entidade especializada em arbitragem, cada uma tem sua tabela de preços. Geralmente, é uma porcentagem sobre o valor da causa, havendo um limite mínimo e máximo.

Essa jurisdição paga contrapõe-se à jurisdição gratuita. Há várias ponderações necessárias a este respeito. A justiça pública não é totalmente gratuita: há custas do processo, a juntada de mandato, da diligência do oficial de justiça, publicação de editais e muitas outras. As cópias de peças processuais são de preço elevado. Deve-se levar em conta os inúmeros gastos de idas e vindas ao fórum, de audiências, que vão se acumulando pelos anos afora. É dispendiosa para as empresas a manutenção de um advogado ou departamento jurídico. Ao final, o processo custou preço bem elevado.

Não é o que ocorre na arbitragem. O advogado tem um prazo bem curto para o seu trabalho, que é mais facilitado e produtivo. Segundo o artigo 23 da Lei da Arbitragem, as partes em litígio poderão prever o prazo desejado por elas, como, por exemplo, um mês. Caso não fique estabelecido esse prazo, vigora então o prazo legal, que é de seis meses. Se o juízo arbitral não prolatar a sentença no prazo legal, ou no prazo convencionado pelas partes, poderá responder civil e criminalmente por essa desídia, podendo até ser alvo de ação de reparação de danos, se a falha tiver causado danos para uma ou ambas as partes.

Sendo o trabalho do advogado bem mais rápido e facilitado, sua remuneração poderá ser bem menor. O trabalho exercido durante um mês é menos dispendioso do que o exercido durante dez anos. De forma alguma será o advogado prejudicado. Nas atuais circunstâncias, é por demais ilusória a remuneração do trabalho advocatício: recebe o advogado previamente sua remuneração e por ela terá de trabalhar anos a fio; será cobrado pela sua cliente a solução do feito e terá gastos de condução e recolhimento de custas. Cedo verá o advogado que sua remuneração foi corroída por gastos contínuos, enquanto se esfalfa e se desgasta.

Numa análise mais profunda, será visto que a arbitragem racionaliza o trabalho de uma empresa, diminuindo seus custos operacionais. Por outro lado, racionaliza também o trabalho do advogado, valorizando sua remuneração. Poderá ele, assim, apresentar menores exigências.

25.8. As raízes brasileiras da arbitragem

O Brasil nunca foi indiferente à arbitragem, malgrado tenha ela emergido com vigor apenas com o advento da Lei 9.307, de 23/09/96. Durante o Império e mesmo nos primórdios de nossa vida como nação independente e soberana, antes que se elaborasse legislação nativa, vigoravam as Ordenações do Reino, em que a arbitragem era admitida. Proclamada a Independência, surgiu nossa primeira constituição, em 1824, prevendo a resolução de divergências jurídicas civis por meio da arbitragem.

Em 1850, porém, passa a vigorar o nosso Código Comercial, apontando a arbitragem como fórmula de solução para vários tipos de controvérsias no âmbito empresarial. Incisivo é o art. 783, ao apontar a arbitragem para a solução de divergências em operações de comércio marítimo. O art. 302, na alínea 5, diz que o ato constitutivo de uma sociedade mercantil deve trazer a "forma da nomeação dos árbitros para juízes das dúvidas sociais". O art. 294 é ainda mais peremptório:

> Todas as questões sociais que se suscitarem entre sócios durante a existência da sociedade ou companhia, sua liquidação ou partilha, serão decididas em juízo arbitral.

Posteriormente, a arbitragem foi regulamentada de forma ampla pelo Código Civil de 1916, nos arts. 1.040 a 1.047 e seu "*modus faciendi*" no Código de Progresso Civil de 1939, confirmado pelo atual CPC, de 1973. Essas partes foram derrogadas pela atual Lei de Arbitragem, mais propriamente dizendo, as disposições do Código Civil e do CPC não foram revogadas, mas incorporadas na nova Lei da Arbitragem.

Havia, portanto, um substrato legislativo da arbitragem antes que a nova lei fosse elaborada. Não estão sendo aqui invocadas as raízes internacionais, mas apenas as nacionais. Podemos ainda citar a prática da arbitragem no Brasil, como, por exemplo, as resoluções dos problemas relacionados ao Território do Acre e ao das Missões e o estabelecimento dos limites territoriais do Brasil e países limítrofes, todos resolvidos por arbitragem. Foi no julgamento arbitral dessas questões que se realçou a atuação do Barão do Rio Branco, como advogado do Brasil. Podemos, ainda, fazer referência ao fato do Brasil, além de submeter-se à arbitragem, atuar também como árbitro em certas questões internacionais ocorridas no século passado.

25.9. As lições do passado

E não se trata de nenhuma novidade. A arbitragem tinha sido prevista no Código de Hamurabi, da antiga Babilônia, há 2.800 antes de Cristo. Foi decantada pelos grandes filósofos gregos e na antiga Roma foi regulamentada por leis diversas, e assim hoje essa regulamentação prevalece, tendo sido mais aplicada do que a Justiça romana. Na Idade Média ela predominou, porquanto as nações emergentes da conquista do Império Romano custaram para formar o Poder Judiciário. Ela venceu airosamente em todos esses séculos, provando sua eficácia.

No mundo moderno, a arbitragem predomina em grande parte dos países mais adiantados, como os países europeus. Nos Estados Unidos da América, 80% dos litígios são resolvidos por arbitragem. No Canadá, a incidência é ainda maior. Nas duas Coreias, de regimes tão diferentes, vigora a mesma lei arbitral. Na antiga União Soviética, de regime centralizador, em que tudo é concentrado nas mãos do Estado, este abriu mão do monopólio estatal da justiça e reservou poderes à arbitragem, que passou a manter posição de superioridade até mesmo ante a justiça do Estado.

A preponderância da arbitragem no Japão é absoluta; bastaria dizer que normalmente correm no judiciário japonês 2.000 processos de natureza trabalhista, enquanto no Brasil correm mais de dois milhões. Um desses países deve estar errado, pois não se pode compreender tamanho paradoxo.